한국의 시민운동
프로크루스테스의 침대

한국의 시민운동

프로크루스테스의 침대

박원순 지음

당대

한국의 시민운동
프로크루스테스의 침대

ⓒ 박원순

지은이/박원순
펴낸이/박미옥
펴낸곳/도서출판 당대

제1판 제1쇄 발행 2002년 6월 22일
제1판 제2쇄 발행 2002년 10월 10일

등록/1995년 4월 21일(제10-1149호)
주소/서울시 마포구 연남동 509-2, 3층 ⊕ 121-240
전화/323-1316 팩스/323-1317
e·mail/dangbi@chollian.net

ISBN 89-8163-084-4 04300

머리말

　옛날 아테네로 가려면 반드시 지나가야만 하는 어느 길목이 있었습니다. 이 길은 여행자와 우마차로 항상 붐비는 길이었습니다. 그러나 한동안 이 길은 해가 떠 있는 낮에만 지나갈 수 있는, 그것도 여러 사람이 무리를 지어 경계하며 지나가야 하는 무서운 길이었습니다. 그것은 바로 길목을 지키며 온갖 나쁜 일을 일삼는 도둑 프로크루스테스 때문이었습니다. 악당 프로크루스테스는 밤길을 지나는 나그네를 집에 초대하여 잠자리를 제공하는데, 그 잠자리라는 것이 딱딱하고 얼음같이 차가운 쇠침대였다고 합니다. 나그네를 강제로 그 침대에 묶은 프로크루스테스는 나그네의 몸길이가 침대보다 짧으면 몸길이를 늘여서 죽였고, 몸길이가 침대보다 길어 침대 밖으로 일부가 나오면 나온 부분을 잘라 죽였습니다. 그 침대와 몸길이가 똑같은 사람만이 목숨을 건질 수 있었지만, 사실 그런 경우는 거의 없었습니다. 그러나 이런 프로크루스테스의 악행도 결국 아테네의 영웅 테세우스에 의해 끝을 맺게 되었습니다.

　언젠가부터 한국의 시민운동은 프로크루스테스의 침대이기를 강요당하고 있다. 이래도 비난받고 저래도 비난받는다. 어떤 일을 하면 왜 그렇게 백화점식으로 일하냐고 비난하고 안 하면 또 왜 그런 일 안 하냐고 비난한다. 시민 없는 시민운동이라고 비난하는 그 사람은 막상 시민단체의 회원이 아니기가 일쑤이다. 정권의 홍위병이라고 하다가 때로는 왜 정권을 비판만 하냐고 비판한다. 영락없이 프로크루스테스의 침대에 누인 길손의 운명이다.

언젠가 어느 토론장에서 한 시민단체 간부는 이런 말을 했다. 시민운동은 국민들의 생활과 삶의 질을 향상시키기 위한 것이지 순교자의 길이 아니라는 것이었다. 법질서 안에서 시민운동을 해야 한다는 그의 주장의 연장선상에서 나온 이야기였다. 시민운동이 법을 지켜가면서 운동을 해야 하고 그것이 국민들의 삶의 질을 향상시키기 위한 것은 당연한 일이다. 그러나 오늘 한국사회는 구조적 부패, 땅에 떨어진 정의, 일그러진 형평으로 얼룩져 있다. 지금은 분명 온몸과 마음, 그 모든 것을 바쳐 긴장과 열정과 헌신으로 싸우지 않으면 안 되는 상황이다. 그런 의미에서 사회불의와 싸우며 정의를 위해 젊음을 불사르는 시민단체의 간사들은 분명 이 시대의 작은 '순교자'들이다.

1987년 6월항쟁 이후 15여 년 사이에 시민단체들이 많이 탄생하고 성장하고 커다란 영향력도 행사하게 되었다. 토지공개념확보운동, 여성권익운동, 소액주주운동, 반부패운동, 인권운동, 낙선운동과 같은 유권자운동, 소비자운동과 환경운동은 우리 사회의 지평을 넓히는 데 공헌하였다. 교통, 교육, 사회복지, 의료보건 등 시민운동의 영역은 끝없이 확대되고 심화되어 왔다. 민주주의의 실질적 정착, 법치주의의 확산, 시민의식의 심화가 이러한 운동들의 결과물로 조금씩 이루어지고 있다. 우리 사회에서 시민운동은 사회개혁의 멈출 줄 모르는 강력한 기관차였다.

그러다 보니 시민단체들의 목소리는 늘 소란스럽게 들렸고 거기에 반대하는 목소리도 들리기 시작하였다. 시민단체들의 개혁적인 주장은 언제나 그 개혁에 의해 손해보는 세력들이 있게 마련이었다. 시민단체들에 대한 비판이 조직화되기도 하였고 그러한 비판이 보수적인 언론에 의해 대서특필되고 일부러 키워지기도 하였다. 커진 시민운동에 대한 견제의 몸짓이었다. 근거 없는 오해와 편견, 승복할 수 없는 비난을 받을 때마다 나는 프로메테우스 또는 시지푸스 신화를 생각한다. 인류에게 불을 훔쳐다 준 죄로 영원한 형벌을 받아야 했던 프로메테우스, 산마루까지 돌을 굴려 올려가기를 거듭해야 하는 시지푸스—한국의 시민운동은 그런 운명에 있는 것이 아닌가.

어떤 개인 또는 어떤 조직도 완전할 수가 없다. 급속하게 출현하고 성장해 온 한국의 시민단체들이 완전무결하다면 오히려 그것이 이상한 일이다. 시민들의 참여와 회비, 기부금의 부족이 만성화된 시민단체들의 딜레마는 심각한 상태이다. 이를 해결하고 극복해야 하는 시민단체의 책임자들은 매일같이 존립의 기로에서 싸우고 있다. 진입장벽과 윤리적 가이드라인이 존재하지 않는 시민단체에 도덕적 해이를 보여주는 실수가 줄을 잇기도 하였다. 때로는 정치적 야망을 가진 사람도 나타나고 그런 사람이 시민운동에 몸담았다가 정치권으로 이전하기도 했다. 당연히 좋은 활동가들이 정치권으로도 옮겨가야 하지만 아직까지는 그런 모습에 많은 국민들이 실망하고 있는 것도 사실이다. 스스로를 되돌아보면 자기 성찰과 반성을 해볼 여지가 적지 않다. 자기성찰 없이 시민운동은 국민들로부터 지속적인 존경과 지지를 받을 수 없다.

그럼에도 여전히 시민운동은 우리에게 남은 작은 희망의 단서이다. 부패가 만연한 이 사회에서, 불신과 허무의식이 판을 치는 이 땅에서, 그리고 무관심과 무임승차의식이 몸에 밴 이 나라 어디에서 희망을 찾을 수 있단 말인가. 국민을 위한 정치, 투명한 행정, 정의로운 사법, 지배구조가 개선된 기업활동, 분권과 자치, 인권과 자유, 법치주의의 확산, 소비자의 주권과 유권자의 권리가 실현된 사회, 삶의 질과 인간다운 삶이 보장된 사회—이 모든 것이 시민운동이 지향하는 가치이며 깃발이다. 시민단체 활동가들은 바로 그러한 가치와 그 가치가 지배하는 사회를 위해 매일 전쟁하듯 살고 있다. 때로는 좌절과 절망 앞에 주저앉기도 하지만 그 희망을 포기할 수 없어 다시 일어서곤 한다. 시민운동의 미래, 그것은 결국 흐림 뒤 맑음이다.

이 책의 글들은 평소 세미나, 심포지엄 등을 위해 준비된 것이거나 잡지에 기고한 글들이다. 시일이 지나 시의성이 조금 떨어진 글도 있다. 일부러 책을 쓸 시간적 여유가 없는 상태에서 그런 계기가 없으면 글을 쓰기 어렵다. 그때는 주최측의 억지부탁이나 언론사의 막무가내 사정으로 어쩔 수없이 썼던 것이다. 이제 이런 글들을 모아서 책을 펴내게 되니 글쓸 당시의 고통은 잊게 된다. 지금 생각하면 그때 억지 원고청탁을 했던 그분들이 고맙다는 생각이 든다. 언제나 인생은 그런 것 같다. 지내놓고 보면 모든 게 즐거운 추억이 되는 법이다. 오늘 우리가 겪는 이 어려움은 개인에게는 그렇게 즐거운 추억이 되고 우리 사회에는 건강한 공동체의 밑거름이 되기를 빌 뿐이다. 이 책의 출판을 위해 동분서주한 참여사회연구소 신중식 간사와 당대출판사 박미옥 사장님, 김천희 편집장님의 노고에 감사를 표한다.

2002년 6월
가회동에서 박원순

차례

제3장 호랑이등에 타다: 다시 보는 낙선운동

제4장 흐림 뒤 맑음

장원씨 사건: 때 만난 비난공세/10년 공든 탑이!/검증 요구받는 시민단체의 도덕성: 이제 시작일 뿐/매일 검증받는 시민단체/"국민여러분, 잘먹고 잘사십시오"/RC501(c)(3): 모르는 미국시민은 간첩/그래도 시민단체가 우리의 희망이다/NGO의 길: 시지푸스의 운명

제1장 멈출 수 없는 기관차

국가개혁의 견인차, 시민운동의 역할

　우리가 가장 강력한 후보를 지명하고 그 후보 중에서 현명하게 선택해야 한다는 것은 정말로 중요한 일임에 틀림이 없다. 하지만 그것으로 충분치는 않다. …누가 뽑히는가는 상관없이 고참서열제도는 의회를 마비시키는 죽음과 같은 것임이 확실해지고 있다. 세입세출위원회는 여전히 비밀단체와 같은 불투명한 활동을 계속해 갈 것이다. 상원·하원의 재무위원회는 선거자금을 조달했던 막강한 후원자의 세금을 감면시켜 주기 위해 온갖 방안을 짜낼 것이다. 세출위원회는 위원의 출신지역의 방위계약이나 방위시설의 부담 때문에 군소리도 없이 비틀대고 있는데도 막대한 돈을 계속해서 국방에 쏟아부을 것이다. 고속도로 로비스트들은 콘크리트더미 아래 국민을 매장하기 위해 노력을 계속할 것이다. 한편 납세자들은 세금을 내고 또 계속해서 낼 것이다. …우리는 정당제도를 존중한다. 우리는 정당들이 활기를 찾는 것을 보기 위해 정치과정에 충분히 관심을 두고 있다. 우리는 정당의 지도자들이 그들의 대중들에게 보다 더 책임을 느끼기를 바란다. 그러므로 그들이 책임 있는 반응을 보일 때까지 그들을 골치 아프게 할 것이다. 우리는 대의체제를 존중한다. 우리는 그 제도가 제대로 작동되기를 원한다. 또한 국민투표제 대신 '코먼 코즈'를 대치시키려 의도하지 않는다. 오히려 국민의 대표가 그들의 고유한 사명을 좇아 행동하기를 기원할 뿐이다. 그래서 그들이 그렇게 행동할 때까지 그들 뒤에서 지켜볼 것이다.[1]

1. 머리말

한국의 시민운동과 시민·사회단체

90년대 이후 한국사회의 가장 커다란 변화 가운데 하나는 바로 시민운동의 성장이라고 할 수 있다. 1999년 현재 한국의 시민단체는 2만여 개에 이르고 있고[2] 그 종류 역시 정치, 경제, 보건의료, 복지, 봉사, 생활, 소비자, 인권, 환경, 교육, 경제, 언론, 문화, 예술 등 광범한 영역에 걸쳐 있다.[3] 시민운동은 이제 정부·시장의 영역과 함께 한국사회의 가장 중요한 구성요소이자 변화요인이 되었다. 정부는 시민운동을 하나의 파트너로 인정하기 시작했으며 언론 역시 시민운동에 대해 일정한 권위를 부여하기 시작하였다.

물론 이것은 한국의 현상만은 아니다. "오늘날 상상할 수 있는 모든 측면에서 사용되고 있으며 논객들 수만큼이나 무수한 의미를 지닌 시민사회의 개념을 다루지 않은 사회과학 서적이나 정기간행물을 찾아볼 수 없을 것"[4]이라는 정도가 되었다. 시민사회는 결국 시민운동단체들의 존재와 활동을 전제로 한다.

그러나 막상 시민운동·시민사회라는 개념 자체가 명확한 것은 아니다. 앞에서 표현한 대로 "논객들 수만큼이나 무수한 의미"를 가졌다고 할 시민운동에 대해 정확한 규정을 하기는 어렵다. 그렇지만 한국에서 시민운동은 특수한 역사적 맥락 위에서 해석되어 왔다. "과거의 민중운

---

1) 존. W. 가드너, 『시민의 참여정신: 미국사회 속의 코먼 코즈』 중앙신서, 김행자 옮김, 중앙일보사, 1981, 16~18쪽.
2) 시민운동정보센터가 펴낸 『한국민간단체총람 2000』에 따르면 1999년 현재 민간단체는 학술단체·지부를 포함해 2만여 개에 이른다고 한다(『한겨레신문』 1999. 10. 20).
3) 이홍균, 「시민사회와 비정부조직: 서구와 한국의 비교연구」, 『세계화와 한국NGO의 발전방안』, 경제정의실천시민연합, 1997, 51쪽.
4) Seligman의 표현임(주성수, 『시민사회와 제3섹터』, 한양대학교 제3섹터연구소 시민사회시리즈 1, 한양대학교출판부, 1999, 16~17쪽).

동과 달리 구체적인 사회현안에 대해 합리적인 대안을 제시하고 대중 일반에 공감대를 확산시켜 가는 운동"으로 정의되고 있다.

이러한 시민운동의 규정에 대해서는 종래의 민중운동과 구별하려는 고의적 의도가 없지 않다. 과거 1990년대 초기에 시민운동의 민중운동과의 차별성을 강조한 나머지 민중운동은 투쟁적이고 무대안적이며 시대착오적인 운동으로 매도하려는 경향이 없지 않았다. 그러나 노동자·농민·도시빈민 등 기층민중의 생존권적 요구를 대변하는 민중운동의 영역은 여전히 존재하며 이를 대변하는 노동조합·농민운동·도시빈민운동과 진보적 단체들의 활동 역시 무시할 수 없다. 시민운동 역시 기층민중의 생존권과 시민권 보호에 맹목하거나 무관할 수 없다는 점에서 중첩되는 측면이 많다.[5] 이러한 맥락에서 이 글에서는 한국의 민간운동단체를 포괄하는 의미에서 시민·사회단체로 명칭을 붙이고자 한다.[6]

그러나 시민운동과 민중운동은 단순히 그 조직대상·운동목적뿐 아니라 운동의 내용에서도 필연적으로 차이를 드러내고 있음은 인정하여야 한다. 민중운동은 국가사회의 개혁에 대한 보다 체제적이고 본질적인 문제를 제기하는 반면, 시민운동은 좀더 구체적인 영역에 대한 개혁대안을 제시하기 일쑤였다. 그것은 민중운동이 노동자·농민·도시빈민과 같은 기층민중의 이해를 대변함으로써 사회체제 근간에 대한 문제제기를 하지 않을 수 없었던 역사적·구조적 맥락에서 비롯된다. 그러나 민중운동 역시 위축을 겪으면서도 최근 사회적 문제에 대한 미시적 접근을 강화하고

---

5) 한편으로 한국의 시민운동은 그 탄생의 역사에 비추어볼 때 다른 나라의 시민운동과는 다른 특징을 가지고 있다. "한국의 시민운동은 그 태생에 있어 나라를 바로잡겠다는 민주화운동의 역할을 그대로 이어받았고, 시장질서의 정의를 추구하게 되었으며 또 자연과 환경에 대한 시장의 횡포, 이를 조정하는 정부의 개발행위에 대해 제한을 가하기 위해 정부 밖에서 그리고 시장 밖에서 정부와 시장의 존재양식을 바꾸기 위해 생겨났다. 즉 시민운동 중심의 민간단체활동이 정부와 기업에 대한 대항, 견제, 감시를 중심으로 이루어져 왔다."(주성수·남정일, 『정부와 제3섹터 파트너십』, 한양대학교 제3섹터연구소, 한양대학교출판부, 1999, 54쪽)

6) 이 글에서는 주로 새롭게 등장한 시민단체들을 중심으로 국가개혁에의 공헌과 기여, 그 한계를 살펴볼 것이다.

있어, 사회의 다양성의 존중과 민주주의 진전에 따라 사회의 각 영역에서 제기되는 부정의와 불합리에 대해 개입하고 구체적 대안을 내놓는 점에서는 민중운동이나 시민운동은 크게 차이를 가질 수 없게 되었다.[7] 이렇게 하여 국정 전반에 걸친 국민의 목소리뿐 아니라 구체적 정책분야에까지 개혁의 목소리가 들리게 된 것이다.

한국의 시민·사회운동과 국가개혁

과거 정부의 입과 손발이 되어온 관변단체들[8]과는 달리 시민·사회단체들은 정부와는 다른 독자적 목소리를 내면서 정부기능에 대한 모니터와 감시·견제 활동을 벌여왔다. 시민·사회운동은 그 활동대상이나 영역, 성격 면에서 각기 커다란 다양성과 차별성을 보여주고 있지만 대체로 독립성·중립성 등에서는 보편적 특징을 지니고 있다. 이들은 설립과정, 운영과정, 활동내용 면에서 국가나 기업이 아닌 시민·지식인 들에 의해 자발적으로 이루어지기 때문에 독립성과 중립성을 지킬 수 있는 것이다.[9]

---

7) 민주노총, 전농, 전빈련 등 개별계급의 이해를 대변하는 기간조직이 크게 성장하고 제도권영역으로 들어가 합법화되는 반면, 민중운동의 전국적 연합조직이라고 할 수 있는 전국연합은 약체화되었다. 전주연합처럼 일부 지역에서는 해산을 결의할 정도이다. 그 잔존조직은 시민운동의 영역으로 이전하고 있는데, 전주연합은 참여자치전북시민연대로 전환되었다.

8) 새마을운동협의회, 자유총연맹, 바르게살기협의회 등 종래의 관변단체들 역시 김대중정부 아래서 개혁적 시민운동가들이 지도부에 진입하는 등 변신의 몸부림을 치고 있다. 그러나 과연 이러한 조직들이 시민운동으로 성공적으로 변신할 수 있는지는 두고 볼 일이다.

9) 그러나 "시민단체들이 그 동안 정부와 기업을 견제하는 것이 주된 업무임에도 불구하고, 상당 부분 기업과 정부에 의존하면서 성장해 왔던 것이 사실"이라고 지적하는 견해도 있다. 즉 "대부분의 영향력 있는 시민단체들이 기업으로부터 협찬, 광고, 캠페인 등의 명목으로 재정지원을 받았으며 공동캠페인이나 프로젝트 지원금 등 정부의 재정지원도 받아왔다"는 것이다(주성수·남정일, 앞의 책, 52쪽). 이러한 문제는 이 책의 다른 장에서 자세히 논하기로 하겠다. 원칙적으로 애드보커시 단체들은 그러한 지원을 받지 않는 것이 바람직하다고 할 수 있다. 그러나 동시에 한국 시민단체의 기업·정부 의존도는 외국에 비해 상대적으로 낮은 편일 뿐 아니라 그러한 부분적인 의존에도 불구하고 여전히 독립성과 중립성을 크게 훼손당하고 있지는 않은 것으로 보인다.

시민·사회운동은 대체로 현실추수적이라기보다 현실개혁적인 성향을 지닌다. 현재의 제도와 현실을 그대로 승인하기보다 개선하고 개혁하는 쪽에 무게를 둔다. 특히 단순히 정부의 기능을 보완하는 사회복지전달 단체 등과 달리 대부분의 애드보커시(advocacy) 단체들은 정부에 대한 비판적 기능을 주요 역할로 삼고 있다. 그만큼 우리의 정치·경제·사회가 개혁과 혁신의 대상이기 때문이다. 아직도 실질적 민주화와 합리화, 인간화와는 거리가 먼 사회의 모습에 시민단체들은 문제의식을 가지고 있는 것이다. 한국의 시민·사회단체들이 개혁성을 담보하고 있는 것은 이 때문이다.[10]

　개혁적인 시민·사회단체의 역할은 시간이 갈수록 증대되어 왔다. 이는 정부가 민주화될수록 여론을 중시하게 되고 여론의 형성·전달에 큰 영향력을 가진 시민·사회단체의 의견을 수렴하지 않을 수 없게 되는 것을 의미한다. 이미 김영삼정부 때부터 정책 수립·결정 단계에서 주요 역할을 인정받기 시작한 시민·사회단체의 의견은 김대중정부에서 더욱 힘을 발휘하였다. 정부뿐 아니라 정당과 국회에서 시민단체들의 입법과정·정치과정에의 개입과 참여도 활발해졌다. 심지어 사법절차에서도 시민단체들의 의견개진과 판결비판, 공익소송의 제기가 잦아지면서 법관들이 불만을 터뜨리는 지경이 되었다. 또 사적 영역이라고 할 수 있는 재벌의 개혁과정에서도 시민·사회단체들의 압력과 영향력은 무시할 수

---

10) 이에 비해 개혁을 담보해야 할 정치는 오히려 개혁의 대상이 되어 있음을 어떤 필자는 이렇게 지적하고 있다. "국가는 그 속성상 기본적으로 권력지향적이고 억압적이라는 사실이다. 따라서 국가에 의한 위로부터의 해결을 기대하는 것은 가능하지도 않거니와 바람직하지도 않다는 사실이다. 국가는 경우에 따라서 개혁적일 수도 있지만 이것은 일시적이고 상대적인 현상이며 종국적으로는 억압적 속성으로 복귀한다. 또 하나는 정치가 그 자체로서 자정능력을 갖기 어렵다는 사실이다. …게다가 80년대 이후에는 한국정치에서 정치적 자정능력과 의지가 포기되고 있음을 계속해서 확인할 수 있다. 따라서 정치자금, 선거구 확정, 선거사범에 대한 공소시효 등의 처리에서 확인된 것처럼 정당과 정치지도자들에게서 정치발전을 기대하는 것은 고양이에게 생선가게를 맡기고 부자가 되기를 바라는 것과 조금도 다르지 않다."(크리스찬아카데미 사회교육원, 『시민운동과 정당정치』, 한울, 1999, 78쪽)

없을 정도로 커졌다.

과거 여론의 형성과 전달은 언론의 고유 영역이었지만 이제 시민·사회단체들이 그 영역을 공유하게 되었다. 따지고 보면 언론은 공정한 사실보도와 객관적인 평가기능을 게을리 함으로써 그 동안 적지 않은 비판에 직면하였다. 언론개혁운동이 시민운동의 한 흐름으로 자리잡은 것은 바로 이 때문이다. 이 점에서는 언론과 시민운동은 적대적이거나 갈등적인 관계를 보이기도 한다. 그러나 한편으로는 시민들을 동원하거나 설득하면서 이들의 여론을 일정한 정책으로 담아내는 시민단체들의 역할을 언론이 무시할 수 없고 이들의 입장을 수용하여 보도함으로써 시민·사회단체와 언론의 협력적 관계가 형성되기도 했다.[11] 이런 점에서 언론과 시민단체의 관계는 상호 생산적 긴장관계, 갈등과 협력의 이중관계라고 할 수 있다.

2. 한국 시민·사회단체와 국가개혁에의 개입 및 참여: 그 배경과 원인

정당·싱크탱크의 대안으로서 시민·사회단체

한국의 시민·사회단체가 국가개혁에 앞장서고 그만큼 영향력을 행사하게 된 것은 원래 국가개혁의 주체가 되어야 할 정당이 제 역할을 수행하지 못하고, 싱크탱크와 같은 기관이 없거나 부실하기 때문이라고 할 수 있다. 오늘날 한국의 정당은 정책에 의한 경쟁보다는 지역과 연고에 의한 지지기반, 1인보스에 의한 당의 운영에 의존하고 있다.[12] 게다가 입법

---

11) 한때 『동아일보』 『중앙일보』 등 유력 일간지들이 NGO페이지를 개설하여 시민·사회단체들의 동향과 입장을 전달한 것이 그 예이다.
12) 조희연 교수는 이를 정치지체현상이라고 부르고 있다. 즉 "87년 이후 민주적 개혁과정에서 시민사회의 활성화 속도는 빠른 반면 정치적 전환이 지체되어 시민사회와 제도정치

과 국가 주요 현안을 제대로 분석·연구·제안할 수 있는 인력과 경험, 전문성을 충분히 갖추지 못하고 있다. 그러다 보니 입법과정과 정책결정은 정부에 의해 주도되고[13] 이러한 현상을 견제하거나 시정할 방법이 없게 되었다.[14]

오늘날 비영리민간연구기관은 이른바 제5계급(The First Estate)으로서 사회변혁의 도구가 되고 있다. 비정부 싱크탱크의 창설은 전세계적 흐름이 되고 있다.[15] 그러나 입법과 정책결정의 과정에서 영향을 미칠 수 있는 싱크탱크도 한국사회에서는 발견하기 어렵다. 정당이 그 부설기관으로 설치한 경우가 있으나[16] 정치지도자들의 인식부족으로 독립적으로 기능하고 활성화되기 어려웠다. 정당적 배경을 가진 연구소와 달리 대기업들이 세운 연구소들이 있으나 이들은 대체로 실물경제 연구에 머무르는 경향이 많았다.

이러한 상황에서 시민·사회단체는 정당과 싱크탱크가 담당하여야할 정부견제, 입법기능을 부분적으로 담당하는 기현상이 일어났다. 즉 입법청원 또는 주요 정책현안에 대해 의견을 제시하는 경우가 늘어났고 그 영향력 또한 증대되었다. 단순히 정부·정당이 제안하는 입법안이나 정책사안에 대해 소극적으로 반론을 제기하거나 의견을 제시하는 것에 그치지 않고 오히려 그러한 입법안이나 정책사안을 선도적으로 제시하고 정부·정당에 그 채택을 압박하는 사례들도 늘어났다.

의 괴리가 극단적으로 존재하는 현상"이 존재한다는 것이다(조희연, 「한국정치와 NGO의 정치개혁운동」, 『시민사회』 제3호, 2001년 여름호, 중앙일보 시민사회연구소, 3쪽).

13) 제14대 법률안처리현황을 살펴보면 이러한 상황을 한눈에 알 수 있다.

14) 어떤 학자는 이것을 '대의의 대행현상'이라고 부른다. 즉 "의회민주주의가 저발전되어 있고 개발독재국가에 의해 왜곡된 조건하에서는 정치사회의 대의기능이 왜곡되어 있고 따라서 시민사회운동조직에 의한 대의의 대행현상이 나타나게 된다. 정부가 관료적 저항이건 기득권세력의 저항에 의해서건 시민사회의 요구를 제대로 수행하지 못함으로써 정부나 제도정당의 대의기능이 비제도적인 시민사회 운동조직에 의해 수행될 수밖에 없는 것"이다(조희연, 「종합적 시민운동의 구조적 성격과 변화전망에 대한 연구」, 유팔무·김정훈 엮음, 『시민사회와 시민운동』 2, 2001, 242쪽).

15) 下河辺淳 監修, 『政策形成の創出: 市民社會におけるシンクタンク』, 第一書林, 1996 참조.

16) 한나라당의 '여의도연구소'가 그것이다.

이는 제대로 역할을 못하는 정당 또는 싱크탱크가 거의 존재하지 않는 이 나라에서 시민·사회단체가 그 역할을 대행하거나 보완하고 있음을 의미한다. 실제로 주요 시민·사회단체들은 정당이 부응하지 못하는 다양한 시민적 요구에 대응하기 위한 체제와 사업을 힘겹게 벌여왔으며[17] 그 자체 내에 부설기관으로 연구소를 만들거나[18] 정책위원회 등의 내부 정책기구를 두어[19] 이러한 싱크탱크 기능을 대행하고 있다.

공익성, 개혁성의 지향

좁은 의미의 시민단체는 정당과 달리 집권의지와 당파성을 가지지 않으며, 각종 직역단체와 달리 특정 집단의 이해관계를 대변하지 않는다. 그 대신 국가사회와 사회공동체의 보편이익을 추구하고 대변한다.[20] 보편이익이라는 개념은 애매하지만 특정 계급이나 특정 계층의 이해관계보다는 공동체 전체의 이익을 옹호하고 증진하는 것을 말한다고 할 수 있다. 이러한 시민·사회단체의 공익적 관점은 그들의 의견이 정부·언론·국민들에게 쉽게 받아들여질 수 있는 가능성을 확대시키게 마련이다.

뿐만 아니라 우리나라 시민·사회단체는 그 역사적 연원과 사회적 구조 때문에 대체로 진보적이고 개혁적이라고 할 수 있다.[21] 시민·사회단

---

17) 경실련, 참여연대는 이른바 종합적 시민운동단체로서 정치·경제·사회 등의 다양한 분야를 다루는 부서를 두고 있다. 이 점에 관하여 '백화점식 사업방식'이라는 비판이 없지 않으나 이것은 국민의 복잡하고 다양한 사회적 요구에 대해 정당·정부가 제대로 대응하지 못하는 데서 생겨난 결과이기도 하다.
18) 경실련의 경제정의연구소, 참여연대의 참여사회연구소, 환경련의 시민환경연구소 등이 바로 그것이다.
19) 참여연대의 정책위원회, 경실련의 정책연구위원회를 그 예로 들 수 있다.
20) 물론 이러한 공익성의 개념은 절대적인 것일 수는 없다. 때로는 특정 계층을 옹호하는 것이 공익적이거나 그 사회의 보편이익이 될 수도 있다. 사회적으로 소외되어 있거나 억압받는 계층을 보호하고 돌보는 것은 당연히 공익성에 부합하는 것이다.
21) 정수복 역시 시민단체의 개혁성을 첫번째 키워드로 꼽고 있다. 강한 개혁성이 한국 시민운동의 특징이라는 것이다(정수복, 「한국사회의 미래를 위한 한국시민운동의 재정립 방안」, 한국시민단체협의회, 제3회 전국시민단체대회 자료집).

체는 과거의 이른바 관변단체들과 달리 민주화와 인권을 위해 투쟁하는 과정에서 탄생·발전해 왔으며 그 지향을 민주주의, 인권, 자유, 다양성, 인간다운 삶, 삶의 질 등에 두고 있다. 이들의 지향은 지난 시대가 경험한 비민주의적이고 비합리적인 정치·경제·사회 체제의 개혁을 목표로 삼게 한다. 과거의 관변단체가 체제수호·체제유지 쪽이었다면 1980년대 후반 이후 생겨나기 시작한 대다수의 시민·사회단체는 체제 변화·개혁의 쪽에 서 있다고 할 수 있다.

이러한 한국 시민·사회단체의 지향 때문에 자연히 부조리하고 불합리하며 비인간적인 현행의 제도를 개혁하는 데 이들은 최선을 다한다. 즉 다양한 영역에 걸쳐 국가제도의 개혁을 소리 높여 외치고 그 구체적 실현을 위해 각종 자원을 동원한다. 바로 이런 점 때문에 시민·사회단체가 국가개혁의 전면에 나서 개혁의 견인차가 되는 것은 당연한 일이다.

전문성의 확보

시민·사회단체들은 대체로 열악한 재정여건과 불충분한 인력조건을 가지고 있다. 따라서 정부나 기업처럼 전문가들을 고용하거나 채용할 수가 없다. 그러나 다행히도 다수의 학자·교수·변호사·회계사 등 전문가들이 기꺼이 시민·사회운동을 지원하기 위하여 자원봉사를 자청하였다. 지난 70년대 이후 민주화와 질풍노도의 80년대와 90년대를 거쳐온 수많은 지식인들은 한국사회의 민주화와 인권, 사회개혁을 위해 헌신하고자 하는 신념과 의지를 가졌다. 이들은 정부와 기업측에서 일하기보다 시민·사회단체 진영에 가담하였다. 아무런 보수와 수당 없이도 이들은 시민·사회단체에 참여하여 전문성을 제공하고 이들 단체들의 브레인이 되었다.[22]

---

22) 경실련의 지식인 참여상황에 대해서는 유종성,「사회운동과 사회과학지식: 경실련의 경험에 대한 고찰」(『사회운동과 전문지식』, 시민의신문사, 1996, 23쪽 이하) 참조.

물론 이러한 실천적 지식인들이 가담하는 양상은 그 단체의 성격에 따라 다르다. 종래의 민주화운동과 민중운동에 참여하는 지식인들은 보다 더 진보적인 교수·변호사·회계사 들이었고, 이에 비해 시민운동에 참여하는 지식인들은 훨씬 광범한 학자그룹이라고 할 수 있다. 과거 노동·농민·도시빈민 운동에 참여하는 지식인들은 사회체제 자체의 개혁에 몰두하는 경향이 있는 데 비해, 시민운동에 참여하는 지식인들은 체제 자체보다는 특정 제도의 개혁에 더 높은 관심을 보였다고 할 수 있다.

특히 그 동안 우리 사회에서 가장 특권층이며 가장 보수적이라고 할 수 있는 변호사집단 내의 개혁지향 변호사들의 수적 증대와 활동강화는 특기할 만하다. 법조인단체 가운데 가장 개혁적인 민주사회를위한변호사모임(이하 민변)의 회원은 이미 300명을 넘었고[23] 단순히 법조관련 사안을 넘어서서 사회 전체의 민주화와 개혁현안에 대한 의견제시를 비롯하여 대안으로서의 법안청원 등과 같은 활동을 활발하게 벌이고 있다. 이와 더불어 민변의 회원들은 다른 개별 시민·사회단체의 법률적 자문역 혹은 상근·비상근의 법률활동가로 참여하면서 전체 시민·사회운동의 차원을 승격시키고 있다. 과거 운동권에 몸담았던 청년층이 대거 사법시험에 합격함으로써[24] 이제 이들이 시민·사회단체의 상근변호사로 활동할 가능성이 훨씬 높아졌다.[25] 이러한 변호사들의 직·간접적인 관여와 참여를 계기로 시민·사회단체들이 법률적 지식과 정보, 경험으로 무장할 수 있게 됨으로써 입법청원과 법률적 감시운동이 용이해졌다.

법률가뿐 아니라 회계사 역시 이러한 시민단체의 전문성을 채워주는 중요한 역할을 하고 있는데, 이들은 예산감시운동이나 소액주주운동에서

---

23) 2002년 6월 1일 현재 민변회원은 전국에 걸쳐 351명이며 안산·경기지부, 부산·경남지부, 대전·충청지부, 광주·전남지부, 전주·전북지부, 대구지부, 강원지부, 제주지부, 충북지부 등이 설치되어 있다.
24) 최근 몇 년 사이에 학생운동, 노동운동 등에 종사했거나 그러한 사회운동에 우호적인 사법시험 합격자수가 매년 100명을 넘고 있다고 한다.
25) 현재 민주노총·민주노동당·환경연합·참여연대·금속노련의 상근활동가로 일하기 위하여 자원한 변호사들이 늘고 있다.

회사의 재무제표를 포함한 각종 회계장부와 정부예산서류들을 분석해 일정한 사실을 끌어내는 등 시민운동에서는 필수불가결한 존재가 되었다. 아직 회계사들이 민변과 같은 집단을 구성하고 있지는 않지만 개별적으로는 여러 시민·사회단체의 감사가 되어주는 일에서부터 실제 그 단체들의 활동과정에서 재무·회계 분석, 세제개혁 참여에 이르기까지 다양한 활동을 벌이고 있다.

3. 시민·사회단체의 개혁과정 개입과 참여 수준 및 방식

입법과정의 개입: 입법운동의 활성화

대한민국 법은 시민단체에 맡겨라—사회문제 법제화노력 정당 압도. …정치권 정책정당 구호 무색. …국회 본관 6층에는 입법민원과와 의안과가 나란히 있다. 입법민원과는 시민단체를 비롯한 각계의 입법청원이 들어오는 곳이다. …국민회의와 자민련, 한나라당은 저마다 신당창당이니 제2의 창당이니 하며 당의 개혁을 외치고 있다. 그 외침에서 항상 빠지지 않는 대목은 당의 정책기능을 강화해 정책정당을 만들겠다는 것이다. 하지만 정당은 정책기능, 입법기능에서 이미 시민단체들에게 한참 뒤쳐져 있다는 것이 전문가들의 지적이다. 96년 15대국회 출범 이후 지금까지 시민단체기 입법청원한 건수는 300여 건에 이른다. 입법청원을 많이 한다는 것은 그만큼 시민단체가 사회현안과 민생문제를 추려내 여론화하고 국가정책에 반영하는 역할을 활발히 하고 있다는 반증이다.[26]

우리 사회가 점차 민주화될수록 입법의 중요성이 높아진다. 법률내용에 대해 깊은 관심을 갖고 그 제정·개정의 과정을 주목한다. 뿐만 아니라 시민사회에서 제기되는 주요 현안과 관련하여 현존 법의 개정안이나

---

26) 『주간조선』 1999. 8. 26.

새로운 법의 제정안을 청원하여 입법과정에서 관철되도록 노력한다.[27] 시민·사회단체들은 각자가 활동하는 영역에서 분야별 개혁, 피해자나 소수자의 권리보호 등에 노력하고 있는바 이러한 활동들의 최종 목표와 단계는 법률과 제도의 개폐, 제정으로 나타날 수밖에 없다. 또한 이러한 법제적 근거야말로 이들 단체의 활동 근거나 무기가 되기 때문에[28] 시민·사회단체들이 입법운동에 매달리는 이유가 된다.[29][30]

그러나 아직 이러한 활동은 대체로 자신의 영역에 속하는 입법에 관련된 경우이고 국회와 국회의원, 국회의 입법활동을 전체적으로 감시하는 단체는 드물다. 즉 입법과정에 지속적이고 전문적으로 개입하는 단체들의 숫자는 적다. 산발적으로 자신의 활동영역에 관계된 입법청원·결의안 채택을 청원하는 단체들은 많으나 효과적으로 입법과정을 분석하고 입법의 내용을 모니터·점검하며 스스로 주요 현안에 대한 입법안을 마련하고 청원하는 단체들은 별로 많지 않고 그 질 또한 높다고 할 수 없다.[31] 그나마 경실련의 시민입법위원회, 참여연대의 의정감시센터, 유권

---

27) 헌법상 보장되고 있는 청원권은 입법과정을 민주화시키고 동시에 주체적인 국정참가권으로서의 성격을 갖는다(渡辺久丸, 『請願權』, 新日本出版社, 1995, 18쪽).

28) 경실련, 환경연합, 참여연대 등이 시민·사회단체의 선거참여를 봉쇄하고 있는 통합선거법 87조의 문제에 대해 개정청원, 헌법소원 등 다양한 개정노력을 기울인 것도 이 때문이다. 결국 이 법은 2000년 4월에 벌어졌던 낙선운동을 불법으로 만든 장본인이 되었다.

29) 일본의 경우에도 시민입법운동이 활발하게 일어나고 있다. NPO법, 정보공개법, 자치기본법 등이 이러한 시민입법운동의 대표적인 사례로 손꼽히고 있다. 1998년에는 아예 이러한 시민입법운동을 전담하기 위해 '시민입법기구'라는 시민단체가 창립되기도 하였다. 이 단체는 그 창립취지에서 "현재의 일본사회에서 민주주의는 형해화되고 있다. '관(官) 주도로부터 민(民) 주도로'라는 슬로건이 주목받고 있지만 실질화되지 못하고 있다. 일본의 '지나치게 강한 관'이 이제야말로 역사적 종언을 고하고 있지만 동시에 '대체하는 민'이라는 것도 애매하다. 여기에 제안하는 시민입법기구는 이러한 폐쇄적 상태를 깨고자 하는 하나의 시도로서 …시민이 처음부터 정책 및 그 구체화로서의 법을 제안하는 것이다"라고 선언하고 있다(市民立法機構, 『市民による立法をめざして』, 1997, 8쪽).

30) "정당구조의 개선과 시민사회의 정치적 개입에 걸림돌로 작용하는 법과 제도의 개선이 중요하다. 통합선거법과 정치자금법이 회피할 수 없는 개혁의 대상임은 분명하다. 이 시점에서 국가보안법의 개폐를 거론하는 것은 오히려 진부한 주장이다"라고 말하는 이도 있다(크리스찬아카데미 사회교육원, 앞의 책, 84~85쪽).

31) 이 점에서 시민·사회단체들이 조직되어 있거나 활발한 활동을 벌이고 있지 못한 영역

자운동연합 등이 입법활동을 감시·견제·참여하는 대표적 경우들이다. 이에 비해 미국의 경우[32] PUBLIC CITIZEN이나 COMMON CAUSE, 영국의 CHARTER88 등이 입법의 감시 또는 견제·입법 운동단체로 유명하다.

그 중에서 참여연대는 입법운동을 가장 큰 목표로 위치시킨 단체 중의 하나이다. 참여연대가 가장 큰 노력을 기울이고 실제로 입법에 성공한 것은 부패방지법과 국민기초생활보장법이다.[33] 1996년 11월 입법청원한 부패방지법의 경우[34] 이를 통과시키기 위한 시민로비단이 만들어지고 이들의 활동에 의해 국회의원 299명 중 210여 명이 그 법안에 동의하는 등 절대 다수의 국회의원들이 이 법안에 대한 지지를 표명하였지만, 이 법은 거의 6년이 지난 2001년에야 통과되었다. 그리고 2001년 11월 8일에는 5대분야 20개 민생·개혁 입법[35]을 국회에 촉구하는 시민행동을 선포하

은 입법과정에서 방치되어 있다고 할 수 있다. 아직도 우리나라에서 시민·사회단체들이 활동의 손을 뻗치고 있지 못한 부분이 엄청나게 많기 때문이다.

32) 미국의 경우에는 기본적으로 로비스트의 활동이 법적으로 보장되어 있다. 다만 그 활동의 공정성과 투명성을 보장하기 위하여 '로비스트등록에관한법률'이 제정되어 있다. 기업이나 이익단체의 사적 이익을 보호하기 위하여 로비스트들이 활동하고 있으나 바로 시민·사회단체들이 공익을 이들로부터 방어하기 위하여 로비스트제도를 활용하고 있기도 하다.

33) 이 법안 제정과정의 자세한 경위에 관해서는 안병영, 「국민기초생활보장법의 제정과정에 관한 연구」(미출판원고) 참조. 안병영은 이 법의 제정의미를 다음과 같이 평가하고 있다. "국민기초생활보장법의 제정 및 구체화과정에서 드러난 가장 큰 특징은 무엇보다 한국의 정책설정과정에서 시민사회의 영향력이 크게 증대되었다는 것이다. …국민기초생활보장법의 경우처럼 시민단체 및 그 연대세력이 시종 법제정 및 그 구체화과정을 주도하며 주인 노릇을 한 예는 없었다."(같은 글, 35쪽)

34) 이 법의 제정경위에 관해서는 최윤희, 「시민단체의 정책적 역할과 가능성: 부패방지법제정운동을 중심으로」(연세대학교 대학원 2001년도 제1학기 시민운동사례연구 페이퍼) 참조.

35) 민생·복지분야에서 상가임대차보호법 제정, 파산법 개정, 주택임대차보호법 개정, 이자제한법 부활, 개인신용정보보호법 개정, 사회보장예산확대, 국민연금법 개정, 생명윤리기본법 제정, 반부패행정분야에서 공직자윤리법제정, 정보공개법 개정, 경제분야에서 증권집단소송법 제정, 은행법 개악저지, 공정거래법 중 출자총액제한, 30대 대규모기업집단 지정제도 개악저지, 증권투자신탁업법, 증권투자회사법 중 재벌금융기관을 통한 계약사 지배 개악 저지, 정치분야에 선거법개정, 정치자금법 개정, 정당법 개정, 사법분야에서 검찰청법 개정, 특별검사제법 제정 등이 바로 그것이다(2000년 11월 8일자 참여연대의 보도자료).

고 집중적인 캠페인을 벌이기도 하였다.

그러나 시민단체들의 이러한 노력에도 불구하고 입법청원, 결의안채택 청원의 실제 수용비율은 매우 낮아서, 15대국회의 지난 34개월 동안 입법 청원된 273건 중 1999년 3월 31일 현재 채택된 것은 단 하나도 없는 실정 이다. 게다가 73건만이 처리되고 나머지 200여 건은 그대로 소관 상임위 원회에 계류중이며 처리된 것도 무려 4개월 18일이 소요되었다.[36]

이것은 국회의원들 자신이 입법활동에 열성적이지 못한 것을 의미할 뿐 아니라, 설사 개별 국회의원들이 동의한다 하더라도 그것이 중요한 당 파적 이익과 관계되거나 정치권에 불리한 개혁적 사안인 경우 정당 지도 부의 반대 또는 무성의가 가장 큰 장애가 되고 있다.

시민 · 사회단체가 입법과정에 개입하는 방식은 입법청원 제출 이외에 도 일정 법안에 대한 의견서 제출, 공청회 · 청문회 · 국정감사 과정에서 의 증언 · 진술, 국회의원들과의 간담회 등을 통하여 이루어진다. 참여연 대가 이 과정에서 시민로비단을 조직하여 유권자인 시민들이 자신들의 대표자인 국회의원들에게 현안이 되고 있는 법안에 대해 의견을 묻거나 또는 지지 · 반대의 요청을 함으로써 국회의원들을 효과적으로 감시 혹 은 견인하고 있다.

사법절차의 개입

국가개혁의 과정에서 사법에 의한 효과도 무시할 수 없다. 그것은 사법 절차에서 특정 사건에 대한 판결이나 결정이 국가정책의 중요한 변수로 작용하기 때문인데, 중요한 국가정책의 변화가 바로 법원의 판결이나 검 찰의 수사에 의해 이루어지는 예는 쉽게 발견할 수 있다.

---

36) 자세한 것은 1999년 4월 30일자 참여연대 보도자료 「참여연대 국회사무처에 요구한 정 보공개 자료 분석결과 ②: 34개월간 총 274건 중 채택된 입법청원안 단 한 건도 없어」 참조.

그러나 종래의 이러한 현상은 특정 개인의 권익을 옹호하기 위해 제기한 소송이나 고소의 결과로 자연스럽게 이루어진 경우가 대부분이었다. 이에 비해 시민·사회단체들이 벌이는 조직적인 제소·고발은 처음부터 일정한 공익적 목적을 지니며 국가·사회 개혁의 수단으로 작용한다. 이른바 공익소송은 사회변화나 국가정책의 변경을 의도한 합목적적이고 기획적인 소송이라 할 수 있다.

시민·사회단체들이 종래 사용한 운동방식은 주로 입법청원·토론회·집회와 시위 등이었는데, 이러한 운동들은 스스로 실행력과 결정력을 가지지 못하고 다만 관련기관에 청원하는 의미만 지닐 뿐이었다. 그러나 공익소송은 직접 소송을 제기하여 그 판결과 결정을 통해 국가기관을 강제하거나 구속하는 효과를 가질 수 있었다.

시민·사회운동의 주요 수단과 동력으로서의 공익소송의 의미를 가장 먼저 깨닫고 사용하기 시작한 것은 참여연대이다. 참여연대는 초기부터 공익소송센터를 설립하고 사회복지분야를 비롯한 각 분야와 관련하여 집중적으로 공익소송을 제기하였다. 그러나 최근 공익소송은 여러 시민·사회단체의 보편적인 시민행동의 한 수단으로 활용되기 시작하였다. 민변이 공익소송을 향후 역점사업으로 정하고[37] 이의 실천을 위하여 공익소송연구팀 구성, 공익소송에 대한 회원홍보 강화, 공익소송담당 실무부서 확충, 공익소송담당 회원에 대한 지원 강화, 대한변협의 법률구조기금

---

37) 민변이 이미 수행하였거나 현재 수행중인 공익소송도 적지 않다. 그 사례는 다음과 같다.
   ① 양지마을 고소장 접수 및 손해배상청구소송(1998. 8. 7)
   ② 경찰청의 민간인사찰에 대한 정보공개청구(1998. 12. 7)
   ③ 경찰청 정보공개청구 취소 행정심판청구(1999. 1. 5)
   ④ 양심수석방집회방해에 대한 국가상대 손해배상청구(1997. 9. 22)
   ⑤ 『한국논단』 게재 원고에 대한 손해배상청구(1997. 10. 6)
   ⑥ 『한국논단』 주최 대선토론회에 대한 2차손해배상청구(1997. 11. 20)
   ⑦ 변호사 접견거부에 관한 손해배상청구(1998. 6. 26)
   ⑧ 북한주민접촉신청거부취소소송 및 남북교류협력법 9조3항 위헌재청심판신청(1998. 7)
   ⑨ 이라크 쿠르드인 메르샴의 난민지위신청기각처분에관한취소청구소송(1999)
   ⑩ 재독 송두율교수 명예훼손 손해배상청구사건

활용방안 모색을 결의하였고,[38] 경실련이 전체 국회의원들을 상대로 한 부실의정활동을 원인으로 한 손해배상청구사건도 공익소송의 한 형태였다. 그리고 환경소송센터의 창립은 향후 환경영역에서의 본격적인 공익소송의 시대를 예고하는 한 사건이었다.

행정참여와 정책결정에의 개입

시민·사회단체들의 정책생산기능은 대학의 연구소나 정부출연 연구소에 못지않게 활발하였다. 젊고 유능한 지식인들은 개혁성향이 높은 이러한 시민·사회단체의 두뇌가 되기를 꺼리지 않았고 많은 학자와 교수들이 이러한 단체에 자원봉사자로 기꺼이 참여함으로써, 이들의 활력과 열정으로 시민·사회단체들의 정책브레인은 꾸려졌다.

[예 1]

경실련은 1990년 이후 약 200여 명의 교수와 전문가들이 참여하여 2년 반 동안의 작업을 거쳐 1993년 2월 17개 분야, 78개 과제에 대해 개혁방안을 내놓았다. 토지, 주택, 금융, 재정, 농업, 노동, 재벌, 중소기업, 정부규제, 대외경제, 교통, 환경, 사회보장, 여성, 민간활동, 정치 및 행정제도, 지방자치—이 모든 영역에서 경실련은 정책대안을 제시하여 정부기관에서 채택할 것을 촉구하였다.[39]

[예 2]

1993년 출범한 나라정책연구회는 "국가선진화를 위한 개혁과제"라는 제하의 개혁정책연구에 착수하여 1994년 무렵 그 결과물을 내놓았다. 개혁의 비전, 행정개혁, 국제경쟁력, 정보화, 거시경제, 과학기술, 재벌혁신, 외교·통일 정책, 한국군개혁, 교육개혁, 방송, 문화, 조세개혁, 예산, 노사관계, 농업, 지방자치, 민주개혁, 정치개혁 등 20여 개 과제에 대해 개혁방안을 논의하고 있다.[40]

---

38) 민주사회를한변호사모임, 『제12차정기총회자료집』, 1999, 74쪽.
39) 이 모든 정책대안은 『우리 사회 이렇게 바꾸자』(비봉출판사, 1993)로 출판되었다.
40) 나라정책연구회 편, 『국가선진화를 위한 개혁과제 20』, 길벗, 1994 참조.

〔예 3〕

1998년 새롭게 출발한 김대중정부에 대해 참여연대는 연속정책토론회를 개최하고 이를 정부의 개혁작업에 참고하도록 하였다. "국가개혁 어떻게 할 것인가: 신정부 초기 5대 핵심 개혁과제"라는 제목으로 진행된 이 토론회에서는 정부조직개혁, 재벌개혁, 사회보장제도개혁, 부패방지제도개혁 등의 영역에서 심도 있게 논의되었다.[41]

〔예 4〕

1997년 11월 참여연대 산하 참여사회연구소는 대의제민주주의와 참여민주주의의 실현, 기업구조·노사·금융·조세제도의 개혁, 시민의식개혁과 맑은사회만들기, 복지·환경·여성·보건·교육 분야의 개혁과제, 통일·안보·남북교류 정책, 법원·검찰의 체질개선과 악법개폐 등 제분야에 걸쳐 개혁과제와 개혁실현방안에 대한 연구결과를 단행본으로 엮어냈다.[42]

국가기구에의 참여

김대중정부에 들어와서 일반 관료와 정치인들 사이에서도 시민단체에 대한 이해가 높아지면서 이들을 적극 활용하고자 하는 경향이 높아졌다. 시민·사회단체 활동가들과의 면담을 통한 의견수렴의 기회가 많아졌고[43] 정당 또는 정부의 각종 위원회에 참여를 요구하는 경우가 빈번해졌다. 특히 각종 정부위원회는 시민단체 대표를 일정 비율 참여시킬 것을 요구받고 있다.

이처럼 최근 각종 행정기관에서는 그 산하의 여러 종류 위원회에 관리와 학자들을 비롯하여 시민단체 관계자를 위촉하는 경우가 늘어났다. 이

---

41) 자세한 것은 참여연대·한겨레신문, 『국가개혁 어떻게 할 것인가』(1998) 참조.
42) 자세한 것은 참여사회연구소, 『우리가 바로잡아야 할 39가지 개혁과제』(푸른숲, 1997) 참조.
43) 심지어 대통령조차 시민·사회단체의 대표자들과의 면담기회를 자주 활용하기 시작하였다. 새 정부 들어 그런 기회가 두세 차례 있었으며, 최근에는 옷로비의혹사건 이후 민심을 제대로 수렴하지 않는다는 비판이 일자 청와대는 시민·사회단체의 의사소통을 위해 민정수석실을 별도로 만든다는 발표를 한 바 있다.

것은 시민단체활동가들도 관련영역에 대한 전문성이 없다고 할 수 없을 뿐 아니라 일반국민들의 여론을 수렴하는 채널이 될 수도 있으며 나아가 시민단체들이 공정성 면에서 국민들의 신뢰를 받고 있으므로 그 위원회의 공정성을 확보하는 방안이 되기 때문이다.

그러나 이러한 현상과 관련해서는 심각한 논쟁이 잠재되어 있다. 찬성하는 입장은, 시민단체들이 밖에서 목소리만 높일 것이 아니라 정부의 각종 위원회에 적극적으로 참여하여 사회개혁에 앞장서야 한다는 것이다. 반대입장은, 시민·사회단체가 제도권 안으로 들어가 참여하게 되면 결국 그 들러리가 되고 자기의 독자적인 목소리를 잃게 되리라는 우려에서 비롯된다.

물론 이러한 문제는 각 단체의 성격과 사안의 내용에 따라 달리 결정될 수밖에 없다. 시민·사회단체가 일정한 정책주장을 한 경우에는 그 주장을 수용하여 구체적인 방안을 마련하는 자리에 참여하기를 거부한다는 것은 무책임한 것이 될 수도 있다. 그렇지만 일반적으로 정부위원회에 무작정 들어가다 보면 반대론자의 말대로 정부와 시민·사회단체의 역할에 혼선이 올 가능성도 있는바, 이 점에서 신중한 판단이 필요하다.[44]

4. 국가개혁에의 개입·참여 활성화를 위한 제도적 개혁과제: 참여민주주의를 통한 개혁의 길

시민·사회단체를 개혁주체로 세우는 제도개혁과제

현재 시민·사회단체가 입법·사법·행정 작용의 과정에 이미 개입하

---

44) 참여연대의 경우 대표 또는 사무처장, 실·국장 등 단체의 얼굴이 되거나 핵심 상근자들의 정부위원회 참여는 가급적 삼간다는 원칙 아래 굳이 필요한 경우에는 참여연대에 가담하고 있는 교수·학자 들을 추천한다는 가이드라인을 세웠다.

고 참여하는 경우가 적지 않지만 이러한 개입과 참여를 보다 더 제도적으로 보장할 필요가 있다. 그 동안 김대중정부는 참여민주주의를 국정지표로 내세우며 개방적 행정을 지향하였지만, 실질적으로 과거와 다른 변화를 전혀 보여주지 못했다. 김영삼정권하에서도 적지 않은 개혁이 이루어졌으나 그것은 국민을 주체로 하였다기보다 대상으로 한 것이었다.[45] 국민의 참여가 이루어지지 못한 개혁은 결국 실패할 수밖에 없었다.

국민을 개혁의 주체로 세우기 위한 개혁이란 국민과 이들을 대변하는 시민·사회단체들이 제반 입법·사법·행정 과정에 개입하고 참여하는 기회를 확대하고 강화하는 것을 의미한다. 그 방법들 몇 가지를 예로 들어보기로 하겠다.

첫째, 입법청원의 효력을 강화할 필요가 있다. 지금까지는 일반국민들이나 시민·사회단체가 제출한 입법청원안에 대해 국회는 일정 절차를 거쳐 법안으로 채택할 수는 있으나 실제에서는 그런 경우가 드물었다. 그러나 적어도 이러한 입법청원에 대해 보다 더 신중한 검토와 심사가 이루어지게 할 필요가 있다.

둘째, 공익소송법의 제정이 소망된다. 전통적인 소송절차는 엄격한 원고적격(原告適格), 소(訴)의 이익 따위를 정하고 있어 제한된 피해자만이 원고가 될 것을 요구하였다. 이러한 개념 아래서는 단지 사적 이익과 권리만이 보호될 수 있으므로, 이것을 확대하여 시민·사회단체도 원고가 되어 각종 사회현안을 법정으로 끌고 갈 수 있도록 허용하여야 한다. 원고적격, 소의 이익을 확대하는 공익소송법이 필요한 것이다. 그렇게 함으로써 시민·사회단체가 국가개혁의 견인차가 될 수 있다.

셋째, 정보공개관련법의 제·개정 및 강화가 필요하다. 정보공개는 투명한 행정과 책임 있는 행정을 위한 전제조건이다. 일반시민들과 시민·사회단체들이 정부보유의 정보공개를 원활하게 할 수 있다면 이미 행정

---

45) 일종의 "신권위주의 방식의 개혁"이라고 할 수 있었다(이영희,「개혁의 비전」,『국가선진화를 위한 개혁과제 20』, 나라정책연구회, 길벗, 22쪽).

개혁의 반은 성공하는 셈이다. 그러나 불행하게도 이 나라의 정보공개법은 '정보불공개법'이라고 호칭될 정도로 충분하지 못하다. 정부관리하에 있는 기록들의 보존·분류·해제·공개의 체계적인 과정이 필요하다.

넷째, 주요 공직자에 대한 인준청문절차가 긴요하다. 장·차관, 대법관, 헌법재판관, 검찰총장 등 주요 공직자에 대한 인준청문을 통해 당사자에 대한 검증뿐 아니라 시민·사회단체들의 공식적 개입을 활성화시킬 수 있다. 미국의 경우 시민·사회단체들이 인준청문의 주체인 상원에 여러 가지 경로로 의견을 내고 이러한 의견은 중시된다.[46]

다섯째, 임명직 공직자들을 선출직으로 확대하고 선출직 공직자에 대한 소환제도를 도입해야 한다. 이것은 국민주권주의의 실효성을 위해 대단히 소중한 제도인바, 현재 대통령이 임명하게 되어 있는 검찰간부 등 주요 공직자들이 선출직으로 바뀐다면 이들의 직무중립성은 획기적으로 증대될 것이다. 뿐만 아니라 선출직 공직자라 하더라도 중대한 하자가 발견되거나 직무상의 중대한 잘못이 있는 경우 임기 전에 소환하는 제도를 도입하여야 한다.

여섯째, 시민·사회단체의 모금활동에 대한 규제가 사라지는 대신 이들의 모금액에 대한 세금감면이 이루어져야 한다. 지금은 행정자치부장관의 허가 없이 모금하는 것 자체가 위법으로 되어 있다. 그러나 시민·사회단체의 헌금·회비·후원금 등에 대해 세금감면 규정이 없어 아무런 혜택이 주어지지 않는데, 이에 대한 세금감면을 통해 시민·사회단체의 모금활동이 활성화되어야 한다.

시민·사회단체의 정치참여와 정치세력화 논쟁

시민·사회단체들의 성향과 지향이 다양하기 때문에 이들의 정치적

---

46) 특히 대법관에 대한 청문의 경우 미국변호사협회(ABA)의 평가는 결정적인 영향을 미친다.

태도에 대해서도 한마디로 규정할 수는 없다. 일부 시민·사회단체들은 정치세력화를 염두에 두고 있는가 하면 또 일부 단체들은 정치와의 연관을 금기로 여긴다. 그러나 정치인들의 부패와 정치권의 혼란을 지속적으로 경험하면서 한국사회의 민주화와 정상적인 정당정치의 복원, 한국사회의 개혁을 위해 시민·사회단체의 활동가들이 대거 진출해야 한다거나 혹은 시민·사회단체가 중심이 되어 정치세력화를 이루어야 한다고 주장하는 목소리가 없지 않았다.

한때 경실련을 중심으로 일부 시민·사회단체의 간부들이 정계로 진출하면서 정치세력화가 쟁점이 되었으며, 특히 경실련은 이 논쟁으로 큰 홍역을 치르기도 하였다.

경실련의 영향력이 커지기 시작하고 일부 인사들이 정계에 진출함에 따라 시민운동권에 정치세력화 문제가 커다란 논란의 대상이 되었다. 여기에 대한 우리 회원들과 시민들의 반응은 시민운동가가 절대로 정치를 해서는 안 된다는 주장과 적극적으로 진출해야 한다는 주장이 대립하고 있다. …시민운동의 정치세력화라는 주제를 가지고 활동해 온 시민·사회단체들은 지난 6·27선거는 물론 금년 4·11선거에 이르기까지 그 단체의 특성에 맞게 일정 부분 정치세력화된 것이 사실이다.[47]

이러한 정치참여 문제는 지금도 완전히 잠복된 것은 아니다. 정치분야에서의 개혁지체는 끊임없이 새로운 진보정당의 창설과 시민사회의 정치참여 실험을 되풀이하게 하고 있다. 그 동안 민주노총이 주도해 만든 국민승리21과 이를 승계한 민주노동당이 노동자계급의 이익을 대변하기 위한 시도를 계속하고 있으며, 또 최근에는 환경운동연합이 녹색정치위원회를 만들어 2002년에 시행되는 지방자치에 전국적 단위에서 참여하

---

47) 경제정의실천시민연합, 『경실련창립6주년기념자료집: 지방화 세계화를 준비하는 시민운동』, 1996, 6〜7쪽.

기로 결정한 바 있다. 이와 관련하여 시민·사회단체 내에서 또 한 번 정치참여논쟁이 일고 있다.

뿐만 아니라 여전히 시민·사회단체는 정부관료 또는 정치인의 주요 충원원천이 되고 있는바, 이른바 '새피수혈론'이 바로 그것이다. 그러나 시민운동이 심화되어 갈수록 이러한 논쟁의 열기는 식어가게 마련이며, 또 일부 시민단체의 직원이 정부로 가는 것에 대해서도 예민하게 반응하지 않을 수도 있다. 아무튼 정치권 진출을 시민운동의 순결성을 훼손하는 것으로 국민들이 받아들이고 있고 시민운동의 인적 자원이 절대적으로 부족한 상태에서, 더 나아가 시민사회의 감시와 참여·개입의 과정을 통해서 정치를 바꾸는 것도 유효한 정치개혁의 한 방안이라고 볼 때 현 상태에서 정치진출을 바람직하다고 보기는 어려울 것이다.

5. 맺음말

그 동안 시민·사회운동은 적지 않은 성과를 이루었지만 그것은 아직 시작에 불과하다. 목소리만 컸지 그것을 담보할 만한 전문성과 구체성, 현실성이 충분했다고 말하기 어렵다. 시민·사회단체가 주창한 국가개혁 과제와 정책대안이 받아들여진 것은 아직도 손으로 셀 수 있는 정도이다. 이는 정부·여당이 덜 개혁적인 측면도 있지만 동시에 그 과제와 대안들이 충분히 합리적이고 현실적이지 못한 데 일단의 원인이 있다고 볼 수도 있다. 이런 점에서 시민·사회단체는 자신들의 주장과 대안을 좀더 치밀하고 정밀하게 가다듬을 필요가 있을 것이다.

더군다나 시민·사회단체들의 국가개혁에의 참여가 가능하였던 것은 일부 지식인들의 열정에 힘입은 바 컸다. 하지만 자체 조직 안에 영속적인 연구·조사 기능을 가능케 하는 기구·재원·인력이 확보되어 있지 못하다. 따라서 한국사회의 개혁이 가속화되고 큰 틀의 개혁과제가 줄어들게 되면 그만큼 더 정밀하고 구체적인 개혁과제를 추출하고 해결대안을 마련할 수 있어야 한다. 여기에는 더 높은 수준의 전문인력과 중·장기적인 연구시스템의 구축이 요구되며, 또 종래의 시민·사회단체와는 별도로 전문가들의 집합소로서의 민간 싱크탱크가 만들어져야 한다.

물론 시민·사회단체들의 정책제안 기능이 정부나 국회, 정당 등 기존의 정치체제 혹은 대의민주주의를 대체할 수 있는 것은 아니다. 그럴 만한 역량이 있지도 않거니와 그것이 바람직한 것도 아니다. 오히려 이들의 활동은 글머리의 커먼코즈 창립자 존 가드너의 말처럼 기존 정당체제, 대의민주주의를 보완하고 혁신하는 데 그 목적이 있다. 제대로 작동되지 않는 민주주의와 정치체제를 올바로 기능하도록 압력을 가하는 것이다. 그 과도기적 기간 동안 시민·사회단체들은 광범한 영역에서 힘겹고 제한적이지만 사회개혁을 위해 제도적 제안과 그것이 실현될 수 있도록 끊임없이 사회적 압력을 행사하는 것이다.

이처럼 시민·사회운동의 발전은 이제 시작단계에 불과하며 앞으로 지속적으로 성장하면서 우리 사회의 변화와 개혁을 주도할 것이다.[48] 국가적 개혁의 견인차―그것은 대통령도 아니며 정부·여당도 아니다. 바로 국민 자신이다. 그리고 이러한 국민의 여론을 대변하여 정책대안을 만들고 소리 높여 고창하며 정부에 압력을 가하는 시민단체들이다. 이제 그런 시대의 서막이 열렸다.

(이 글은 1999년 7월 1일, 한국정치학회 주최 '국가개혁특별학술회의'에서 발표된 것이다.)

---

48) 시민·사회운동 전문가들을 상대로 한 어떤 조사에 따르면 "시민운동은 다른 운동과 달리 꾸준히 성장할 것으로 전망"하고 있다(강선미·이기호,『한국사회운동의 과제와 전망』, 개마서원, 1997, 85쪽).

경제위기 극복과 시민운동
IMF위기의 원인과 해결대안: 몇 가지 고민

1. 머리말

"다시 뛰자!" 최근의 경제위기를 극복하는 구호로 널리 쓰이고 있는 말이다. 1997년 11월 IMF의 구제금융은 그 동안 승승장구 고도성장과 경제번영을 누려온 한국사회의 붕괴를 알리는 첫 신호탄이었다. 그후 한국경제는 급전직하의 길을 걸어 대량실업, 구조조정, 외환위기, 수출급감 등의 온갖 위기에 직면하였다. 이러한 경제위기를 극복하기 위한 국민적 노력이 경주되고 있다. "다시 뛰자"는 구호는 장애물에 걸려 넘어진 한국인들이 다시 일어나 위기극복과 경제회생을 향해 재도약할 것을 다짐하는 말이라고 할 수 있다.

그러나 일단 '한국호'가 좌초된 이상 먼저 왜 오늘의 위기에 처하게 되었는지 우리의 과거와 현실, 그 구조적 문제를 한번 냉철하게 반성하고 분석해 볼 필요가 있다. 그러한 고민 없이 곧바로 "다시 뛰자"는 구호는 참으로 무모한 것이라고 하지 않을 수 없다. 나무에서 떨어져 곰곰이 생각해 본 원숭이가 인류의 조상이 되었다는 말도 있지 않던가. 이토록 중

대한 위기에 처했음에도 아직 제대로 그 원인 한 번 규명해 보지 않았다면 그것은 제대로 그 잘못을 고치고 이 위기를 극복하기도 어렵다는 사실을 말해 준다. 진단을 제대로 하지 않았는데 처방이 제대로 나올 리가 없는 것이다.

한국의 경제위기는 결코 우발적으로 어느 날 아침 일어난 사건이 아니다. 지난 반세기의 한국정치, 지난 30년의 한국경제개발, 한국인의 의식구조, 이 모두가 함께 중첩되고 구조화되어 일어난 일이다. 부패와 비리, 불의의 사회가 낳은 총체적 부실 가운데 잉태된 재앙이다. 이제 우리는 오늘의 경제위기를 낳은 그러한 사회구조와 의식행태를 한번 진실로 되돌아볼 때이다.

2. 시민사회의 입장에서 본 한국사회의 좌초의 원인

박정희개발시대의 부실의 종착역: 성장시대의 한계와 후유증

박정희시대가 고속성장의 시대였음은 누구도 부인할 수 없다. 1962년 경제개발5개년계획이 수립되고 집행되기 시작한 이후 한국사회는 매년 경이적인 경제성장률과 국민소득과 수출증대를 이루어왔다. 가난한 후진국에서 개발도상국으로, 다시 OECD까지 가입하는 고도 산업국가로의 발전과 이행을 숨쉴 틈 없이 거듭했다. 한국은 가장 성공적인 경제성장국가로서 널리 인정되었다.

그러나 그 과정에서 성장중심주의는 많은 사회적 가치를 유보 또는 희생시켜 왔다. 국민의 기본적 자유와 권리는 유보되었고 빈부격차와 사회적 불평등은 조장·방치되었다. 성장은 분배보다 중시되었고 자유와 인권은 안보와 발전의 가치 아래 종속되었다. 권력의 집중과 재벌중심의 성장은 광범하고 구조적인 부패를 야기하였다. 이른바 개발독재의 시대였다.

이러한 급속한 경제성장은 계급갈등, 부패조장, 정경유착, 사회불안 등 심각한 후유증을 초래하였다. 일단 고도의 성장을 이룩함으로써 파이를 키우면 저절로 그러한 사회적 비용은 회수될 수 있을 것이라고 기대되었지만, 이러한 사회적 희생과 후유증은 하루아침에 회복되기가 불가능하였다. 커다란 비용을 치르지 않으면 안 되었다.

심지어 경제성장 자체도 이러한 개발독재와 고도성장의 후유증 때문에 커다란 장애에 봉착하였다. 건전한 권력분립과 상호견제, 건전한 상식과 시민적 참여, 언론과 시민사회의 건강한 발전 등이 결여된 상황에서 한 사회는 부패와 부조리의 네트워크 속에서 침몰할 수밖에 없었다. 바로 IMF경제위기는 이러한 사회의 위기 속에서 잉태되고 준비되고 도래한 것이다.

총체적 부실사회

부패의 구조화

한국호가 이미 기울고 있다는 사실을 알려준 사례는 수없이 발견되었다. 김영삼정부 후기에 잇따라 발생한 대형사고가 그런 예였다. 성수대교 붕괴, 삼풍백화점 붕괴, 대구지하철공사장 붕괴 등 도저히 우발적 사고라고 보기에는 너무도 심각한 대형사고들이 줄을 이었다. 말 못하는 건물과 다리들이 이미 한국의 붕괴를 예견하고 있었던 것이다. 그 내밀함 뒤에는 부정과 부패, 비리의 사슬이 구조화되어 어느 철근 하나도 성한 것이 없었음을 알게 되었다.

어느 땐가부터 우리 사회는 ROTC(Republic of Total Corruption)공화국이라고 불리어왔다. 이 불명예스런 이름이 어느 날 갑자기 붙은 것은 아니었다. 국제적 반부패운동기구인 국제투명성위원회(Transparency International)에서 매년 조사하는 부패지수에서 한국은 아시아 여러 나라

가운데서도 가장 부패한 나라 중 하나였다. 부패는 마치 한국인의 숙명처럼 우리 주위에 번식하면서 우리를 패망시키고 있었다.

태국과 한국이 먼저 국제금융자본 앞에 무릎을 꿇은 데 비해 대만과 싱가포르, 말레이시아 등은 어려움을 겪으면서도 세계적 경제위기를 훌륭히 극복하고 있었다. 무엇이 이런 차이를 가져온 것일까. 그것은 바로 도덕성과 청렴성이다. 상대적으로 대만 등과 같이 생존을 지탱하고 있는 나라들에서는 우리만큼의 정경유착이라든가 구조적이고 보편적인 부패 상황은 보기 어렵다. 특히 싱가포르, 대만 등은 강력한 부패방지법과 부패수사국을 설치하여 부패추방과 예방에 혼신의 힘을 다해 왔다.

부패는 단순히 도덕의 차원에만 머무르는 문제가 아니다. 부패는 국가의 정상적인 기능을 훼손하고 무질서와 약육강식의 나라로 만든다. 오늘 우리가 목도하고 있는 것은 바로 경제의 무너짐에 앞서 우리 도덕의 무너짐이요, 우리 질서의 무너짐이다.

기본의 붕괴: 통계조차 부실한 나라

부패의 구체적 결과는 사회적 기능의 상실이다. 고도성장주의는 모든 것을 결과중심과 금전중심 사회로 만들어놓았다. 과정이 생략되고 원칙이 흔들렸으며, 법률은 강자의 이익이 되고 법치주의는 무력화되었다. 정글의 법칙이 통용된 것이다.

증권시장의 신뢰는 정직한 기장에 근거한 장부, 정확한 기업재정정보의 공지에 있다. 그러나 부실한 장부에 의해 허위기장이 일반화되었고, 감사를 통해 장부의 정확성을 점검해야 할 공인회계사마저 그 임무를 방기하였고, 책임 있는 경영을 위한 주식회사의 안전장치들이 무장해제되었다. IMF 이후 무너진 기업들의 분식결산과 회계허위가 얼마나 심각했는지 잘 알 수 있었다.

공적 영역 역시 마찬가지였다. 예산과 결산이 자체 감사기관, 감사원, 국회에 의해 통제되고 있기는 했지만 부정의 소지는 어디에나 있었다.

내·외부 감사기관의 감사는 형식적이고 의례적이어서, 감춰진 재정부실과 낭비·부조리는 만연해 있었다. 볕이 들지 않는 음지에는 독버섯이 자라게 마련이었다. 가장 심각한 것은 나라의 근본이 되는 통계조차 제대로 작성되지 않는다는 사실이다. 한국의 통계자료는 국제적으로 신뢰받지 못한다는 사실이 바로 그것을 증명한다.

시스템이 없는 나라: 땜방의 연속

한국은 지난 반세기 동안 국가와 경제의 규모는 키워왔지만 그 커진 사회와 국가·경제를 제대로 운용할 수 있는 노하우를 터득하지 못하였다. 하드웨어를 운용할 수 있는 소프트웨어가 구비되지 못한 것이다.

경제규모가 커지고 사회가 복잡해지면 거기에 걸맞은 새로운 사회조직과 사회경영 시스템 및 운용원리가 도입되어야 한다. 수십 명의 종업원을 가진 중소기업이 수천·수만 명의 종업원을 고용한 대기업, 특히 재벌기업으로 성장하면 사장 혼자서 독선적이고 주먹구구식의 경영으로 유지해 갈 수는 없다. 근대적인 경영기법과 투명한 경영행태, 최적의 경영인이 선출되고 상호 감시와 견제가 이루어지는 지배경영구조가 필요한 법이다.

그럼에도 우리의 경우에는 민주주의와 시장경제가 제대로 작동될 수 있는 정치·경제·사회적 시스템이 올바로 도입되거나 설령 존재하더라도 결코 원래의 취지 그대로 움직여지지 않았다. 어떤 사건이 터지면 그냥 땜방만 하고 지나가곤 하였다. 그러다 보니 같은 종류의 사건이 반복해서 일어났다. IMF경제위기는 바로 이러한 구시대적 사고방식과 부실한 제도와 법률, 전근대적인 관습과 의식이 낳은 필연적인 결과였다.

3. 사회발전을 위한 기초적 대안

감시기능과 시스템의 복원

처음부터 우리 한국인이 부패하고 타락하고 불의하고 부실한 인종이라고 말 할 수는 없고, 선진문명을 자랑하는 미국과 서구 여러 나라들의 국민이 훨씬 도덕적이고 의로운 민족이라고 말할 수 없다.

권력을 쥔 사람은 그 권력을 남용하게 마련이다. 문제는 사회시스템이다. 민주주의가 성숙되어 있는 미국과 유럽 등 선진사회에서는 견제와 균형의 원리가 사회 전체에 관철되어 있다. 어느 누구도 독단적이고 자의적으로 권력을 행사할 수 없도록 되어 있다. 대통령과 의회, 대법원, 언론, 시민단체 등이 서로가 서로를 견제하고 감시하면서 도덕성과 법률의 지배를 이끌어가고 있다. 하나의 기업 안에서도 이사회와 집행부와 감사, 주주 들이 서로 견제와 감시로 최대이윤을 올리고 있다.

불행하게도 이 나라에는 이런 감시와 견제의 시스템이 작동되지 않고 있다. 대통령 한 사람에게 권력이 집중되어 입법부와 사법부마저 그 입김을 강하게 받는 등, 삼권분립은 헌법교과서에나 있는 말이다. 거칠게 말하면 모두가 한통속이었다. 그래서 군사독재가 가능했고 불합리한 제도가 만들어질 수 있었고 그 운용에 멀쩡한 지식인들이 동원되었다. 언론 역시 객관적인 진실보다는 권력과 재벌 등 힘있고 보수적인 세력에 큰 영향을 받아왔다. 제4의 정부로서의 기능을 오래 전부터 상실했던 것이다. 기업 역시 인류가 발명한 가장 위대한 제도 중의 하나인 주식회사제도를 잠탈하고 사실상 개인기업과 다를 바 없이 운용되어 왔다. 오너 한 사람의 말이면 주주총회, 이사회, 감사 어느 누구도 견제할 수가 없었다.

미국의 의회 뒤편 메릴랜드 애브뉴에는 수백 개의 시민단체가 포진해 있다. 이들은 의회와 의원들의 일거수 일투족을 감시하면서 유권자들의 의사를 대변하고 있다. 그리고 K-스트리트 주변에는 담배회사협회, 총기협회 등 대표적인 이해단체의 이익을 대변하는 로비스트들이 진을 치고 있는데, 시민단체의 공익로비스트들은 이들 사적 이해를 대변하는 로비스트들에 대항하여 공익을 지켜낸다.

그리고 미국민들은 이들 시민단체의 존재의의를 높이 인정하고 기꺼이 회원이 되어 회비를 내고 자원봉사를 한다. 그 힘으로 이들은 인사청문회에 오른 공직후보자의 과거경력에 관한 자료를 수집하여 청문회에 참여하는 상원의원에게 제공하며, 그 과정을 모니터하여 찬성·반대 의견을 압력으로 전달하는 등의 활동을 활발하게 전개한다.

투명성과 책임성의 강화

견제와 감시가 없으니 모든 권력은 부패하게 마련이다. 그 권력이 어떻게 움직이는지 아무런 자료도 공개되지 않고 과오가 있더라도 책임을 지는 사람이 아무도 없다. 국제적으로 신뢰받지 못하는 부실한 통계, 주먹구구식의 통계자료는 부실한 정책, 주먹구구식의 행정을 의미한다. 정보공개법이 제정되어 있으나 여전히 정보불공개법으로 불릴 정도로 지나치게 비공개 사유가 확대되어 있고, 어느 국민도 정보공개를 청구할 생각을 하지 않는다. 당연히 밀실행정, 비밀주의가 판을 치고 그 속에서 부패의 독버섯이 무성히 자란다. 국가예산은 성역이고 감사원에서의 감사는 그 속에서 햇빛을 쏘이기에는 턱없이 미약하다. 어느 한 세무서에서 하급공직자들이 해먹은 것이 100억 원이 넘고 율곡사업은 도대체 어디까지가 부정인지 알기조차 어렵다.

그럼에도 책임지는 구조는 마련되어 있지 않다. 판·검사가 돈 받아먹어 말썽이 나면 옷만 벗으면 된다. 국회의원이나 정치인들은 돈을 받아먹은 것이 문제되어도 떡값이라고 발뺌하여 빠져나오기가 일쑤였다. 재수 없이 걸린 사람도 감옥 갔다가 금방 특사다 뭐다 해서 나와서는 언제 그랬느냐는 듯이 다시 공직을 맡고 텔레비전에 얼굴을 비친다.

법은 강자에게 약하고 약자에게 강한 것이 한국이다. 아무리 잘못하고 나쁜 일해도 책임지는 경우가 드물고 책임지더라도 가볍게 끝나고 마니 누가 부정하고 부패하지 않으랴.

4. 위기극복과 한국 시민운동의 역할

게임 룰의 감시자

시민사회의 성숙은 이상과 같이 단순한 민주주의의 발전과 삶의 질을 확보하기 위해서뿐 아니라 경제회복과 경제발전을 위해서도 필요한 일이다. 경제 역시 정치·사회·문화와 상호 긴밀히 연관되어 있고 정치·사회·문화의 정상화 없이 경제만 홀로 발전하기 어렵기 때문이다. 튼튼하고 경쟁력 있는 기업문화는 정치·사회의 안정 위에 꽃필 수 있는 것이다. 지금까지 보편화되었던 정경유착은 바로 기업의 이익을 인출하는 중요한 통로였고 기업이 정상적인 기업활동을 위해 써야 할 돈을 부정한 정치에 쏟아붓는 격이었다. 이러한 정경유착은 또 한편으로 기업들이 정부기관으로부터 쉽게 이권을 얻어 기업이윤을 확보할 수 있게 해주었고 그만큼 정상적인 기업발전에 제약요소로 작용했다. 이러고서 기업이 경쟁력을 갖고 세계기업과 겨루기란 역부족이 아닐 수 없었다.

한국사회에서 가장 중요한 문제는 각 영역에서 게임의 룰이 정착되게 하는 것이라고 할 수 있다. 한 공동체의 질서는 법을 통하여 실현된다. 국민의 대표기관인 국회가 좋은 법을 만들고 그 법이 국민생활의 기준이 되어야 하는 것이다. 그런데 우리 경우에는 법 따로, 현실 따로 존재한다. 결국 법의 지배가 사라지면 만인 대 만인의 투쟁이 이루어지고 공정한 경쟁이 무너진다. 사회 질서와 발전이 헝클어지는 것이다.

시민운동은 당장 한국사회의 이러한 무법적 상황을 치유하고 극복하는 일에 가장 역점을 두어야 한다. 그 동안 정부와 기업, 즉 공공영역과 사적 영역의 두 중심축(key-player)을 견제하고 감시하는 일을 언론이 담당해 왔다. 그러나 언론마저 대기업이 되고 기득권자가 됨으로써 스스로 그 역할을 포기하였다. 외국의 경우 이러한 독립된 언론뿐 아니라 노동조합, 사회단체 들이 상호 견제와 균형의 중요한 포스트를 차지해 왔지만, 우리 경우에는 노동조합마저 엄청난 탄압에 대응하면서 강성을 띠게 되었고 지나치게 노동자계급의 이익에 매달리는 경향이 있다. 이러한 이유 때문에 기득권과 연고를 가지지 않고 계급중립적인 시민단체가 공익의 담지자로서 정부와 시장을 감시하는 주된 역할을 담당하지 않을 수 없게 된 것이다.

개입과 참여: 참여민주주의 시대

그러나 우리 사회의 정상화를 위해 단순한 감시자로서의 역할에 만족할 수는 없다. 좀더 적극적이고도 구체적으로 우리 사회의 여러 부문에 개입과 참여를 하지 않으면 안 된다. 개입과 참여는 감시의 또 다른 형태일 수 있는데, 최근 참여민주주의는 유행어가 되다시피 했다. 김대중 대통령이 당선 직후부터 국정의 한 목표로 참여민주주의를 말한 뒤 정치학자들 사이에서나 쓰이던 이 용어가 보편화된 것이다. 그러나 김대통령이 이해하는 참여민주주의는 구체화되지 못했고 진정한 참여민주주의의 실현을 바라는 사람들에게는 작은 실망을 안겨주었다. 진정한 참여민주주의는 형식적인 '대통령과의 대화'를 뛰어넘어 일반국민이 국정의 여러 분야에 참여할 수 있는 권리를 보장하고 구체적으로 그것이 가능하도록 만들어주는 일이다. 그리하여 정보공개법의 강화, 행정절차법의 확대, 공익소송법의 제정, 시민단체의 활성화 등이 이루어져야 한다.

그러나 동서고금 어디에도 국민의 권리를 스스로 보장해 준 사례는 없다. 스스로 쟁취했을 뿐이다. 어느 정치학자가 "투표소에서 나오는 순간

유권자는 다시 노예의 신분으로 되돌아간다"고 설파하였듯이, 정치인들은 선거철이면 온갖 아양을 떨며 한 표를 호소하지만 막상 당선되면 유권자를 찬밥 취급한다. 정치인과 유권자의 관계만 그런 것이 아니다. 기업과 소비자의 관계, 납세자와 정부의 관계가 모두 마찬가지다. 추상적인 국민은 이렇게 다수 이해관계자의 입장으로부터 분리될 수 있다. 그런데 이들이 조용히 침묵으로 일관한다면 어느 정치인 · 정부 · 기업인도 유권자 · 납세자 · 소비자의 눈치를 볼 리가 없다. 다만 그들의 잘못을 모니터하고 따지고 소송을 제기하고 고발을 할 때 비로소 달라질 수 있으며, 그럼으로써 진정한 국민, 납세자, 유권자가 되고 소비자가 왕이 될 수 있다. 그런 노고 없이 공짜로 자신의 권리가 보장되지는 않는다. 자유와 권리는 영원한 감시와 참여의 대가일 뿐이다.

사실 우리의 법제는 이미 이와 같은 시민참여의 제도적 틀이 부분적으로 마련되어 있다. 예컨대 최근 참여연대의 소액주주운동이 그러한 훌륭한 예이다. 소액주주들의 이익을 대변하여 경영진의 불법행위에 대하여 대표소송을 제기하고 장부열람권을 행사한다는 것은 작게는 소액주주들의 권익을 지키는 길이 될 뿐 아니라 경영의 책임성 · 투명성을 확보하는 길이기도 하다. 그 동안 기업 내의 권한분배와 상호견제체계는 작동되지 않았고 그 결과 극도의 권한집중으로 합리적 의사결정이 불가능했던 것이 사실이다. 더욱이 소액주주운동은 점차 소비자운동, 환경운동으로 확산되고 있는바, 이것은 결국 제품의 질의 향상과 공해유발요인의 제거를 위한 소비자와 시민들의 요구를 관철할 수 있는 수단을 확보하는 것이 될 것이다.

이와 같은 관점에서 본다면 공직자들의 부패통제를 위한 각종 탄핵 · 고발운동 · 소환운동, 유권자들의 의정감시 · 의정성적평가 · 청문회참여 등 많은 아이디어를 발전시킬 수 있을 것이다. "전지구적으로 생각하고 지방적으로 행동하라"(Think Globally, Behave Locally)는 말이 지금처럼 소중한 때가 없다. 국제적인 기준과 절차에 대하여 숙지하고 사고하면서 동시에 국내 여건과 환경을 고려하여 그 수준을 끌어올리는 것이 중요하다. 우리의 후진적 요소들을 장기적 관점에서 개혁·개선함으로써 그 격차를 줄일 수 있다. 더구나 시민단체들이 정부와 시장에 대해 소극적인 대응이 아니라 법적 강제수단을 동원함으로써 독립변수로서 기능할 때 비로소 우리 사회의 또 하나의 균형추 노릇을 할 수 있을 것이다.

제도개혁과 의식개혁의 두 마리 토끼

한국사회를 정상화시키기 위해서는 후진적 제도와 퇴영적 의식을 함께 개혁하는 것이 필요하다. 제도개혁과 의식개혁의 우선순위와 관련하여 시민운동진영에서는 논란이 제기되어 왔지만, 이는 닭과 달걀 가운데 무엇이 먼저냐 하는 것과 다름이 없다. 두 가지 모두 필요한 운동임에 틀림없다.

그러나 한국사회에서 유효한 것은 제도개혁우선론이다. 일단 후진적인 제도를 제대로 개폐함으로써 의식개혁운동이 가능한 언덕을 만드는 일이 급선무이다. 예컨대 부패방지를 위해 지금 있는 제도라도 제대로 활용하는 것이 중요하지 않느냐라고 사람들은 말한다. 물론 일면에서는 그것이 진실이다. 그러나 부패방지를 위한 내부고발자보호제도라든가 돈세탁방지제도를 도입하면 그만큼 부패통제에 효과적인 무기가 생길 뿐 아니라 일반공무원이나 시민, 시민단체 들의 개입의 발판(platform)이 형성된다. 어느 영역에서 비리가 발생하면 사회공익을 위해서 혹은 양심에 근거하여 내부고발을 할 수 있게 되고 그것을 지원할 운동이 가능해진다. 이러한 유효한 제도와 그 제도적용을 면밀하게 감시함으로써 부패추방·부패예방의 효과가 달성될 수 있는 것이다.

또 한 가지, 꽃동네 등 사회복지시설의 증설과 확대가 소망되지만 동시에 진정한 삶의 질과 안전을 확보하기 위해서는 기본적인 사회복지제도가 완비되어 사회안전망을 구축하는 것이 보다 중요하다. 현재 정부가 추진중인 공공근로사업 역시 일회적이며 소모적인데, 외국의 사례를 볼 때 오히려 어려운 시절에 사회복지체제가 수립되었다. 어려울 때일수록 근본을 생각할 필요가 있다.

　(이 글은 IMF외환위기 직후인 1998년 정신문화연구원이 주최한 세미나에서 발표한 글이다.)

개혁의 엔진, 참여연대 7년의 궤적

1. 머리말

한국의 시민운동 약사: 한국사회 발전의 한 기둥으로 도약한 시민운동

한국은 오랜 사회운동의 역사를 가지고 있다. 일본제국주의의 침략과 식민지지배하에서 해방의 목적을 이룰 때까지 불굴의 독립투쟁을 전개하였고 해방 후 수십 년에 걸친 독재치하에서 민주화를 위해 헌신적인 노력을 다했다. 이 투쟁과 노력에는 학생·노동자·농민·지식인·예술가 그리고 일반시민이 함께 하였다. 수많은 사람들이 이 과정에서 목숨을 잃고 자유를 잃곤 하였지만, 궁극적으로 이들의 헌신과 노고 때문에 오늘날 우리가 누리고 있는 자유와 번영이 가능했다.

한국이 본격적인 민주화를 이루기 시작한 것은 1987년부터이다. 1987년의 이른바 6월항쟁으로 국민에 의한 직선제, 정치활동금지에 대한 해제, 헌법개정, 인권보장조치의 구체화 등이 이루어졌다. 국민에 의해 직접 선출된 민간인 대통령이 취임하면서 이러한 조치들이 완만하게 이루어지기 시작하였다. 그러나 이 시기 한국의 민주주의는 여전히 '깨지기

쉬운 질그릇'처럼 연약한 것이었고 그 미래를 가늠하기 어려웠다. 그러나 군인 출신인 노태우 대통령에 이어 김영삼 대통령에 이르기까지 10년 동안 비록 국민들은 만족하기 어려운 속도와 수준이었지만 과거에 비해서는 착실한 민주화조치와 제도적 개혁을 이루어온 것만은 사실이다.

한국의 사회운동 역시 새로운 정치·사회의 변화와 더불어 그 성격과 방향을 바꾸기 시작하였다. 바야흐로 노동운동·인권운동·여성운동이 분화되기 시작하였고 과거 체제변혁적인 운동이 체제 내의 개혁과 시민들의 권익옹호, 생활 속의 운동으로 확산되어 나갔으며, 과거의 정치적 인권뿐 아니라 사회·경제적 인권이 부각되었고 민주주의의 절차적 측면도 고려되기에 이르렀다. 또 정치·행정의 공적 영역과 기업 등 시장에 대한 견제와 감시, 견인과 대안제시의 역할이 시민단체에게 주어졌고, 정부가 미처 챙기지 못하는 소수자의 권리, 사회복지에 대한 배려와 관심도 시민단체의 활동영역으로 포함되었다. 이제 시민단체 없는 한국사회는 상상하기 어렵게 된 것이다.

'참여연대'라는 충격: 참여민주주의와 한국사회 투명성·책임성의 견인차로서의 7년

한 일본인 법률가가 참여연대를 다녀간 뒤 쓴 글 가운데「참여연대의 충격」이라는 제목의 글이 있다. 50~60명에 이르는 헌신적 상근자, 정부·시장에 대한 조직적 감시, 사회에 대한 영향력, 상근자와 자원활동가들에 의해 움직이는 활발한 사무실 등이 그에게는 '충격'으로 다가온 것이다. 일본사회에서는 이미 사라졌거나 보기 어려운 장면으로 그에게 기억되었다.

참여연대는 1994년에 창립되었다. 참여민주주의를 기치로 내걸고 한국사회의 실질적 민주화와 국가권력의 체계적 감시를 표방하였다. 7년 정도의 짧은 기간이지만 참여연대가 한국의 시민운동과 사회변화에 미친 영향은 적지 않다. 한국의 정치 퇴영성의 핵심이자 정경유착을 통해 경제의 건강성까지 해쳐온 부패문제에 대해 천착하여 부패방지법 제정운동을 5년 동안 벌여 부족한 대로 입법화하는 데 성공하였고, 이른바 소액주주운동을 통해 대기업의 경영투명성과 책임성을 어느 정도까지는 확보하였으며, 정보공개사업단을 조직하여 중앙부처와 지방자치단체의 장의 판공비공개운동을 벌였고, 정부의 정당국고보조금을 심사하여 그 낭비현상을 지적하고 시정하도록 하였다. 그리고 부패한 정치인들을 낙선시키기 위해 다른 단체들과 힘을 합쳐 낙선운동을 전개하여 전국적 범위에서 낙선 후보로 지정된 사람의 약 70%를 낙선시켰는가 하면, 이루 헤아릴 수 없는 캠페인을 통해 한국사회의 발전을 위해 밤낮 없이 뛰어온 7년이었다.

이처럼 참여연대는 권위주의 정권에서 새로운 고도의 민주주의 단계로 이행하는 과정에서 정치권력을 개혁하고 감시함으로써 우리 사회의 실질적 민주화를 실현하는 데 견인차 역할을 다해 왔다. 특히 시민들의 역량을 동력화해 냄으로써 그러한 개혁과 민주화의 주요한 변수로 만들어내는 참여민주주의의 새로운 길을 개척해 왔다. 이는 과거와 달리 정부와 시장 외에 시민단체가 제3섹터로서 사회적으로 중요한 역할을 하기 시작하였음을 의미한다. 시민단체들의 위상이 강화되고 영향력이 높아진 것이다. 이로써 한국의 시민운동은 새로운 시대를 맞고 있다.

2. 법치주의 강화

참여연대가 주력하고 또한 가장 큰 성과를 낳은 것은 법치주의의 강화라고 할 수 있다. 민주화가 이루어지고 있는 나라라 하더라도 권위주의 정부하의 법률과 제도가 하루아침에 바뀔 수는 없다. 뿐만 아니라 법제는 향상되었을지라도 그 법률의 집행과 시행 과정에서 법집행기관의 비민주적 관행과 태도가 쉽게 바뀌지도 않는다. 한국의 경우에도 마찬가지였다. 한국은 1910년대부터 거의 40여 년간 일본의 식민지로서 잔혹한 전체주의와 비인도적 지배를 받았으며, 1945년 역사청산의 과정도 없이 곧바로 독재치하로 들어갔다. 이 과정에서 국민의 자유와 권리를 제약하고 부패와 권력남용을 조장하는 법제가 만연하였다. 물론 민주화가 진행되면서 이러한 법제가 정부와 국회 스스로의 노력에 의해서 일부 개선되는 모습을 보이기는 했지만, 그럼에도 불구하고 인적 교체가 없는 상황에서 이 같은 자체적 노력은 한계가 분명하였다.

시민단체들의 압력과 캠페인은 이런 법제 개선노력을 촉발 혹은 진전시키는 데 그 목적이 있다. 참여연대의 법치주의 강화 노력은 크게 세 방향으로 전개되었는데, 첫째 올바른 법제가 만들어지고 개정되도록 하는 입법운동, 둘째 사회적으로 중요한 사건에서 법률을 어기거나 지키지 않은 사람과 기업·단체를 고발하는 고발운동, 그리고 구체적으로 잘못된 법률집행 관행을 고치기 위한 수단으로 피해자들을 조직하여 위자료 청구 등 손해배상청구소송을 제기하는 소송운동이 그것이다.

입법운동

헌법에 따르면 입법권은 국회에 속한다고 되어 있다. 따라서 시민단체가 하는 입법운동은 결국 자신이 주장하는 입법안을 만들어 국회에 청원하는 형식을 띠며, 국회는 이 청원안을 심사하여 받아들이거나 기각한다. 지금까지 국회는 이러한 일반국민들에 의한 청원을 대체로 무시하거나 경시해 왔을 뿐 아니라, 직업·직능별로 조직되어 있는 이해단체들의 경우와 달리 일반국민들은 분산되어 있는데다 일정한 의견을 모아 입법안을 제출한다거나 그 입법안이 사회적으로 주목을 받고 국회의원들이 관심을 갖게 할 만큼의 힘을 가지지 못했다.

그러나 시민단체들의 경우는 달랐다. 시민단체들은 대체로 사회적 현안으로서 논쟁이 되고 있는 사안에 관해 입법운동을 벌이거나 사회적으로 중요한 의미를 가지는 문제에 관한 입법안을 내기 때문에 자연히 언론의 관심과 대중여론의 지원을 얻을 수 있는 경우가 많았다. 게다가 그 법안이 대개 외국의 사례를 연구·참조하여 만들어지고 그 입법내용이 세련된 만큼 신뢰가 가게 마련이었다. 또 중요한 법률안일 경우에는, 입법안으로 제출하는 데 그치는 것이 아니라 국회의원 개개인으로부터 입법약속을 받거나 대중적 서명운동으로 여론을 형성하여 국회를 압박하는 노력을 기울이기도 하였다. 이처럼 몇 가지 법률의 경우에는 확실히 입법기관인 국회를 견인하여 법률로 제정하는 데 이니셔티브를 쥐고 있었다.

참여연대가 제15대국회 기간중(1996~99) 제출한 입법안 목록은 다음과 같다.

〈처리된 청원 법안〉

일 자	청원 법안
1996. 10. 29	상속세법 개정안
1996. 11. 7	독점규제및공정거래에관한법률 개정안
1996. 11. 8	생활보호법 개정안
1996. 11. 8	노인복지법 개정안
1997. 2. 12	정치자금에관한법률 개정안
1997. 10. 25	금융실명거래및비밀보장에관한법률안
1998. 2. 2	주식회사의감사등에관한특례법 제정
1998. 2. 2	증권거래법 개정안
1998. 3. 31	실용신안무심사선등록제도 도입반대
1998. 4. 14	대통령기록보존법 제정
1998. 4. 15	생활보호법 개정안
1998. 5. 12	공공자금관리기금법 개정
1998. 5. 12	예산회계법 개정안
1998. 5. 12	국민연금법 개정안
1998. 7. 23	국민기초생활보장법 제정안
1998. 8. 19	독점규제및공정거래에관한법률 졸속개정 반대
1998. 9. 30	부가가치세법 개정안
1998. 11. 19	임대주택관리법 제정
1999. 7. 17	조세특례제한법 중 개정법률안 수정
1999. 11. 11	증권거래법 개정안

〈처리되지 못한 청원 법안〉

일 자	청원 법안
1996. 11. 7	부패방지법 제정안
1996. 12. 10	경찰법 개정안
1996. 12. 10	검찰청법 개정안
1996. 12. 10	형사소송법 개정안
1997. 5. 29	국회에서의증언·감정등에관한법률 개정안
1997. 5. 29	국정감사및조사에관한법률 개정안
1997. 5. 29	정치자금에관한법률 개정안
1997. 5. 29	정당법 개정안
1997. 5. 29	선거관리위원회법 개정안
1997. 5. 29	공직선거및선거부정방지법 개정안
1997. 5. 29	국회법 개정안
1997. 6. 17	특별검사의직무등에관한법률 제정안
1997. 10. 25	자금세탁방지에관한법률안 재검토
1998. 2. 2	상법 개정안
1998. 2. 12	국회법 개정안
1998. 2. 12	고위공직자인사위원회법 제정안
1998. 4. 14	대통령직인수위원회법 제정안
1998. 5. 12	기금관리기본법 개정안
1998. 5. 12	재정융자특별회계법 개정안
1998. 9. 30	금융실명거래및비밀보장에관한법률 개정안
1999. 7. 1	지방자치법 개정안 수정안
1999. 8. 24	전파법 개정안
1999. 11. 11	상법 개정 등

이상으로 얼마나 많은 법률이 참여연대에 의해 제안되고 또 제법 입법 과정에 많이 반영되었는지를 알 수 있다. 이 가운데 부패방지법 및 국민 기초생활보장법 등 몇 가지 입법은 참여연대가 굉장한 노력을 기울여 법 률로까지 만들어낸 성과라고 할 수 있는데, 여기서는 부패방지법의 입법 과정만 간단히 살펴보기로 하겠다.

부패방지법의 제정 경과

참여연대가 부패방지법안을 성안하여 국회에 제출한 것은 1996년이었다. 당시 참여연대는 미국의 정부윤리법(Ethics in Government Act of 1978)을 포함하여 싱가포르·대만·홍콩의 부패방지입법을 참고하고 연구해서 공직자의 윤리, 내부고발자보호, 돈세탁방지, 특별수사기구의 설치, 몰수·추징 제도의 강화, 공직자재산등록제도의 확대 등을 내용으로 하는 방대한 법안을 완성하였다. 이 법안이 제출되고 몇 달 안 되어 당시 야당이었던 국민회의 역시 참여연대가 제출한 법안의 대부분을 반영한 독자법안을 국회에 제출함으로써 중요 법안으로 부각되었다.

그러나 부패방지법의 내용에 포함되어 있는 공직자윤리강화나 내부고발자보호, 돈세탁방지 등은 국회의원을 포함하여 정치인에게도 해당되는 경우가 적지 않은데다 특히 정부여당 쪽에서는 특별검사제의 도입 등은 검찰의 독립성을 강화시켜 권력운영에 상당한 지장을 초래할 수 있다고 해서 적극 반대하고 나섰다. 이에 대해 참여연대는 우선 역과 백화점 같은 사람들의 왕래가 많은 곳에서 거의 매일 부패방지법 입법서명운동을 벌이고 이 법의 제정 필요성을 홍보하는 한편, 국회의원들을 대상으로 해서 전화와 면담 등을 통해 전체 국회의원 2/3 이상의 서명을 받아냈다.

그럼에도 각 정당들이 소극적이어서 이 법의 심의와 통과는 계속 지연되었다. 이 동안에도 참여연대는『한겨레신문』과 함께 1년 동안 부패방지캠페인을 벌이고 국제회의를 포함하여 수십 차례의 세미나와 토론회를 개최함으로써, 부패방지법은 반드시 제정되어야 한다는 국민적 합의를 이루어내었고 마침내 이러한 여론과 압박에 힘입어 국회는 지난 2001년 7월에 부패방지법을 통과시켰다.

고발운동

사회적 불의와 비리가 있는 곳에는 참여연대의 고발이 있었다. 고발이 많다 보니 참여연대를 일러 '고발연대'라는 말까지 생겨났다. 한국인들의 일반적인 정서와 윤리로는 아무리 죄를 저질렀더라도 그 사람을 고발한다는 것이 쉽지 않다. 개인이 그런 고발을 했다가는 원수를 질 일이었다. 지금까지는 이런 온정주의적 사회분위기와 공직자들의 서로 봐주기 경향 때문에 잘못을 저지르고도 처벌받지 않거나 그 처벌이 경미한 선에 그치기 십상이었다. 하지만 이것은 법 앞의 만인평등의 정신을 크게 해쳐 법에 대한 존엄성을 실추시키는 한편으로 법 경시풍조를 만들어냈다.

이러한 사회풍토와 법의식을 바꾸어내기 위하여 참여연대는 사회지도자들이나 권력담당자, 대기업의 총수 등 지금까지 성역이라고 할 만한 사람들에 대해 사안이 생길 때마다 고발을 했으며, 지금까지 참여연대가 형사고발한 사건은 34건에 달한다.

이 가운데 특기할 것은 의정부법원 비리와 관련하여 판사들을 고발한 사건이다. 판사들은 법집행기관의 최고위에 위치해 있을 뿐 아니라 우리 사회의 도덕과 윤리의 중심에 서 있는 사람들이기 때문에 아무리 사소한 부정이나 비리라 하더라도 이를 처벌하고 응징함으로써 우리 사회의 정의와 윤리를 높은 수준으로 끌어올려야 한다는 판단 아래, 참여연대는 시민들의 연명으로 집단고발에 나섰다. 그리고 최순영 신동아그룹 회장에 대한 고발사건도 주목할 만하다. 검찰은 엄청난 규모의 외화를 외국으로 빼돌린 최회장의 수사와 처벌을 미루고 있는 등, 재벌의 막강한 로비의 힘은 검찰·언론·청와대 그 모두에 미치고 있었다. 이에 참여연대는 검찰에 고발장을 제출하고 검찰청사 앞에서의 시위, 대통령에 대한 공개서한, 언론과의 협력 아래 집중추적을 하는 등의 노력을 기울여 마침내 최회장을 구속시키는 데 성공하였다.

그러나 이러한 고발운동이 성공을 거두기란 쉽지 않다. 권력유지의 핵심 기관인 검찰은 권력의 편을 들지 시민단체의 편을 들지 않았으며, 이는 그만큼 한국검찰이 독립성과 중립성을 갖추고 있지 못하다는 증거이기도 하였다. 따라서 검찰의 중립성 확보가 향후 시민운동의 한 내용이 될 수밖에 없다.

한편 참여연대가 행한 고발은 반드시 피고발자의 구속이나 형사처벌만을 목표로 한 것이라기보다 그러한 행동을 통하여 사회의 이목을 집중시키고 그럼으로써 제도변화를 유도하거나 사회적 경각심을 높이는 데 그 목적이 있었기 때문에, 설령 최종적으로 처벌이 되지 않았다 하더라도 그 목적을 이루지 못하였다고 말하기는 어려울 것이다.

공익소송운동

또 참여연대는 특정 사안에 대한 피해자를 조직하여 법원에 손해배상청구소송을 제기하는 전략을 사용하였다. 이는 피해자의 피해회복을 위한 것일 뿐 아니라 그 소송에 승소함으로써 소송 대상자 혹은 기관의 잘못을 밝히고 재발하지 않도록 하는 효과를 기대한 것이었다. 따라서 이는, 개인의 피해회복만을 목적으로 하는 소송형태와 비교하여, 공익소송이라고 할 만하다.

참여연대는 창립 때부터 이러한 공익소송을 캠페인과 행동의 중요한 수단으로 설정하고서, 자체 공익소송센터를 설치해 두고 있었다. 그리고 그후의 참여연대 각 부서의 행동과 캠페인의 대부분에서 공익소송을 하나의 중요한 활동 수단과 무기로 활용하고 있었다. 예컨대 국민생활최저선운동을 시작한 사회복지위원회는 다음과 같은 공익소송을 제기하면서 자신의 활동을 사회에 알리고 행정기관에게 경각심을 부각시켰다.

① 국민연금 관리부실 손해배상청구소송
② 장애인 선거권침해 손해배상청구소송
③ 비닐하우스촌 전입신고거부처분 취소청구소송
④ 노령수당지급대상자 선정제외처분 취소청구소송
⑤ 의료보험 수가인상 행정소송 및 효력정지 가처분소송
⑥ 생활보호법위반 보건복지부장관 직무유기 고발
⑦ 의료발전기금 전용 횡령죄 고발

사회복지분야에서 이와 같은 공익소송은 유례가 없는 시도였다. 그간 사회복지에 대한 권리는 흔히 추상적 프로그램 차원의 규정이고 국가의 시혜적 조치에 불과하다고 간주되어 그야말로 그림의 떡이고 병풍 속의 호랑이라 할 수 있었는데, 이러한 공익소송을 통해서 이것이 구체적으로 실현 가능한 권리이며 국가가 법률적으로 보장할 의무가 있음을 주장한 것이다. 실제로 이러한 소송에서 일부 승소한 사건도 있었고, 설사 패소한 경우라 하더라도 국가가 제도적 개혁을 통하여 보장하는 계기가 되었다. 그 동안 참여연대가 제기한 각종 공익소송은 다음과 같다.

공익소송	건수
민사소송	41건
가처분신청사건	9건
위헌제청신청사건	2건
행정소송	22건
헌법소원	9건

이 결과, 참여연대는 공익소송이라는 말을 널리 보편화시키게 되었으며, '민주사회를위한변호사모임' 역시 공익소송을 중요한 활동수단으로 삼게 되었는가 하면 그외 시민단체들도 흔히 공익소송을 제기하는 경향이 생겨났다. 이는 그만큼 시민운동이 법률적 수단에 의지하게 되고 법률이 사회운영의 중요한 기준과 잣대가 되고 있음을 의미하는 것으로서, 법치주의의 확산에 기여한다고 볼 수 있다.

3. 투명성 확대

선샤인 프로젝트(Sun-Shine Project): 정보공개사업단의 출범과 활약

오랜 시간의 투쟁과 압력에 힘입어 한국의 정보공개법이 제정·시행된 것은 1998년이다. 그 역사는 아직 짧지만 이 기간 동안 참여연대가 이룩한 정보공개운동의 성과는 괄목할 만하다. 특히 정보공개법 시행과 동시에 정보공개사업단을 발족시켜 의도적이고 조직적으로 행정기관의 정보공개청구운동을 벌이는 등, 참여연대가 각종 행정기관에 대한 정보공개청구의 사례는 일일이 열거할 수조차 없다. 그만큼 일상적으로 이루어지고 있다고 할 수 있는데, 정보공개사업단이 벌인 중요한 운동내용은 다음 몇 가지로 정리할 수 있다.

첫째, 중앙행정부처의 장과 주요 지방자치단체의 장의 판공비가 투명해진 점이다. 참여연대는 몇몇 중앙행정부처와 서울시를 집중 청구대상으로 하여 판공비의 공개를 요구하고 나섰다. 일부는 공개했지만 일부는 공개하지 않았다. 이에 따라 행정소송을 제기하였으며 최종적인 승리를 거두었다. 행정기관의 장은 모든 경비의 사용내역과 그 사용에 따른 영수증까지 공개해야만 한다. 이제 행정기관이 마음대로 쓸 수 있는 돈은 없게 된 것이다.

둘째, 중앙행정부처의 정보공개실태를 집중 점검하여 정보공개지수를 개발하고 발표한 점이다. 이들 행정기관이 국민들의 정보공개 청구를 얼마나 성실하고도 손쉽게 허용하고 효과적으로 이용할 수 있게 준비·이행하고 있는지를 각 항목마다 정리하여 순위를 매긴 것인데, 이로써 행정기관끼리 정보공개와 투명성 확대를 경쟁적으로 추진할 수 있게 하였다.

셋째, 참여연대 정보공개사업단이 2001년 한 해 동안 회의록 공개운동을 벌인 점이다. 그 동안 행정기관들은 각종 회의를 열면서도 제대로 회의록을 작성·비치하고 열람시키지 않았으며, 특히 국가의 중요한 의사결정이 이루어지는 국무회의조차 회의의 최소한의 요지만 적어놓을 뿐 누가 어떤 발언을 했는지 그 회의과정이 거의 기록되지 않았다. 이에 참여연대는 기록문화를 발전시키기 위해 회의록작성등에관한법률 청원, 법률에 정해진 회의록작성의무의 위반시에는 형사고발, 회의록작성을 요구하는 시위와 퍼포먼스, 외국의 사례소개, 세미나 등 모든 노력을 경주하고 있다.

넷째, 그외에도 IMF경제위기 이후 공적 자금이 투입된 금융기관과 기업들의 이름과 공적 자금 투입내역 등을 정보공개 청구하여 밝혀내는 등 다양한 영역에서 국민의 알 권리를 충족시키기 위한 활동을 벌여오고 있다.

마지막으로, 이러한 참여연대의 전략적 노력이 바야흐로 모든 시민단체들이 정보공개청구를 하나의 중요한 활동수단으로 삼는 계기가 되었다는 점이다. 정보공개청구는 정부와 기업에 대한 모니터 · 감시 운동을 하기 위한 하나의 전제이자 수단이 되었다. 이로써 이제 정부와 기업 활동은 한층 더 투명해지지 않을 수 없으며 또한 국민의 알 권리는 충족되기에 이른다.

공익제보자보호운동

부패방지운동의 일환으로 전개된 공익제보자보호(whistle blowers' protection) 운동 역시 투명성을 확보하는 중요한 수단이다. 한 행정기관이나 부서 안에서 벌어지는 부패나 비리는 외부에서 알기가 어렵다. 내부에서 일하는 사람이 양심에 기초하여 그것을 외부에 알려줄 때 비로소 사회적으로 공개되고 여론화되지만, 이 경우 그 내부고발자는 내부조직에서 핍박받기 일쑤이며 심할 때는 파면이나 구속까지 당한다. 이런 공익제보자를 보호하게 되면, 공익제보는 자주 일어나고 그런 만큼 기관이나 조직 내에서 부당하고 부패한 일은 생각할 수 없게 되어 투명해지는 것이다.

참여연대는 1994년 창립 당시부터 이러한 내부고발자 보호의 사회적 효과가 크다는 점을 주목하여 내부고발자보호센터를 설치하고 이러한 양심의 공익제보자를 보호하는 운동을 벌였다. 그러나 내부고발자보호법이 제정되어 있지 아니한 상태에서는 내부고발자가 많지도 않았거니와 참여연대가 제공할 수 있는 내부고발자보호운동도 한계가 있었다. 내부고발자가 해임 또는 파면되었을 때 이들을 변론한다거나 이들의 용감한 폭로와 공개의 행동을 자료집으로 묶어서 널리 알리는 정도였다. 지금까지 참여연대가 조직적으로 변론한 사례는 축협의 군납비리를 내부고발한 김필우씨 등 3~4건에 불과하지만, 그 과정에서 내부고발자의 정당성과 고발내용을 사회적 이슈로 제기한 공은 적지 않다고 할 수 있겠다.

4. 책임성의 확산

기업책임추궁운동: 경제민주화위원회와 좋은기업지배구조연구소

한국의 기업은 투명성이나 책임성 면에서 그 수준이 형편없었다. 기업의 오너는 황제처럼 군림하였고, 원래 상법상 예정하고 있는 주주·주주총회·이사회·감사·사외이사 등의 견제와 균형, 상호감시의 체제는 전혀 작동되지 않았다. 기업주는 임원을 마음대로 바꾸고 회사돈을 자기 호주머니의 돈처럼 사용하였으며, 주주들은 경영에 전혀 관심을 보이지 않았고 주주총회는 형식일 뿐이었다. 심지어 경영진을 감시하기 위해 만들어진 사외이사조차도 기업주의 마음에 드는 사람이 주로 선임되었는가 하면, 회사의 회계는 분식되었고 아무도 이에 대해 책임지지 않았다. IMF외환위기는 이러한 총체적 부실과 부패, 불투명하고 무책임한 경영의 결과로 빚어졌다고 해도 과언이 아니었다.

이러한 상황에서 참여연대 경제민주화위원회는 먼저 주주로서의 권리에 주목하고 주주들의 주식을 모아내 경영진의 부당한 경영을 견제한다는 전략을 세우는 한편, 회장 1인이 수십 개의 기업을 사실상 운영하는 한국의 재벌기업을 집중타깃으로 삼았다. 이른바 5대재벌에 속하는 한 기업을 선정하여 집중적인 감시와 견제 운동을 벌였는데, 그 회사의 주식을 조금씩 매입하거나 소액주주들을 모아내 주주총회에 참석하여 경영진에게 질문하고 따지는 일, 재벌에 소속된 계열회사들끼리 부당한 내부거래를 하거나 경영자들이 회사의 돈을 마음대로 쓴 경우 이들을 상대로 대표소송을 제기하는 일 등이 대표적인 운동내용이다. 최근에는 기업지배구조의 정확한 내용과 그 변화과정을 정밀하게 분석하고 이를 투자자 등에게 제공하는 것을 목적으로 한 좋은기업지배구조연구소(Center for Good Corporate Governance, CGCG)를 설치하였다.

이 가운데서 특히 한국의 최고·최대 기업인 삼성전자를 상대로 벌인 소액주주운동은 한국을 넘어 전세계에 널리 알려졌는데, 삼성전자 주주총회에 참석하여 16시간 동안 질문과 답변의 공방을 벌여 경영진을 긴장시켰다. 그 밖에도 제일은행의 무모한 융자에 대해 은행장 등을 상대로 대표소송을 제기하여 400억 원을 물어내도록 판결을 받은 일, 그 주주총회에서 소액주주들의 발언권을 제한한 것을 근거로 주주총회무효소송을 제기하여 승소한 일, 삼성전자 등 삼성 내부계열회사들이 사모전환사채를 이건희 회장의 아들 이재용에게 발행해 줌으로써 소액주주들의 권익을 침해한 데 대해 소송을 제기한 일 등이 있다.

참여연대의 이런 일련의 운동 결과, 기업의 경영진들은 언제 자신들이 소송을 당해 손해배상책임을 지게 될지 모른다 하여 보험에 가입하기 시작하는 등 한국 재벌기업들의 최대주주들이나 경영진의 책임의식은 종래보다 훨씬 높아지게 되었다.

2000년 낙선운동

앞의 소액주주운동이 기업들에 대한 운동이라면, 낙선운동은 정치인들에 대한 운동이었다. 국제투명성위원회(Transparency International)의 조사에 따르면 한국은 거의 40위대의 부패지수를 나타낼 정도로, 한국의 부패는 국내외에서 크게 문제가 되어왔다. 부패되지 않은 곳이 거의 없다고 해도 과언이 아니겠으나, 그중에서도 특히 정치인의 부패는 가장 심각할 뿐 아니라 그들이 우리 사회를 이끌어가는 지도층이라는 점에서 그 파장은 크다. 과거 아무리 부패한 사람이라도 돈이 있으면 그것으로 정당의 공천을 얻고 선거과정에서도 막대한 자금을 투입하여 당선되는 사례가 많았으며, 정치활동과정에서 각종 이권개입과 뇌물수수를 통하여 정치자금을 모으는 경우도 적지 않았다. 국회의원은 "교도소의 옆집에 산다"고 할 정도였다.

한국사회가 IMF경제위기를 맞아 일반서민들은 엄청난 고통을 겪고 있는데도 사회개혁과 경제질서의 재편에 온갖 노력을 다해야 할 국회의원들은 이러한 부패와 무능을 끝없이 되풀이하고 있자, 국민들의 분노는 극에 달했다. 이에 참여연대를 중심으로 전국의 1천여 개 시민단체들이 합쳐 새로운 21세기 벽두에 치르는 국회의원총선에서는 이들 부패한 의원이나 정치인들이 더 이상 당선될 수 없도록 해야 한다는 데 합의하고 낙선운동을 벌이기 시작하였다. 시민단체들은 먼저 각 정당에 부패정치인들의 리스트를 제출하고 이들을 공천하지 말 것을 요구하였다. 그리고 그중에 일부는 반영되었지만 여전히 리스트에 오른 사람들을 공천하는 데 대해서는, 시민단체들이 직접 투표권을 가진 유권자들을 상대로 낙선운동을 벌였으며, 그 결과 전국적으로는 68%, 수도권에서는 90%의 낙선율을 보였다. 대단한 성공이었다. 그것은 단지 낙선후보들이 많이 떨어졌다는 점을 넘어 유권자들이 힘을 합치면 정치권의 변화도 유도해 낼 수 있다는 정치권에 대한 경고와 더불어 유권자들의 자신감을 불러일으켰다는 점에서 그러하다.

사법자료실과 고위 법관·검찰관의 임명과정 개입

참여연대는 사무실에 이른바 '민주주의의 벽'을 만들어놓고 그곳에서 전국 판·검사 2800여 명과 국회의원 273명의 개인파일을 관리하고 있다. 각 개인파일에는, 판·검사의 경우에는 판결문·공소장, 논문과 발언 등을 비롯하여 공직경력과 재산상황 등 수집 가능한 모든 정보와 자료들이 보관되고 있다. 국회의원의 경우에도 국회법안제출과 표결상황, 발언내용과 각종 의정활동 성적 등 다양한 정보들이 수집·분류되어 있다. 그래서 사람들은 이곳을 '시민안기부'(Civilian KCIA)라고 부른다. 시민의 입장에서 공직자의 일거수일투족을 기록하고 보관하고 평가한다는 뜻이다.

이런 자료와 정보는 이들 공직자들이 고위직에 취임·임명되거나 선거에 출마할 때 활용된다. 국회의원의 경우에는 앞에서 살펴보았듯이 낙선운동 당시에 소중하게 이용되었는가 하면, 판·검사의 경우 대법원장·대법관·헌법재판소장·헌법재판관 임명시 전문가들이 이들에 대한 자료를 분석하여 그 의견을 임명권자인 대통령이나 국회의 동의를 얻는 과정에 열리게 되는 청문회와 그 심의에 임하는 국회의원들에게 제공한다. 사실 대통령이나 국회의원들이 이러한 정보나 자료를 가지는 경우가 거의 없기 때문에 대단히 유용하게 활용된다. 특히 국회의원들의 경우 소속정당 또는 국회의원 개인이 이러한 자료를 수집·보존하고 있지 않기 때문에 이렇게 제공되는 정보는 청문과정에서 매우 중요하게 활용되고 있다. 그리고 참여연대의 입장에서 보면 그만큼 특정인의 고위공직 임명과정에 커다란 영향력을 행사하고 있다는 이야기가 된다.

부패를 향한 대장정

부패방지법 제정운동

앞에서 살펴보았듯이, 참여연대의 부패방지법 제정운동은 입법운동의 한 형태로서 그 어떤 정당도 시도하지 않은 중요한 법률제정을 시민단체가 이루어낸 것이다. 이것은 오늘날 우리 정당과 시민단체의 현주소를 말해 주는 중요한 단서가 된다.

참여연대는 1995년 그 산하에 '맑은사회만들기본부'를 설치하고 본격적인 부패추방운동을 벌였다. 변호사·회계사·약사·교수·내부고발자·공직경험자 등 다양한 분야의 전문가들이 여기에 모여 효과적인 부패방지정책을 논의하고 이를 제도화하기 위한 캠페인을 전개하였는데, 그 핵심적인 내용이 바로 부패방지법 제정운동이었다. 부패를 예방하고 추방하는 기본적 법률의 제정이 가장 시급하다고 보았기 때문이다. 그러나 이 법은 통과되었지만 실제로 참여연대가 제안했던 법률의 많은 부분이 빠져 있기 때문에 이 운동은 아직도 가야 할 길이 남아 있는 미완의 운동이라 할 수 있다. 공직자윤리의 강화, 특별검사제도의 도입, 내부고발자보호의 확충 등이 바로 그런 과제이다.

부패인물리스트의 작성과 부패인물사전

그 동안 참여연대가 축적해 온 부패인물들에 대한 자료는 여러 가지로 유용하게 활용되었는데, 그 한 가지가 1998년 김대중정권 출범시 참여연대가 발표한 '새 정부에 등용되어서는 안 될 인물 103인 리스트'이다. 부패한 전력이 있는 사람들을 추려 이러한 리스트를 만든 것인데, 이제 여기서 더 나아가 부패한 인물들을 총망라하는 부패인물사전을 작성중이다. 이렇게 되면 이 사전에 실린 사람은 지속적으로 명예의 손상을 입게 될 것이고, 따라서 부패에 대한 강력한 견제와 예방책으로 작용할 것임에 틀림없다.

5. 국민 권익·복지를 향한 깃발: 소외자·소수자를 위한 운동

작은권리찾기운동

참여연대가 벌인 또 하나 중요한 활동영역은 권리를 뺏기거나 제약당한 일반시민들의 권익을 되찾아주는 운동이다. 특히 일반시민들은 아직 자신의 권리의식이 약할 뿐 아니라 설사 권리를 회복하고 싶어도 그 방법을 강구하기 어렵다. 행정기관을 상대로 고발하거나 소송하는 것은 심리적으로도 어렵거니와 경비와 전문지식이 요구되는 것이어서 구체적으로 실행하기가 무척 어렵다. 참여연대는 바로 이런 점에 주목하여 시민들이 일상생활 속에서 겪는 불편·부당·불리한 일들을 신고받아서 그것이 공공의 이익을 위해 정당하고 필요한 일이라고 판단되면 무료로 그 권리회복을 도맡아 해주고 있다.

구체적으로, 해당 행정기관에 대한 접촉과 통고를 통해 쉽게 해결할 수 있는 것은 그렇게 하고 이것이 이루어지지 않을 때는 소송과 고발 또는 그 행정기관에 대한 시위 등 물리적 힘의 행사와 압력을 통해 해결한다. 경우에 따라서는 입법운동 등 제도개혁운동으로도 연결되는데, 최근에 벌인 상가임대차보호법이나 이자제한법 제정운동이 그 예이다. 상가임대차보호법의 경우 그 피해자가 400만 명에 이르는 등 다수가 피해자인 경우여서 개별적인 해결보다는 법률적 해결이 불가피한 상황이었으며, 또 소외된 다수 서민의 권리회복 차원에서뿐 아니라 행정기관의 관행을 바꾸고 민주적인 행정으로 거듭나게 하는 데도 중요한 역할을 하고 있다.

국민생활최저선 확보운동

사회복지분야 역시 참여연대가 시민의 입장에서 정부에 대해 일정한 역할을 한 분야이다. 특히 참여연대의 사회복지위원회는 출발 당시부터 국민생활최저선(National Minimum)운동을 시작하여 사회복지학교의 개설, 각종 국민연금 개혁, 국민기초생활보장법 제정운동, 사회복지예산 확보운동 등 다양한 운동을 벌여왔다.

이 가운데 국민기초생활보장법 제정은 정부여당이 이를 수용하여 현실적으로 제정되는 성과를 거두기도 하였다. IMF경제위기 이후 사회안전망의 수립은 필수적인 것이었지만, 원래 가족주의적 사회분위기와 의식구조 아래서 사회복지는 일반국민들 개개인에게 전가되는 경향이 많았다. 그러나 IMF구제금융 이후 실업의 증대와 정부부조의 부족은 빈곤의 확대, 가족의 해체 등 사회적 위기를 초래하고 있었다. 이러한 상황에서 이 법의 제정은 한국사회에서 최초로 사회안전망을 수립하고 일부 국민생활최저선의 확보를 이룩하는 일이기도 하였다.

6. 개혁과 참여민주주의의 엔진: 참여연대 운동의 전략과 특징

중앙정부에 대한 집중감시

이상의 참여연대의 운동은 주로 중앙정부에 대한 감시와 견제로 집중되었다고 할 수 있다. 한국은 과거부터 고도로 중앙집권적인 국가였다. 중세시대에도 일본과 달리 봉건영주가 존재하지 않았던 중앙집권적 국가 전통은 오늘날까지 이어지고 있다. 지방자치제도가 실시됨으로써 오늘날 지방분권이 진전되고 있기는 하지만 중앙집권의 양상이 여전히 높은 것은 사실이다. 물론 이러한 중앙집권체제가 지방분권주의로 발전해야 하는 것은 당연하겠으나, 이와 동시에 현재 상황에서 중앙정부를 효과적으로 견제하고 감시함으로써 사회 발전과 개혁을 앞당길 필요가 있다. 그리고 지방조직을 갖추고 있지 않은 참여연대는 당분간 중앙정부에 대한 감시와 견제에 집중함으로써 효과적인 한국사회 개혁을 시도하고 있다고 할 수 있겠다.

제도개혁에 대한 집중노력

참여연대는 생활 속의 운동이라기보다 제도개혁에 초점을 맞춘 운동이라고 할 수 있다. 한국사회가 가진 모순과 후진성을 제도개혁을 통해 효과적으로 극복하고자 하는 것이다. 풀뿌리시민운동은 특정 지역을 기반으로 해서 생활 속의 운동을 벌여 그 지역공동체의 문제를 해결하는 것이지만, 그러나 참여연대는 주로 국가 정책과 제도를 바꿈으로써 전국적 변화를 유도하고 견인하려는 것이다. 부패방지법이나 국민기초생활보장법의 제정운동, 재벌기업들을 상대로 한 소액주주운동 등이 바로 그러한 노력을 상징하고 있다.

시민참여를 통한 개혁

참여연대의 이러한 운동이 대단히 전문적인 성격을 띠고 있는 것은 사실이다. 변호사·회계사·학자 등 전문가들의 참여가 필수적이고 실제로 이들의 참여가 비교적 많다. 이러한 전문가들의 지원과 협력 없이는 성공할 수 없다.

그러나 동시에 참여연대의 운동은 평범한 시민들의 입장에서 그들의 참여에 의해 추진력을 얻고 있다. 시민로비단, 작은권리를찾는사람들, 나라곳간을지키는사람들, 사법제자리놓기시민모임 등 다양한 시민모임이 참여연대의 전문적 운동을 뒤에서 지지하고 앞에서 이끌어가고 있다. 예를 들어 입법운동은 시민로비단의 전화와 방문에 의해 국회의원들로부터 특정 법안이나 안건에 대한 개별 서명을 받고 지지를 얻는 노력이 없다면 불가능한 일이다.

운동의 한계와 미완의 과제

그러나 이러한 성공에도 불구하고 참여연대 운동이 모두 성공적이라고 말할 수는 없다. 아직 한국의 시민운동은 그 초기단계일 뿐 아니라 시민의식도 대단히 약한 편이다. 이러한 상황에서 참여연대 운동이 성공하는 데는 한계가 있게 마련이다. 보다 더 많은 사람들의 참여가 이루어지고 시민들의 동원이 가능해질 때 참여연대 운동은 더욱더 활기를 띨 수 있을 것이다.

뿐만 아니라 앞에서 지적한 참여연대 운동의 장점과 특징은 곧바로 참여연대 운동의 한계이기도 하다. 참여연대 운동은 중앙정부를 상대로 정책변화를 목적으로 한 운동이다. 그렇기 때문에 그것은 일종의 전략 공군으로서의 역할을 수행하고 있다. 따라서 지방정부와 생활공동체 안에서의 확산과 실천이 담보되지 않으면 한계를 지닐 수밖에 없다. 물론 이러한 한계는 전국의 다른 시민단체들과 함께 해결해 가지 않으면 안 된다. 하나의 시민단체가 모든 문제를 다 해결하거나 담당할 수는 없는 노릇이다. 각자의 역할이 다르고 각 단체가 주어진 역할을 다할 때 비로소 전체로서 한국사회가 올바로 개혁되고 진전될 수 있을 것이다.

7. 맺음말: 배움과 가르침

참여연대는 외국에서도 그 유례를 찾기 어려운 특별한 역할을 수행해냈으며 수행하고 있다. 입법과 행정, 사법, 재벌기업에 이르기까지 방대한 영역에 걸쳐 영향을 미칠 수 있다는 것은 쉽게 상상하기 어려운 일이다. 미국과 일본·유럽의 시민운동은 대체로 전문화·원자화되어 있어, 그 분야에서는 사회적 영향력을 가지지만 그것이 연방정부나 중앙정부에 대해 커다란 영향을 미치기는 쉽지 않다. 물론 이것은 한국의 경우 정부나 기업의 허점과 부조리가 많고 또 정당·정치인·언론의 후진적인 현상에서 비롯된 일일지도 모른다.

참여연대의 운동은 외국에서 배운 바가 적지 않다. 사법정보자료실의 경우 미국의 상원 인준청문회에서 시민단체들이 벌이는 현상을 배운 것이며, 부패방지법 역시 미국을 비롯한 여러 나라의 사례를 참고한 것이다. 이런 한편으로 참여연대의 운동이 다른 나라에 영향을 미치기도 하는데, 특히 일본의 경우 지난 우리의 낙선운동을 배워 실제 일본선거에서 적용하려 시도하기도 했다.

오늘날의 사회 전체는 지구적 규모에서 상호 유통하고 있다. 글로벌리제이션(globalization)은 단지 기업활동영역에만 그치는 것은 아니거니와, 시민운동이라고 예외는 아니다. 오늘날 시민단체들은 PC와 인터넷의 보급에 따라 지구촌 어느 곳에서나 전세계 시민사회의 흐름에 접근할 수 있게 되었으며, 때로는 이러한 정보가 상호공동의 행동을 낳기도 하고 상호교류의 축적을 가능하게도 한다. 서로 정보를 교류하고 배우고 가르치고 있는 것이다. 참여연대 운동 역시 이러한 흐름에 서 있다. 참여연대는 국제연대파트를 두고 이러한 단체간 교류와 협력을 담당하고 있으며 상근자나 임원들의 개별적 접촉에 의해서도 국제 시민사회의 교류는 지속적으로 축적되고 있다. 이러한 교류와 협력에 의해 참여연대를 비롯한 한국의 시민운동이 다른 나라의 시민운동으로부터 많은 것을 배우고 동시에 국제사회에 일정한 공헌을 할 수 있게 될 것이다.

(이 글은 2001년 9월 27~28일 경희대 주최 "The Role of NGOs in the Age of a Democratic Civil Society"에 발표된 글이다.)

제2장 시민운동에 관한 열두 가지
오해와 편견

시민운동에 관한 열두 가지 오해와 편견

머리말

성장과 동시에 시민운동에 대한 기대와 바람, 비난과 비판은 극과 극이 병존하고 있는 실정이다. 시민단체에서 일하는 사람들은 여전히 너무 과격하고 경직되어 있다는 비난에서부터 체제 내에 안주하는 개량주의자들이라는 비난이 공존하고 있으며, 시민들의 눈과 귀와 입이 되어 속시원히 잘해 주고 있다는 격려에서부터 시민단체의 본분을 넘어서고 있다는 우려까지 뒤섞여 있다. 한국의 시민운동은 마치 프로크루스테스에게 몸길이가 침대보다 길어도 안 되고 짧아도 안 되는 것을 요구받고 있는 테세우스처럼 지금 매우 난처한 입장에 처해 있다. 시민운동의 정체성, 시민운동이 나아갈 바에 대한 상반된 요구와 기대가 시민운동 내외적으로 교착되고 있는 것이다.[1]

최근 시민운동을 둘러싸고 벌어지고 있는 논쟁들이다. 시민단체의 사회적 역할과 영향력이 증대하면서 이런 논쟁이 생겨나기 시작하였다. 시

---

1) 홍일표, 「이제 다시 위태로운 모험의 기로에 선 한국시민운동」, 『경제와사회』 2000년 봄호, 115쪽.

민단체는 지난 10여 년 동안 정부와 시장에 대한 감시자로서의 역할을 톡톡히 해왔다. 재벌감시활동과 정치권력 견제활동은 사회의 주목과 더불어 상당 정도 유효한 개혁과 성과를 거두어왔다. 특히 2000년의 총선연대 활동으로 말미암아 시민단체 활동은 정치·사회의 핵심으로 떠오름으로써 더욱 주목받게 되었다. 그러나 그만큼 비판과 논쟁 또한 격화되어 온 것이 사실이다.[2]

시민·사회단체들이 사회개혁과 공익을 위해 활동하면서 자연스럽게 그 개혁으로 인하여 손해를 보는 집단과 세력들이 이에 저항하고 반발하고 나오는 측면도 있다. 관료, 재벌, 이익집단의 시민단체에 대한 반발과 공격이 결코 무시할 수 없을 정도가 된 것이다. 이들은 시민운동에 대해 이념공세를 취하기도 하고 때로는 폭행이나 고발 등의 형태로 압력과 공격을 가하기도 하였다.

① 지난 수년 동안 참여연대는 소액주주운동을 통해 대주주 및 재벌오너의 전횡을 견제하는 데 성공하였다. 그러나 그들의 궁극적 목적은 소액주주 권익을 위한 것도 아니고 대상기업의 기업가치를 올리는 것도 아니라고 한다. 그들의 목적은 '민에 의한 자본의 통제'라는 무시무시한 목표가 숨어 있다고 한다. 따라서 소액주주를 위한 운동은 만일 성공한다면 그 성공한 때가 바로 그 운동을 중지해야 하는 그리고 바로 본색을 드러내야 할 때가 된다는 것이다. …이런 여러 가지 사항을 일별하여 볼 때 지금 정부는 참여연대, 전교조, 민노총 등과 합세하여 한국사회를 국정파탄의 궁지로 몰아가고 있음이 분명하다. …어쩌하다가 우리가 좌경화의 길로 들어섰는가. …좌익이 더 이상 국정을 농단치 못하게 우익은 잠에서 깨어나야 한다.[3]

② 지난 4월 7일 11시경 공해공장 한국티타늄공업(주) 울산공장 건설현장에서 조작된 환경영향평가에 의해 건설되는 한국티타늄공장의 건설을 반대하기

2) 이창호, 「한국의 시민운동, 전환기인가?」, 중앙일보 시민사회연구소, 제3회 중앙시민사회 심포지엄자료집, 2001, 34쪽.
3) 민병균, 「시장경제와 그 적들」, 2001. 5. 2(자유기업원 홈페이지에서 볼 수 있음).

위한 기자회견이 건설현장에서 있었다. 기자회견이 끝나고 기자들이 다 돌아간 후 그 건설을 반대하는 결연한 의지를 전달하기 위해 철야농성을 준비하는 도중, 별안간 도끼를 든 20여 명의 무리가 한기양 대책위원장 등에게 달려들어 발길질과 주먹으로 복부와 안면을 강타하며 살인협박을 약 30분간 한 후 짓고 있던 농성장과 농성기자재를 모조리 도끼로 다 부수었다….[4]

③ 1999년 8월에 발생한 남해화학 석고 침출수 유출사고에 대한 환경운동연합과 시민단체들의 정당한 활동과 환경개선 요구를 악의적이고 의도적인 성명서를 발표하여 사실을 왜곡하고 환경연합과 시민단체의 명예를 훼손하였던 남해화학 전 노조집행부에 대해 광주지방법원 순천지원이 출판물에 의한 명예훼손죄를 적용하여 유죄판결을 확정하였습니다….[5]

④ 잘못된 시장을 비판하는 시민단체의 정당한 활동을 봉쇄하는 저질적이고 구시대적인 음해행위[6]에 대해 수원지검 성남지청 수사관계자의 진실규명 노력과 그에 대한 합당한 조치를 취한 수원지법 성남지원의 판단에 경의를 표한다. 허위사실유포행위 주동자에 대해 법원이 징역 1년6월의 중형선고와 더불어 법정구속까지 함으로써 이 사건이 단순히 개인간의 명예훼손사건이 아니라 시민사회의 근간을 뒤흔드는 도전행위로서 중벌대상임이 재삼 확인되었습니다.[7]

뿐만 아니라 이러한 현상은 시민운동에 대해 별로 호의적이지 않았던 보수언론들에 의해 더욱 확대되는 측면이 적지 않았다.

---

4) 1995. 4. 11자 환경운동연합의 성명서.
5) 2001. 3. 13자 여수환경운동연합 성명서.
6) 이 사건의 요지는 다음과 같다. "1999. 9부터 김병량 성남시장이 1조 원대의 부정특혜사업인 분당 백궁역 일대 용도변경을 강행하자 성남시민모임 등 시민단체와 주민들이 '백궁역일대용도변경공대위'를 구성하여 격렬하게 반대하며 시장퇴진을 주장하는 사태에 이르자 시장선거운동원인 김건식 등을 주동으로, 공대위집행위원장으로 반대운동을 주도하던 성남시민모임 집행위원장 이재명 변호사를 '패륜아, 부정축재, 의뢰인들의 등을 치고 부정거래를 일삼는 악덕변호사, 정치꾼 시민대표' 등으로 음해하여 2000. 1. 26 이 변호사 사무실 앞에서 집회를 하고, 2. 15과 2. 25에 신문간지로 동일한 음해유인물 20만 장을 살포하고, 지역시민사회단체 개별인사 등 500여 곳에 동일한 음해우편물을 발송해 시민단체와 단체활동가를 음해함."
7) 2001. 7. 13자 시민운동탄압 음해 진상규명 관련자처벌을 위한 공동대책위원회 성명서

한국에서는 6월항쟁으로 군사독재정권이 무너지고 정치권력이 민주화하기 시작하면서 시민운동이 활성화되기 시작하였다. …그 동안 한겨레는 이들 시민단체의 주장에 대해 비교적 많은 지면을 할애했으나 다른 신문들은 지면할애에 상당히 인색한 편이었다. …기득권세력의 이익을 대변해 왔던 과거 집권세력은 기득권에 도전하고 기존 질서에 문제를 제기하는 시민운동을 못마땅하게 여겼고 학생운동이나 노동운동과 같은 차원에서 적대시했다. 이 때문에 보수적인 언론들도 시민운동에 대해 우호적이지 않았다.[8]

이것은 사회개혁을 주창하는 시민단체에 대해 언론의 보도가 소극적임을 설명해 주고 있는 글이다. 물론 이러한 언론의 보도는 시민단체의 활동이 사회의 주목을 받으면서 변화되어, NGO페이지를 만든다거나 NGO전문기자를 배치하는 사례도 있었다.[9] 그러나 이러한 경우에도 "우리 신문들이 시민운동에 관심을 기울이기 시작한 것은 그 주장이나 하는 일의 정당함 때문이라기보다는 그 사회적 영향력의 다대함 때문이라고 할 수 있다. 이런 점에서 우리 신문들이 시민운동에 대해 특집으로 다루게 된 것을 환영하면서도 씁쓸한 마음을 떨칠 수 없다"[10]는 것이다. 언론은 어떤 사건의 보도과정에서 "편파적으로 과대·축소 등의 보도로 여론을 호도하는"[11] 경우도 있을 수 있다. 이러한 언론의 속성은 그후에 우려대로 그대로 드러났다. 시민운동의 성장을 때로는 견제하거나 그 활동에 딴지를 거는 사례들이 흔히 발견되는 것이다.

---

8) 이효성, 「신문과 시민운동」, www.kpf.or.kr/kpinet/NB99/s338-nr.htm 참조.

9) 이른바 '보수언론'의 시민단체 보도회수는 낙선운동 이후 크게 떨어졌다. 4·13총선시 낙선운동이 벌어진 2000년과 2001년 같은 기간(1. 1~8. 31)의 '시민단체' 용어의 관련기사 수를 비교해 본 결과 『중앙일보』가 1379건에서 696건으로, 『조선일보』가 1404건에서 916건으로, 『동아일보』가 2273건에서 1674건으로 각각 줄었다(이창호, 앞의 글, 39쪽). 그러나 낙선운동이 전국적 조명을 받은 폭발적 사건이라는 점에서 그 이후 보도건수가 준 것은 당연한 일이라고 해석할 수도 있다.

10) 이효성, 앞의 글.

11) 최영희, 「참여민주주의의 실현과 언론의 역할」, www.democracy-market.org/progr./Young_Hee_Choi_k_paper.ht 참조.

지난 1월 10일부터 이 달 초까지 신문보도 등을 분석해 보면 '시민단체가 권력을 잡기 위해 낙천·낙선 운동을 하고 있다'는 주필의 칼럼을 싣고, 시민단체의 개혁운동을 '룰'이 없는 혼란 등으로 보도한 특정 신문이 가장 반역사적인 모습을 보이고 있다. 이 신문은 시민단체가 정치적 의도를 갖고 있다고 보도했다. 그러나 시민운동을 참정권 실현이 아닌 '정치세력화'로 보는 시각이야말로 '정치적 의도'가 깔려 있는 것으로 보인다. 또 다른 신문은 외부 필진을 통해 시민운동을 '민주당과 짜고 치는 고스톱'이라며 음모론을 부추겼다. '시민단체에서 시민이 소외되고 단체의 리더간에 정치적 세력을 다투는 상황이 오지 말라는 법이 없다'고 보도한 신문도 있었다.[12]

지난 총선기간 동안 보여준 언론의 모습은 평소 언론의 모습 그대로였다. 자민련이 제기한 음모론은 사실 그 당시로서도 아무런 근거가 제시된 바 없었고 그후에도 제시되지 않았다. 시민들의 호응과 열기에 몰린 한 정당의 무책임한 주장을 크게 다룸으로써 총선연대의 이미지를 흐리는 데 기여를 하였을 따름이다. 시민단체는 마땅히 언론에 의해 비판받고 견제받아야 하지만, 시민단체의 발목을 잡고 흠집내기로 흐른다면 그것은 정당한 일일 수 없다.

언론이 다시 시민운동 길들이기에 나섰다는 비판이 일고 있다. 조선·동아·중앙 일보는 지난 달 24일 서울 성균관대에서 '한국시민운동의 재정립'이라는 주제로 열린 제3회 전국시민단체대회를 보도하며 거의 같은 목소리로 '시민 없는 시민운동'을 비난했다. …그러나 '시민 없는 시민운동'이 반드시 넘어가야 할 산이지만 문제는 시민참여의 항상적인 결핍상황을 탓한다거나 이상적이고 원칙적인 말만 되풀이한다고 해서 해결될 것은 아무것도 없다는 점에 있다고 입을 모은다.[13]

---

12) 김시창 총선연대 언론대책특별위원회 모니터 팀장의 분석(『경향신문』 2000. 3. 11).
13) 『한겨레신문』 2000. 12. 4.

지난 10월 12일. 연세대학교에서는 '시민운동, 이대로 좋은가?'라는 다소 선정적인 제목의 토론회가 열렸다. 특히 이 토론회는 이례적으로 토론회 전후 일주일 동안 조선일보에서만 무려 네 차례씩이나 소개되기도 했다. …이 가운데에서도 연세대학교 유석춘 교수와 김용민씨의 공동발표문 '한국시민단체의 목적전치: 경실련·참여연대·환경련을 중심으로'는 시민단체 내부조직에 대한 실증적 분석을 통해 한국시민단체의 문제점과 나름대로의 대안을 제시하고자 했다는 점에서 관심을 불러일으켰다. 그러나 실상 이 발표문은 자주 눈에 띄는 악의적 표현일 뿐만 아니라 분석 자체에서 여러 가지 오류를 범하고 있기 때문에 이에 대한 지적은 반드시 필요하다고 생각되었다….[14]

그러나 이러한 비판이 객관적이기만 하다면 반드시 부정적으로 볼 일은 아니다. 이러한 논쟁이 시민운동가에게 자기 반성과 성찰의 기회를 제공해 주기 때문이다. 1987년 6월대항쟁 이후 새로운 사회운동으로서의 시민운동은 아직도 일천한 것이어서 비판의 여지가 많은 것도 사실이다. 낮은 시민의식, 불비한 제도여건, 빈사지경의 재정상황, 장기비전을 가지기 어려운 활동가, 경험의 부족, 정치적 유혹 등 시민운동을 둘러싼 제반여건은 척박하기 그지없다. 시민운동 지도자들은 시민사회 속에서 선거나 임명을 통한 검증절차 없이 출현하고 있어, 이들의 스캔들이나 실수한 번에 시민운동 전체가 도매금으로 추락하기도 한다. 우후죽순처럼 생겨난 시민단체들 가운데 사회적 지탄을 받는 단체가 없으리라는 보장이없다. 마땅히 비판받을 부분은 비판받고 그중에 수용할 만한 부분은 수용함으로써, 시민단체들은 더욱 발전해 갈 것이다. 비판을 두려워하고 잘못을 고치기를 게을리 한다면 건강한 발전을 기약하기 어렵다.

오늘날 시민운동이 정치권력과 시장의 감시자로서 제3의 세력을 이루고 있는 것은 비단 우리나라만의 상황이 아니다. 시민운동의 역할과 기능은 갈수록 증대할 것임이 분명하다. 따라서 오늘날 벌어지고 있는 이

---

14) 홍일표, 「보약이 될 쓴소리가 아쉽다」, 『월간 참여사회』 200년 11월호, 50쪽.

비판과 도전에 직면하여 한국의 시민운동은 스스로 성찰할 수 있는 좋은 기회로 활용하는 한편, 그 대의와 활동을 폄하하고 왜곡하려는 시도에 대해서는 정정당당하게 맞서고 해결함으로써 새로운 도약을 이루어야 할 것이다. 여기 시민운동을 둘러싸고 일어나고 있는 열두 가지 오해와 편견을 차례로 살펴본다.

제1비판: 시민 없는 시민운동?

이 말만큼 귀에 따갑게 자주 들어본 말은 없다. 원래 참여연대에서 스스로 비판하면서 이러한 상황을 시정하기 위하여 사용하기 시작한 이 말[15]은 이제 시민단체들을 비난하는 데 약방의 감초처럼 쓰이게 되었다. 이러한 비판은 시민단체 내부에서도 자성적 의미에서 쓰이기는 하고 있지만 주로 외부에서 집중적으로 제기되어 왔다.

시민의 요구를 수렴해야 할 NGO들이 시민의 기반을 확보하지 못한 채 이슈 제기 중심의 활동가 단체로 비어 있는 경우가 많다는 점이 종종 지적되고 있다.[16]

'돈이 없으니 손을 벌릴 수밖에….' 경실련이 지난해 공기업들에 거액후원금을 요청하는 공문을 보낸 사실이 알려진 뒤 이 단체의 박병옥 기획조정실장이 한 말이다. …경실련뿐만 아니라 참여연대·환경연합 등 간판급 시민단체들도 공통적으로 겪고 있는 일이다. 이름만 시민단체일 뿐 시민들이 외면하고 있어서다….[17]

---

15) 참여연대가 3주년을 맞으면서 마련한 연세대 장기원기념관에서의 내부토론회에서, 당시 700여 명에 불과한 회원규모를 지칭하면서 이런 말을 썼다. 당시 참여연대는 정책집단으로 갈 것인가 아니면 대중조직으로 갈 것인가를 검토하면서 지속적으로 정책대안 제시운동을 할 수 있는 기금마련의 어려움으로 결국 대중적으로 활동을 벌여 다수의 회원을 확보하고 안정적인 운동을 벌여나가는 대중조직으로 나아갈 것을 결의하였다.

16) 『문화일보』 1999. 12. 13.

한국의 시민단체들이 충분한 회원을 갖고 있다고 말할 수는 없다. 하나의 시민단체를 운영해 나가는 데 필요한 회비나 자원봉사자가 없음으로 인해 대부분의 시민단체들은 고통을 겪고 있다. 회원은 회비를 내고 자원봉사를 함으로써 한 단체의 운영에 결정적인 역할을 할 수밖에 없다. 이러한 회원의 부족은 결국 시민단체들로 하여금 부실해지거나 역할을 제대로 수행해 내지 못하게 만든다. 이런 점에서 시민단체들의 빈약한 회원구조를 지적하는 것을 탓할 수는 없다. 물론 이것은 보다 더 대중적이고 설득력 있는 활동을 해오지 못한 시민단체의 책임이 크다.

그러나 이것이 어찌 시민단체의 책임만이겠는가. 이러한 시민부재 상황은 오랜 역사적인 배경과 한국사회의 구조적 배경을 지니고 있다. 식민지시대, 분단과 전쟁, 군사독재를 거치면서 한국사회는 공익적 영역에 대한 관심과 활동을 배제시켜 왔다. 이웃과 단체에 대한 관심은 곧바로 보복과 불이익, 피해를 연상시킬 정도였다. 이런 상황에서, 시민참여를 조성·격려·권고하는 운동을 벌이거나 시민들의 참여를 보장하고 장려하는 제도의 도입을 주장하지 않으면서 단순히 회원부족만 탓하는 것은 무책임하기 짝이 없는 일이다.

뿐만 아니라 이러한 척박한 환경과 구조 아래서도 시민단체들은 회원 확보를 위해 안간힘을 다하고 있으며 실질적으로 서서히 개선이 되어나가고 있다. 참여연대의 경우, 1만 5천 명의 회원들로부터 매달 8천만 원가량의 회비가 걷혀 회비의존도를 거의 100% 달성하고 있다.[18] 정부지원이나 외부재단의 지원 없이 이룩한 이 정도의 자립도는 그 유례를 다른 나라에서도 찾아보기 어려울 정도이다. 환경연합 역시 8만 명의 회원에 약 7천만 원의 월회비가 걷히고 있으며, 또 지역단체 가운데서도 시민 있는 시민운동으로서 자리를 잡아가는 단체도 있고[19] 회원의 증가속도가

---

17) 『중앙일보』 2001. 1. 5.
18) 참여연대의 경우 매월 재정보고를 통해 월간 살림살이, 주요 수입원, 재정원칙, 심지어 상근자 급여까지 모두 공개하고 있다(www.peoplepower21.org 참조).
19) 예컨대 '평화와참여로가는인천연대'(인천연대)의 경우가 그러하다. "인천연대는 특별한

놀랄 만한 단체도 적지 않다. 특히 지역단체들 가운데 매년 회원증가가 고무적인 곳이 많다. 또한 인터넷상에서 이루어지고 있는 안티사이트들의 움직임은 네티즌들의 자발적인 참여로 이루어지는 소비자운동의 모습을 보여주고 있고, 생태보전시민모임의 자원봉사자들의 길동 생태공원관리, 환경정의시민연대의 월간지를 만드는 아줌마부대들, 참여연대나 환경연합·녹색연합·여성단체들의 회원조직들은 그런 가능성을 보여주고 있다. 이와 같은 가능성과 활동들은 고무받고 격려받아 마땅하다. 시민 없는 시민운동을 비판하는 언론·학자들은 동시에 이러한 사례들을 적극 소개하고 조성해 나갈 필요가 있다.

이러한 노력 없이 모든 시민단체들을 싸잡아 비난하는 것은 노력하는 단체와 활동가들의 기를 꺾고 시민들의 참여의욕을 좌절시키는 저의를 가진 것이라고 볼 수밖에 없다. 뿐더러 언론이 주도하는 '시민 없는 시민단체' 비판은 "마치 시민단체가 시민을 배제하거나 시민과 동떨어진 활동을 하는 듯한 인상을 주어 오해의 소지"[20]를 낳는다. 이런 오해를 자꾸 낳을 보도를 지속적으로 하는 언론이 진정으로 시민단체의 발전을 바라고 있는지 알 수가 없다.

더구나 외국의 시민단체를 보면, 회원의 숫자가 반드시 우리보다 많다고 보기 어렵다. 『민간단체총람2000』에 따르면 우리나라 NGO는 4023개이며 지부까지 포함하면 2만 개 가량 되는데 이들의 평균회원수가 6284명이라고 한다. 이 숫자는 일본의 시민단체에 비하면 훨씬 많은 편에 속한다.[21] 그리고 미국의 시민단체의 회원숫자가 우리보다 훨씬 많은

모임이 없는 날에도 시민과 회원들로 항상 붐빈다. 시민 없는 시민단체, 명망가·전문가 중심의 시민단체라는 비판이 끊이지 않는 상황에서 대안의 시민단체로 인천연대가 주목받고 있는 이유는 회원이 중심이 된 시민 있는 시민단체이기 때문이다."(『뉴스피플』 2001. 4. 6 참조)

20) 고은택, 「시민 없는 시민운동의 극복을 위하여」, 『참세상을 만드는 사람들』, 참여자치와 환경보전을위한제주범도민회, 2001년 6/7월 합본호, 9쪽.

21) 일본의 시민단체는 몇 명이 모여 활동을 벌이는 소수 회원단체가 대부분이고 전국적으로도 회원의 숫자가 1만 명이 넘는 경우는 거의 없다. 일본의 최대 운동단체의 하나인 JVC(Japan Volunteer Center)의 경우에도 회원은 겨우 1750명에 불과하다(자세한 것은

것은 사실이지만 회원들의 지속성과 참여의 질 면에서는 반드시 우리보다 우월하다고 보기 어렵다. 게다가 우리나라의 시민단체들이 창립된 것이 주로 1990년대 이후[22]여서 아직 발전도상에 있기 때문에 외국과의 일률적인 비교 자체가 어려운 점을 염두에 두어야 하지 않겠는가.

그럼에도 불구하고 시민단체로서는 '시민 없는 시민운동'이라는 비판을 뼈아프게 그리고 겸허하게 들어야 한다. 아직 시민단체에 대한 대중의 인식은 충분하지 못하며 따갑기조차 하다. 참여가 부족하다. 시민단체의 활동가들은 당연히 시민들의 곁으로 가지 못하는 자신의 한계를 반성하여야 한다. 보다 더 현실적이고 대중적인 자세를 지니기 위해 옷깃을 여미어야 한다.

제2비판: 백화점식 운동-선단식 경영?

대표적인 시민단체들은 대부분 모두가 너무나 많은 부서와 단위들로 상호간에도 무슨 일을 하고 있는지 모를 정도로 비대하다. 중앙조직들의 이 비대함은 관료적 질서를 배태하는 근원이 되고 있고, 정작 중요한 시민참여는 이끌어내기 어렵게 만들었으며 단체의 정체성을 모호하게 만든다.[23]

백화점식 운동. 이것은 이른바 '메이저급'이라고 하는 큰 시민단체를 두고 하는 비난이다. 하나의 시민단체가 여러 가지 다양한 영역의 활동을 벌이는 것이 '백화점'을 닮았다는 것이다. 현재 이런 시민단체로는 YMCA, 참여연대, 경실련, 환경연합 등 이른바 '종합적 시민단체'[24]를 들

박원순, 『박원순변호사의 일본기행』, 아르케, 2001, 146쪽 참조).
22) 『민간단체총람2000』에 따르면 우리나라의 NGO는 1980년대에 21.0%, 90년대에 56.5%가 창립되었다.
23) 하승창, 「시민운동 10년이 낳은 문제, 시민 없는 시민운동의 극복을 위한 작은 생각」, 연세대 제1차 동서정책포럼 자료집, 2000, 3쪽.
24) 조희연 교수는 '종합적 시민운동'과 '특수전문적 시민운동'으로 구분한다.

수 있다.

앞의 인용문에서 드러난 대로 한국의 대표적 시민단체들이 대부분 이러한 '백화점식' 운동을 하고 있다. 그러나 여러 부서와 기관들을 거느리고 있다고 해서 모두 지적한 그런 폐해가 있는 것은 아니라는 점을 유의하여야 한다. 다수의 부서가 존재한다고 해서 반드시 그것이 관료적 질서로 변질된다고 할 수 없고, 그것이 시민참여를 이끌어내기 어렵다거나 단체의 정체성을 모호하게 만드는 요소라고 보기 어렵다.

그렇다면 그런 단일한 조직이나 여러 부서를 가지지 않은 단체들은 시민참여를 제대로 끌어내고 있는가. 오히려 시민참여를 끌어내기 위해서는 일정한 전문부서나 전문활동가를 가져야 하며 그러기 위해서는 조직이 일정 규모로 성장하지 않을 수 없는 측면도 있다. 참여연대에 여러 비관련 부서가 존재하지 않는 것은 아니나 대체로 권력감시라고 하는 영역에서 단체의 통합성과 정체성을 충분히 가지고 있다고 본다. 환경연합이 다양한 환경사안을 다루고 있으나 그 정체성을 잃어버렸다고 할 수는 없다. YMCA 역시 다양한 조직과 사업영역을 가지고 있으나 그 역사와 사업방식에서 일정한 정체성을 지니고 있다고 우리는 말할 수 있다.

물론 시민단체들이 불필요하게 사업을 확대하는 것은 바람직하지 않으며, 그렇게 확대된 조직이 제대로 운영되기 어려운 측면도 있다. 규모의 이익이라는 측면도 있지만 규모의 손실이라는 현상이 있기 때문에, 불합리하게 커지면 그것을 유지할 수 있는 비용이 커지게 된다. 최근 높아지고 있는 재정투명성이나 책임성 때문에 시민단체들은 정부나 재벌로부터 재정지원을 받기도 어려워졌다. 이런 상황에서 경실련[25] 같은 단체는 간사규모를 대폭 줄이기도 하였다.

한 시민단체가 여러 가지의 일을 할 수밖에 없음은, 그 단체가 의도해서라기보다는 사회적 수요와 시대적 요구에 따른 것이다. 시민단체의 숫

---

25) 경실련은 한때 간사가 100명이나 되었으나 재정적 어려움 때문에 현재 50여 명으로 줄어들었다.

자는 적고 시민들의 요구는 크니 어쩔 수 없이 이런 일 저런 일을 할 수밖에 없는 상황이다. 심지어 언제는 왜 이런 일은 안 하냐고 비판하다가 또 어느 때는 왜 그런 일까지 하느냐고 힐난한다. 이러한 현상은 한국사회의 특수한 조건, 정당정치의 미발달과 밀접히 연관되어 있다.[26] 정부나 정당, 사법기관, 언론이 합리적이고 정상적인 기능을 다하고 있다면 아마도 시민단체들에 쏟아지는 요구는 훨씬 줄어들 수 있을 것이다.

물론 그런 요구를 다 받아들일 수는 없다. 업무연관성이나, 사업수행능력, 단체의 정체성 그 모든 것을 고려하여 사업을 확대할 수 있을 것이다. 더구나 "유행을 좇듯이 ○○운동본부를 만들거나 이 일도 하면 좋겠다는 식으로 부서를 만들거나 내부의 전문가를 배려하기 위해 위원회를 만드는 행태"[27]는 문제이다. 그러나 그렇게 유행에 따르는 운동은 결코 그 사업의 목적을 제대로 달성할 수 없을 뿐 아니라 국민들로부터도 지지받기 어렵다. 지속적이고 끈질긴 사업을 고집하고 일정한 성과를 거둬내야 시민들의 참여와 지지를 받을 수 있기 때문이다. 따라서 그런 유행에 따른 사업확대와 운동방식은 저절로 파탄을 맞게 되어 있다.

하지만 사업확대 현상은 단지 앞에서 언급한 이른바 '메이저급' 단체들에만 한정되지 않는다. 좀더 자세히 보면 정도의 차이는 있지만 한국 시민운동 전체의 일반적인 경향이기도 하다. 지역단체들 역시 해당 지역의 의정감시, 민원상담, 문화재보호, 환경·여성·노동 문제 등 온갖 일을 하고 있다. 오히려 지역에서는 더 많은 이슈와 과제에 대한 요구를 받고 있는데, 어쩌면 이 점에서는 지역단체들이 더 큰 고역을 치르고 있는지도 모른다. 적은 수의 간사로 더 많은 일을 해야 하기 때문이다. 이러한 상황을 무시한 채 마치 시민단체들이 좋아서 자꾸 일을 벌이는 것처럼 주장한다면, 그것은 비판을 위한 비판이라는 지적을 면할 수 없다.

---

26) 김호기, 「신사회운동과 한국의 시민운동」, 『NGO가이드』, 한겨레신문사, 2001, 주 3) 참조.
27) 하승창, 앞의 글, 3쪽.

더구나 이러한 비판은 그 운동이 전문화되지 못했다는 지적과 연관되어 있다. 한편으로는 맞는 말이지만 또 다른 측면에서는 틀렸다. 작은 단체의 간사 몇 명을 가지고는 오히려 전문화하기가 쉽지 않기 때문이다. 단체가 커져야 전문성을 가질 수도 있다. 예컨대 환경연합은 어느 정도 규모로 성장한 이후에 비로소 연구소, 자료실, 환경법센터 등을 갖추고 여러 가지 측면에서 연구와 분석을 행해 전문성을 강화할 수 있었다. 작은 환경단체가 어찌 이런 기능을 행사할 수 있겠는가. 단체가 작아진다고 전문화되는 것은 결코 아니다. 우리의 상황에서는 특히 그렇다. 작은 단체는 전문가들의 충원과 지원·후원금의 확충이 어렵기 때문에, 조직을 꾸려가는 것조차 여의치 않아 전문적 정책과 활동을 벌이기란 매우 어렵다.

또한 외국의 시민운동을 살펴보면 이러한 지적이 틀렸다는 것을 알 수 있다. 외국의 경우에도 풀뿌리의 작은 시민단체가 있는가 하면, 여러 가지 이슈를 함께 다루는 큰 단체들도 있다. 문제의 핵심은, 여러 가지 이슈를 다루는 큰 단체가 잘못되었다기보다 한두 가지 이슈를 다루는 전문적 시민단체가 부족한 데 있다. 외국에서는 오히려 우리나라처럼 여러 이슈를 다루며 사회적 영향력과 정부정책에의 압력을 행사할 수 있는 점을 부럽게 여기는 경향이 있다. 운동이 지나치게 세분화되고 전문화되어버리면, 사회적 영향력과 중앙정부에 대한 압력을 잃어버릴 수 있기 때문이다.

제3비판: 중앙집권적 운동?

현재와 같은 중앙정치 비판형 시민운동은 궁극적으로 시민운동의 정치세력화로 이어질 가능성이 많다. 지금까지도 시민운동의 지도자들이 개인적인 차원에서 정치권으로 영입되거나 이동한 경우가 있었다. …중앙정치 비판형 시민운동은 결과적으로 지역에서 전개되는 일상적 삶의 영역에서 시민들이 직접 참여하는 시민운동의 양식을 개발하는 데 큰 힘을 기울이지 않았다. …시민단체의 지역조직들은 마치 정당조직과 마찬가지로 중앙에서 결정된 운동의 노선과 내용을 지역에서 실행하는 하부조직처럼 인식되었다. …그 결과 지역의 자생적이고 독자적인 시민단체의 성장이 미약하고 지역 고유의 문제를 발굴하고 해결하는 지역주민자치운동은 깊이 뿌리를 내리지 못하고 있다."[28]

한국의 시민운동이 지나치게 중앙집권화되어 있는 것 아니냐는 비판이다. 비교적 규모가 있고 중요한 시민단체가 서울에 몰려 있다는 것은 어김없는 현실이다. 이른바 '메이저3' 또는 '빅3'라고 하는 시민단체, 즉 경실련·환경운동연합·참여연대가 서울에 본부를 두고 있다. 이들과 함께 전국적 규모를 가진 여성단체연합·녹색연합 등의 지역조직들이 전국의 시민운동을 주도하고 있는 것도 사실이다. 그에 비해 지역단체들은 아직 숫자도 적고 환경 또한 열악하다. 지방자치가 실시되고 있지만 지방정부를 감시하고 견제할 만한 지역단체들의 성장은 이루어지지 않고 있다. 주민밀착형의 운동이나 풀뿌리단체들의 성장을 도모하고 지원해야 할 시대적 과제가 분명히 있다. 더구나 중앙의 시민단체들이 패권주의적 사고를 가지고 지역을 중앙적 사고로 견인하려 하거나 지방의 특성을 무시하는 경향마저 없는 것은 아니다. 이러한 현상은 시정되지 않으면 안 된다. 중앙정부를 상대로 운동을 하더라도 동시에 그러한 운동이 지역운동을 더욱 활성화시키는 데 도움이 되도록 고민하지 않으면 안 된다.

그럼에도 불구하고 이러한 상황이 중앙의 시민운동을 위축시켜야 한다는 논리로 연결될 수는 없다. 이들이 주로 서울에 본부를 두거나 서울을 중심으로 활동하고 있는 것은, 우리나라 정치와 경제의 중심이 서울에 있는 현실과 직결되어 있다. 고도로 중앙집권화되어 온 우리 사회의 여러

---

28) 정수복, 「시민운동의 새로운 패러다임 모색」, 연세대 제1차 동서정책포럼 자료집, 연세대 동서문제연구원, 2000, 5~6쪽.

과제를 해결하기 위해서는 이른바 '중앙'을 상대로 운동을 펼칠 수밖에 없다. 다시 말해 중앙정부의 정책을 바꾸기 위한 운동이, 한국사회의 발전과 개혁을 위해서는 필요하고 유익하다는 점이다. 더구나 우리나라의 경우 외국의 선진국과 달리 정당과 언론이 자신의 역할을 충분히 수행해내지 못하고 있는 현실에서 중앙정부를 중심으로 한 시민단체들의 역할은 아무리 강조해도 지나치지 않다.

  중앙의 시민단체가 지부를 지역에 두고 중앙적 이슈와 운동방식을 강제하거나 유도하는 일이 전혀 없다고 하기 어렵다. 중앙 시민단체가 가지고 있는 이름을 그대로 활용하고자 하는 지역의 요구가 있기 때문에 이러한 현상이 일어난다. 그러나 결국 그러한 운동이 지역주민들의 피부에 와닿는 운동이 되지 못한다면 생존하기 어렵다. 자생적인 지역 운동단체가 중앙 시민단체의 지부조직보다 훨씬 활력이 있거나 아예 중앙 시민단체의 지역 지부조직이 발을 붙이지 못하는 경우도 있다.[29] 뿐만 아니라 어떤 면에서는 중앙 시민단체가 활발한 운동을 벌임으로써 전국적인 시민운동 붐을 만들고 그 영향으로 지역의 주민운동단체들이 힘을 받는 현상도 무시하기는 어렵다. 특히 중앙정부나 서울시를 상대로 한 시민운동의 경험이 전국화되어 지역단체들이 지역에서 지방정부를 상대로 운동하는 데도 커다란 기여를 하고 있는 경우가 많다.[30]

  한편 미국이나 일본에서 시민단체들이 너무 작아지고 전문화되고 지역화됨으로써 연방정부나 중앙정부에 대한 견제력을 상실한 데서 오는 절망이 엄청나게 크다는 점을 주목해야 할 것이다. 따라서 중앙단체가 힘이 커지는 것을 탓하기보다는, 그것은 그것으로서의 의미와 중요성을 인정하고 동시에 우리에게는 약한 지역운동을 어떻게 키우고 확산시킬지

---

29) 수원환경센터의 경우 지역과 주민 밀착형 환경운동을 전개하여 수원에서 환경운동으로서는 독보적인 존재를 자랑하고 있다고 한다.
30) 예산감시네트워크, 판공비네트워크, 작은권리찾기운동 등은 그러한 전형적 사례이다. 지역단체들로서는 전문성을 갖기 어려운 상태에서 중앙에서의 경험을 쉽게 자신의 지역에서 적용할 수 있기 때문에 커다란 도움이 되었다고 볼 수 있다.

를 고민해야 한다. 지역단체의 수가 적고 힘이 약하다고 하여 중앙단체의 수를 줄이거나 힘을 약화시켜야 한다는 논리로 이어질 수는 없는 것이다.

제4비판: 대형화? 권력화? 초법화?

작은 것이 아름답다?

환경운동은 기본적으로 작은 것을 지향하는 실천운동이다. 그래서 '작은 것이 아름답다'고 한 경제학자 슈마허의 명언은 환경운동에 가장 적절한 것이다. … 그런데 우리나라 환경운동은 외형적으로 커지고 있으면서 온갖 다른 문제에까지 연대의 이름으로 관여하는 등 일종의 정치운동화 내지는 정치세력화하는 경향마저 보이고 있다. 우리도 이제 '시민운동가'보다는 풀뿌리생활인들, 자신이 조용하게 환경운동을 벌임으로써 대형백화점의 운동단체보다는 작은 모임과 자조적 주민그룹들의 네트워크 방식이 존중받는 시대를 열어야겠다.[31]

이 사설의 취지는 충분히 공감이 가는 내용이다. 그러나 동시에 반환경적 정책입안을 담당하는 행정기관이나 공해배출 가능성이 있는 대기업과 싸우는, 보다 전문적이고 입체적인 환경운동단체도 필요하다. 미국의 그린피스나 시에라클럽은 수백 명의 직원을 거느리고 연간 수천억 원의 예산을 쓰는 거대 환경단체들이다. 유럽의 경우 환경운동에서 출발한 녹색당이 집권여당으로까지 발전하거나 유럽의회의 한 모퉁이를 차지할 정도가 되었다. 인기가 그렇게 높다고는 할 수 없지만 그렇다고 비난의 대상은 아니다. 결국 앞의 논조가 말하듯 전국에 풀뿌리시민운동이 들풀처럼 생겨나면서 동시에 규모 있는 환경단체도 필요한 것이다. 이 인용문은,

---

31) 『조선일보』 1996. 4. 7.

일부 언론은 시민단체들이 커지고 있는 것을 경계하고 있음을 말해 주고 있다.

과거에 비해 시민단체가 상근자의 숫자나 예산규모 면에서 커지고 있는 것은 사실이다. 그러나 대부분의 시민단체는 여전히 10명 이하의 영세한 규모를 면치 못하고 있고 재정규모 역시 취약하기 짝이 없다. 더구나 시민단체의 대형화를 우려하는 견해는 외국의 시민운동을 잘 모르는 소치이다. 미국과 일본·유럽의 시민단체 역시 대형화 추세에 있다.[32] 시민단체가 그 사회의 과제를 해결하려는 것이 목적이라면 그 목적수행을 위해 불가피하게 커지게 되는 것이다. 기업과 정부는 방대해지는데, 그것을 감시·견제·견인하는 목적을 가진 시민단체라고 해서 축소지향일 수만은 없다.

뿐더러 우리나라의 경우 시민단체들이 캠페인이나 주된 사업을 벌여야 하고 나아가 스스로 재정사업까지도 하지 않으면 안 된다. 다시 말해 돈도 벌고 일도 해야 하는 것이다. 외국의 경우 수많은 공익재단이 있어 이러한 재단으로부터 지원(이른바 grant-making)을 받는 비율이 작지 않고 자발적 회원 또한 비교적 많은 편이어서, 재정수입에 대해 우리만큼 고민할 필요가 없다. 그에 비해 한국의 시민단체는 적지 않은 시간과 노고를 회원확대, 회비수익 증대, 기타 재정고민에 투여해야 하고 이는 자동적으로 조직의 확대로 이어질 수밖에 없다. 그러나 상근자가 30명을 넘는 단체는 우리나라에서 불과 몇 개에 지나지 않는다.

결국 나라와 시기마다 서로 다른 특성을 가진 시민단체들이 나타날 수밖에 없지 않은가.

---

32) "자연을위한세계기금(World Wide Fund for Nature)는 연간 예산이 500만 달러에 이르고 여기서 일하는 사람의 수가 1천142명이나 된다. 엠네스티 인터내셔널은 세계 162개국 지부에 예산이 120만 달러, 지구의친구들은 58개국 지부에 100만 달러이다. NGO의 예산이 한 국가의 예산을 넘는 경우도 나타났다".(이정옥, 「한국시민운동의 걸림돌과 디딤돌」, 17쪽)

권력화?

시민운동은 존경과 사람의 대상에서 두려움의 대상으로 변하게 된다. 정치인들은 시민운동을 극도로 조심하게 된다. 다른 한편 시민운동을 견제하는 세력도 커지게 된다. 이 과정에서 자연스레 시민운동의 권력화란 말이 생겨났다.[33]

부패한 정치인들이 투명한 정치를 요구하는 시민단체를 '조심'하게 되는 것은 너무나 당연하고 바람직한 일이다. 그것을 일러 권력화라고 말하기는 어렵다. 오히려 그런 권력화라면 바람직하기까지 한 일이다. 유권자의 대표인 정치인들이 유권자 또는 유권자단체를 두려워하는 게 뭐가 잘못이란 말인가.

시민단체들의 목적은 권력을 가지는 것이 아니라 권력이 제대로 행사되도록 견제하고 좋은 사회발전을 위해 행사되도록 압력을 가하는 것이다. 시민단체들은 우리 사회 개혁과 발전을 위해 다양한 의제를 채택하고 그것을 실현시키기 위해 운동을 벌인다. 그러나 시민단체의 이 같은 의제들을 해결하기 위해서는 오랜 세월에 걸쳐 지난한 노력을 기울이지 않으면 안 되며, 이 과정에서 시민단체들은 정당이나 국회, 정부 또는 사법부에 압력을 행사하기도 하고 시민들을 설득하고 이들을 동력화하기도 한다. 그러나 하나의 입법을 이루어내고 정부정책 하나를 바꾸는 것은 한마디로 힘겹고 지난한 과정이다. 참여연대가 부패방지법 제정을 이루어내는 데는 6년이 걸렸고, 온 환경단체가 총력을 다해 반대했는데도 새만금사업은 막아내지 못했다. 하나의 정책을 바꾸기 위해 더운 여름 뙤약볕 아래 그리고 겨울 눈보라를 맞아가며 집회와 시위, 서명을 받고 뛰어야 한다. 그것은 하나의 시련이며 형벌이다. 이것이 권력인가?

최근 들어 시민단체들의 영향력이 커진 것은 사실이다. 그러나 그것은 정치권력이 가진 것과는 다르다. 그것은 시민단체들이 지닌 공익성과 도

---

33) 서경석, 「한국 시민운동, 과연 전환기인가?」, 4쪽.

덕성을 기초로 한 영향력이다. 강제력이나 법률에 기초한 권력이 아니라, 도덕성과 국민의 신뢰 위에 행사되는 설득력이다. 시민단체가 영향력을 가졌다는 것은, 그만큼 다른 정치세력에 비추어 시민단체들이 국민들로부터 신뢰를 받고 있다는 것을 의미한다. 만약 시민단체들이 국민의 권익을 지키고 사회개혁과 공익을 위한 노력을 게을리 한다면 쉽게 깨질 수 있는 질그릇 같은 것에 불과하다. 이것이 시민단체의 권력이다.

초법화?

정치·경제·사회 각 분야에 걸친 시민운동의 개혁운동은 어디까지나 적법절차, 법치주의 및 자본주의적 시장경제질서라는 헌법의 기본 원리를 준수하고 그 테두리 내에서 이루어져야만 국민적 설득력과 신뢰를 받을 수 있다는 점을 강조하고자 한다.[34]

둘째는 탈법운동이라는 것이다. 공선협이 십년 가까이 공들여온 준법의 틀이 하루아침에 무너져 버렸고 총선시민연대가 제기한 선거법개정요구도 현실과 맞지 않았다. 더 근본적으로는 시민운동이 국민을 향해 법과 질서를 호소할 수 있는 자격을 잃게 되었다는 것이다.[35]

심지어 일부에서는 시민단체가 초법화되었다고까지 비판한다. 이것은 지난번 총선연대의 낙선운동과정에서 선거법을 지키지 않았다는 이유로 제기되는 것처럼 보인다. 그러나 이 비판은 마치 시민단체가 법 어기기를 밥먹듯이 하는 초법적 존재라는 이미지를 줌으로써 시민단체들을 흠집내고 있다. 시민단체가 언제 어떤 법을 어겼기에 초법적 존재라는 것인가. 이러한 주장이야말로 아무런 근거가 없는 비판이 아닐 수 없다.

시민단체는 기본적으로 법치주의 확산과 강화의 첨병이라 할 수 있다.

---

34) 이석연, 『헌법등대지기』, 형설출판사, 2001, 427쪽.
35) 서경석, 「한국의 정치현실과 시민운동」, 한나라당 대외협력위 간담회 발제문, 2001. 2. 22, 1쪽.

입법기관인 국회가 제대로 된 법률을 제정하고 개정하도록 압력을 가하는가 하면, 행정기관이나 재벌·기업 들이 그 법률을 위반하고 무시할 때 감시하고 견제하는 역할을 끝없이 수행해 왔다. 조직화된 시민단체들이 이러한 기능을 수행해 오지 않았다면, 분산되어 있는 개인이 대신해서 그 일은 하지 못할 것이다. 법치주의가 사실상 유명무실해지고 약육강식의 힘의 논리가 대신 판을 쳤을 것이다. 그러므로 한국의 법치주의는 한국의 시민단체에 부채를 지고 있는 셈이다.

지난번 총선연대가 선거법을 어기고라도 낙선운동을 벌이겠다고 선언한 것은 사실이었다. 외형적으로 보면 그것은 법을 무시한 것이 틀림없다. 그러나 시민단체로서는 악법이 명백한 이상 그 법을 개정하기 위해서 온갖 노력을 경주하지 않으면 안 된다. 개정청원, 헌법소원제기 등 다양한 압력을 가했다. 그러나 "중이 제 머리 못 깎는다"는 말처럼 국회는 시민단체들에게 선거개입을 허용함으로써 결코 자신에게 불리한 상황을 자초하려 하지 않았다. 이러한 경우 시민단체들은 언제까지나 그 법을 지키며 개정의 목소리만 내야 하는가. 그렇지는 않다. 때로는 자신의 위험부담과 책임 아래 법을 어기는 전략도 채택할 수 있다. 흑백차별법이 엄존하고 미국 대법원이 "평등하지만 차별도 정당하다"(Equal but Separate)고 판결하고 있는 상황에서, 마틴 루터 킹이 언제나 그러한 법과 판결에 순종하여 백인전용의 버스와 식당을 그대로 보고 있어야만 했던 것인가?

제5비판: 견제받지 않는 권력? 책임을 지지 않는다?

시민단체의 활동에 대해 못마땅해하는 사람들이 흔히 하는 비판이다. 도대체 시민단체들은 누구를 대표하고 있는가? 시민 시민 하는데 어떻게 모든 시민을 대표하는가? 그리고 국가기관은 모두 법률상 책임을 지는데

시민단체들은 자신의 발언과 행동에 대해 어떻게 책임을 지는가? 아무로
부터도 견제받지 않고 누구에게도 책임지는 일이 없지 않은가? 대체로
이런 질문들이 이어진다.

　　나도 시민의 한 사람이지만, 참여연대가 시민의 대표자라고, 대표단체라고 뽑
아준 적이 없다. 왜 당신들은 시민의 이름을 팔면서 모든 일에 콩 나와라 감
나와라 하는지. …그러나 참여연대 여러분, 시민 팔지 마세요.[36]
　　어느 누가 권한을 위임하지도, 자격을 검증받지도 않은 시민단체가 사회의 정
의를 재단하고 있다.[37]
　　정당처럼 정치적 책임도 지지 않고 행정기관에서와 같이 공무수행상의 책임
도 지지 않는다. 무책임하다는 것, 이것이 제3세력의 특징이자 매력이다.[38]

　　그러나 이러한 발언은 시민단체의 본질을 잘 모르고 하는 비판이다. 시
민단체가 언제 모든 시민을 대표한다고 했던가. 그것은 불가능하고 불필
요한 일이다. 민주주의하에서는 시민단체를 만들고 활동하는 데 누구의
허가도 필요 없다. 특히 유석춘 교수의 발언은 민주주의에 대해 대단한
오해를 하고 있는 듯 보인다. 아무리 일부 소수의 시민들이라 하더라도
시민단체를 만들어 자신들의 입장을 주장하고 이를 국민들에게 전파할
자유가 있다. 시민단체는 같은 입장을 가진 시민들이 힘을 합쳐 조직을
만들고 자신의 주장을 펼친다. 다만 그것이 공감을 받기 어려운 입장이
라면 국민들의 지지는 없거나 미미할 것이고, 국민들의 공감을 받는다면
그 단체의 회원은 늘어나고 커질 것이다. 사상과 주장의 자유시장에서
시민들은 누구나 자유롭게 단체를 결성하고 주의·주장을 펼치며 경쟁

---

36) 한 네티즌(yunsr@nuri.net)의 주장(참여연대 웹사이트 peoplepower21.ogr의 2001. 4. 2자
　　자유게시판 No.230으로 올린 글).
37) 유석춘교수의 발언(『한국일보』 2001. 6. 8).
38) 「시민운동·사회운동을 생각한다」,『세상 만들기』 2000년 7월호, 74쪽(이 글은 "우리학
　　문, 소통체계"라는 사이트의 〈유상백좌〉란에 등재된 강좌를 정리한 것이라고 한다).

할 권리를 가진다.

　더구나 시민단체가 누구로부터도 견제받지 않고 아무런 책임을 지지 않는 것이 아니다. 행정기관이나 정당의 책임과는 다른 형식의 책임을 질 따름이다. 오히려 시민단체는 어떤 단체나 기관보다도 더 큰 책임을 진다고 할 수 있다. 실제 시민단체가 그 책임자나 구성원의 실수 때문에 엄청난 비판을 받고 재생불능의 상황으로 빠지는 경우가 흔히 있다. 사소한 실수도 용납받기 어려운 것이 시민운동이다. 백 번 잘하다가 한 번 실수를 저질러도 용서받지 못한다. 어느 국가기관의 책임자가 잘못했다고 그 기관이 없어지거나 위축되는 일이 있는가. 그러나 시민단체는 다르다. 한 번 실수가 거의 회복불능의 파산에 이를 수 있다. 시민단체의 활동가는 과도하게 도덕성을 요구받고 있으며 살얼음을 딛고 가는 자세로 살지 않으면 안 되는 상황이다.

제6비판: 정의를 독점한다?

　어느 누가 권한을 위임하지도, 자격을 검증받지도 않은 시민단체가 정의를 독점하고 있다. 시민단체 주장은 절대선이고 반대의견은 수구로 매도당하는 비정상적 사회가 되어 있다.[39]

　지금은 개혁신드롬에 빠져 시민단체들이 정의를 독점하려 하고 개혁에 군림하려고 한다.[40]

　시민운동이 정의의 잣대를 독점할 수 없다. 어느 후보가 반환경적이라든지 성차별적이라든지 하는 문제제기는 상관없지만 전국 규모에서 낙선자명단을 발표하는 것은 안 된다는 것이다. 당락에 대한 절대적인 기준이 있을 수 없기 때문에 반드시 엄청난 후유증을 만들 수밖에 없고 정파적인 운동으로 간주당하게 되며

39) 유석춘 교수의 발언(『한국일보』 2001. 6. 8).
40) 서석구 변호사의 대담(『주간조선』 2000. 10. 5).

실제로도 그렇게 되었다는 것이다.[41) 42)]

현재의 시민운동은 그 자체가 하나의 거대한 권력으로 변모하게 되었다. 시민단체에게서 비판받거나 적으로 몰리게 된다면 그 개인에게는 치명적인 결과가 된다. …어느 누가 권한을 위임받지도 않고, 그 구성이나 자격을 검증받지도 않은 시민단체가 사회정의를 재단하고 있는 것이다. 시민단체의 주장은 선이고 개혁이며, 이에 반대되는 의견은 반개혁 내지는 수구세력으로 몰리는 분위기인 것이다.[43)]

시민단체가 정의를 독점한다는 것이 가능한가. 이것은 결국 시민단체가 어떤 주장을 내세우면 그만큼 사회적 반향이 크고 국민들이 신뢰하며 정치권이 주목한다는 것을 의미함에 다름 아니다. 결국, 왜 정당이 정의를 독점하지 못하는가를 질문해 볼 필요가 있다. 지금 정당이 정의를 독점한다고 하면 지나가는 소가 웃을 일이다. 그렇다면 대기업이 정의를 독점하는가? 삼척동자도 부인할 일이다. 그렇다면 언론이 정의를 독점하는가? 상식을 가진 사람은 고개를 젓는다.

그런 의미에서 시민단체가 정의를 가졌다면 어쩌면 그것은 어느 정도 진실일 수도 있다. 썩어빠진 정치세력, 탐욕에 나라가 거덜나는 것도 아랑곳하지 않는 재벌, 진실을 진실이라 말하지 않는 언론에 비해 상대적으로 시민단체들이 국민의 신뢰를 받고 있기 때문이다. 그리하여 시민단체들이 목소리를 내면 무시할 수 없는 정도로 받아들여시고 있는 것이 아닌가.

사실 시민단체들이 자신이 정의를 독점한다고 말한 적은 없다. 총선연

---

41) 서경석, 「한국의 정치현실과 시민운동」, 한나라당 대외협력위 주최의 간담회 발제문 요지, 2001. 2. 22, 1쪽.
42) 서경석 목사는 이런 주장을 여러 곳에서 되풀이하고 있다. "더더욱 심각한 문제는 시민운동이 초법적 위치에 서서 정의의 잣대를 독점하는 판관으로 나섰다는 점이다. 그 결과 총선연대가 작성한 낙선자명단은 절대 무오류의 명단이 되어버렸다…."(서경석, 「한국의 시민운동, 전환기인가?」, 3쪽)
43) 김영배, 「시민운동과 정치참여」, 중앙일보 시민사회연구소, 2001시민사회포럼워크숍, 2001, 39쪽.

대가 낙선후보명단을 가지고 유권자들에게 호소하였지만, 그외에 다른 기준에 의한 명단이 있을 수 없다고 말한 적은 없다. 언론과 국민들이 총선연대 명단의 무게를 깊이 받아들였을 뿐이다. 그만큼 그 명단을 국민들이 신뢰하였다면 그것은 오직 시민단체들이 그 동안 사회정의를 지키고 국민의 권익을 옹호하고 사회발전을 위해 노력해 온 결과이다. 만약 시민단체들이 허튼소리나 하고 부도덕한 이익이나 찾고 부패한 모습이나 보였다면, 어떻게 그런 영향력과 신뢰를 가질 수 있었겠는가. 더구나 그것은 시민단체들이 올바른 모습과 행동을 보일 때만 가질 수 있는 권위이다. 정의로운 사람, 정의로운 단체가 정의를 차지할 수 있는 법이다.

제7비판: 시민단체의 관료화?

시민단체의 관료화를 지적하는 견해도 있다. 이 비판도 구체적인 현상이나 양상을 제시하고 있지 않다. 도대체 시민단체들의 어떤 모습과 행동이 관료화되어 있다는 것인가?

관료화라고 한다면 지나치게 엄격한 상하관계, 조직의 형식과 명분에 기초한 운영, 실질보다는 형식과 절차를 중시하는 경향 등 부정적인 조직 행태를 말한다. 시민단체에 관료주의의 병폐가 스며든다면 그것은 분명 문제이다. 왜냐하면 시민단체야말로 가장 관료주의를 경계하여야 하기 때문이다.

시민단체의 실무책임자로서 일해 본 경험이 있는 사람들은 오히려 시민단체들이 어느 정도 관료화되어야 한다는 생각을 한다. 시민단체는 상하관계보다는 평등한 관계에서 일한다. 그러다 보니 기강과 규율이 별로 없다. 강제적이라기보다는 자율적이며 폐쇄적이기보다는 개방적이다. 그것은 개인의 창조성과 자발성을 높이기는 하지만 동시에 산만하고 무질서할 가능성도 있다. 공공기관의 업무규정집이나 기업의 매뉴얼 북 하나

없다. 그런 의미에서는 오히려 관료주의적인 엄밀성과 법칙성이 시민운동에도 도입되어야 한다고 본다.

제8비판: 운동의 획일화?

　각 시민단체를 하나로 묶는 상설적 연대기구를 만들어 개혁이라는 이름하에 센세이셔널하게 밀어붙이는 시민운동은 위와 같이 다양성과 자발성을 생명으로 하는 시민단체의 속성에 비추어볼 때 바람직하지 않다고 본다. 다만 그때그때 사회적 현안에 대하여 뜻을 같이 하는 시민단체가 연대하여 활동하는 것은 요망된다 하겠다.[44]
　시민단체의 목소리가 획일화하고 내부비판정신이 약화되는 것 또한 시민운동 진영이 경계해야 할 부분이다. …(시민사회단체연대회의가) 결국 느슨한 형태의 연대라는 형식의 절충안으로 봉합됐지만 여전히 시민운동권 안팎에서는 개혁에 대한 운동역량 결집에 대한 기대와 운동 획일화에 대한 우려가 엇갈리고 있다.[45]

시민단체는 자율성과 다양성을 전제로 활동하고 있는 집단이므로 그것이 획일화되고 천편일률적인 활동을 벌인다면 커다란 문제가 아닐 수 없나. 자율성과 다양성은 시민단체의 생명이다. 그렇게 되면 관변단체와 다를 것이 무엇이겠는가. 그러나 동시에 시민단체들이 힘을 합쳐 공동으로 해결하지 않으면 안 될 과제도 많다. 시민운동에 있어 연대성이라는 것은 가장 중요한 목표이자 수단의 하나이다. 개별단체들이 자신의 과제에만 몰두함으로써 운동 전체의 목표를 상실할 가능성이 있다. 뿐만 아니라 시민단체들은 자신들이 감시·견제하고자 하는 정부나 시장에 비하

44) 이석연, 앞의 책, 427쪽.
45) 『한국일보』 2001. 6. 11.

면 조직과 재정·영향력 면에서 턱없이 약하므로 힘을 합쳐 활동할 필요가 그만큼 높다. 그러므로 연대성과 네트워킹은 시민단체들의 가장 큰 덕목이자 강점이 아닐 수 없다.

앞의 두 비판적 견해는 2001년 2월 창립한 시민단체연대회의를 염두에 두고 있는 듯하다. 그러나 시민단체연대회의는 과연 운동의 획일화를 걱정해야 할 정도로 회원단체의 자율성과 다양성을 침해하고 있는 것일까? 전혀 반대이다. 시민단체연대회의는 느슨한 네트워크로서 개방적 가입·탈퇴와 다양한 의견의 수렴을 전제로 하고 있으며 동시에 그 속에 수용할 수 없는 네트워크는 별도의 네트워크를 만들어 그것을 지원하는 형태로 운영되고 있다.

280여 개의 시민단체들이 모여 구성한 시민단체연대회의는 오히려 조직과 활동이 너무 산만하여 제대로 일을 할 수 없는 구조이다. 사무국이 있고 상근간사가 4명 있으나 그 간사들은 몇 개의 큰 시민단체에서 월급을 받으며 파견된 사람들이다. 그러다 보니 체계적이고 효율적인 업무처리가 쉽지 않다. 의사결정은 5명의 상임공동대표와 4명의 공동운영위원장의 연석회의 또는 50여 개 단체로 구성된 운영위원회에서 이루어진다. 그러나 여기에서 의결되었다 할지라도, 이를 모든 회원단체가 공람하고 그 결의에 대하여 5개 단체 이상이 반대하면 실행될 수 없다. 이러다 보니 오히려 어떤 특정 사안에 대해 신속하고 기동력 있는 의사표명조차 쉽지 않은 형편이다. 지나치게 회원단체의 자발성과 다양성을 존중하다 보니 일을 못한다고 불평하는 회원단체가 적지 않다.

이 결과, 당초 우리 사회의 강력한 개혁엔진이고자 했던 연대회의는 실상 무력화되고 말았다. 성격과 지향이 서로 다른 단체들이 많이 참여함으로써 기동력과 행동력은 크게 떨어지고, 정치개혁·지방자치를 집중사업으로 설정하였지만 본격적인 캠페인 또한 큰 동력을 얻지 못하였다. 이런 한편으로, 연대회의는 시민사회활성화위원회를 두어 시민단체들이 공통적으로 당면하고 있는 간사교육, 전국활동가대회, NGO센터, NGO

정보센터, NGO포럼 등에 대한 구상과 그 현실화를 위해 노력하고 있다.

시민단체연대회의는 2001년 총선과정에서 낙선운동을 벌였던 총선연대를 주도한 시민단체들이 중심이 된 것이 사실이다. 전국적으로 900여 개가 넘는 시민단체들이 참여한 총선연대는 총선이 끝나면서 해산되었지만, 전국적으로 중앙과 지역의 시민단체들이 함께 이루어낸 커다란 성과에 비추어볼 때 어떠한 후속기구로 발전시켜 가야 한다는 인식이 널리 공유되었다. 이리하여 전국의 많은 단체들이 연대회의 깃발 아래 모였고 연대조직이 분산되지 않아야 한다는 충정에서 과거 시민단체협의회 소속의 단체들이 시민단체협의회를 해산하고 연대회의에 함께하기로 결단함으로써 하나의 연대조직이 되었다. 한국사회 최초의 시민운동 연대체로서 연대회의는 새로운 실험을 해나가고 있다.

제9비판: 친여적 집단?–홍위병인가

시민단체=친여단체?

거의 모든 시민단체가 관변단체화해 권력의 시녀가 되어가는 상황에서 인권과 법치주의의 마지막 보루이어야 할 대한변협마저 수수방관하는 것에 놀랐다.[46]

비판 및 감시 기능이야말로 시민단체의 기본적 존립근거. 불과 10여 년 짧은 기간에 오늘과 같은 시민단체의 융성이 가능했던 데는 초창기 그들의 날선 비판정신이 큰 몫을 해냈다. 하지만 요즘은 왠지 전 같지 않다는 지적이 많다. …지난 달 정국을 한바탕 뒤집었던 안동수 전 법무장관의 충성메모 파문. 여당 내에서조차 인사시스템을 문제삼고 나선 와중에서도 시민단체들 쪽의 분위기는 의외로 차분했다. 참여연대를 비롯한 몇 개 단체가 달랑 성명서 몇 장 낸 것이

---

46) 서석구 변호사의 인터뷰(『주간조선』 2000. 10. 5).

전부.[47)]

　시민단체와 권력과의 거리는 어느 정도가 적당한 것일까. 올해 초부터 언론개혁이라는 뜨거운 감자를 놓고 권력과 한목소리를 내고 있는 언개련, 민언련의 활동을 지켜보며 생긴 의문이다. 두 단체가 쏟아낸 성명과 논평은 국세청 세무조사가 시작된 지난 2월부터 20여 건에 이른다. 그 내용 대부분이 현정권의 현실인식과 거의 차이점이 없어 시민단체들 내부에서조차 권력과의 이익을 대변하는 것으로 비칠 수 있다는 우려가 제기되고 있다.[48)]

　이상과 같은 발언이나 주장 가운데 실제로 어떤 시민단체가 어떤 점에서 정부와 유착했다는 것인지 구체적 근거를 제시하고 있는 것은 없다. 막연하게 "관변단체화해 간다"거나 "요즘은 왠지 전 같지 않다"는 등의 근거이다. "안동수 전 법무장관의 충성메모"의 경우 그가 몇 시간 만에 사임해 버렸는데 무얼 더 추궁하라는 것인지 납득하기 어렵다. 언개련·민언련의 활동을 비판하고 있는 『주간조선』의 경우 이들 단체들이 조선일보를 반대하는 운동을 해왔기 때문에 그런 비판은 설득력을 잃을 뿐 아니라, "(언개련·민언련 등의 성명내용이) 현정권의 현실인식과 거의 차이점이 없다"는 것도 사실과 다르다. 이들 언론단체는 이미 오래 전부터 그런 주장을 해왔고 그 가운데 아주 일부 내용만 정부가 받아들여 세무조사를 벌인 것에 불과하기 때문이다. 이와 같이 시민단체들을 친여단체로 모는 것은 전혀 근거가 없거나 혹은 박약한 것임을 알 수 있다.
　특히 소설가 이문열의 주장은 매우 극단적이다. 스스로 아무런 근거도 없다면서 시민단체를 홍위병으로 모는 주장을 계속하고 있기 때문이다.

　총선시민연대와 그들이 호소하는 선거혁명을 두고 홍위병과 문화혁명을 떠올리는 것은 온당치 못한 일이 될는지 모른다. …또 끊임없이 나도는 음모설에도

---

47) 『한국일보』 2001. 6. 11.
48) 『주간조선』 2001. 7. 26.

불구하고 현재까지는 정부나 여당이 총선연대의 조직과 활동에 개입했다는 뚜렷한 증거는 나오지 않았을 뿐더러 시민단체의 선의를 의심할 근거도 없다. …그런데도 총선연대 시민단체의 활동을 보면 자꾸 홍위병을 떠올리게 되는 것은 무슨 까닭일까….[49]

재정지원=친여단체?

최근 한나라당은 끊임없이 시민단체를 정부와의 유착설 또는 친정부세력으로 몰아왔다. 낙선운동 당시는 낙선운동에 참여하고 있는 시민단체를 정부와 유착되어 있다고 주장하더니 최근에는 언론개혁과 관련하여 언론개혁을 주도하고 있는 일부 시민단체들을 역시 친정부세력으로 몰았다. 그 근거는 이들 시민단체들이 정부로부터 재정지원을 받고 있다는 사실이다. 한나라당은 낙선운동 당시에도 주로 정부의 시민단체 재정지원을 근거로 유착설을 제기하였고, 최근 언론단체에 대해서도 "언론개혁을 지지하고 있는 시민사회단체연대회의에 참여한 21개 대표 중 14개 단체들이 금년도에 행자부로부터 지원금액이 8억 6천만 원이고 그외 다른 부처에서도 상당수 지원받고 있는 것으로 확인되었다. 이들 단체를 이끌고 있는 언개련, 민언련은 정부의 지원금을 받고 있는 단체로 이들 단체는 7월초 금년도 지원금을 반납했으나 이마저도 현재의 언론사태를 주도하기 위한 정지작업인 것으로 판단된다"고 주장하였다.[50]

그러나 이러한 정부지원이 반드시 정부와의 유착을 증명하는 것은 물론 아니다. 시민단체에 대한 정부지원은 이미 한나라당(당시 민자당) 집권시절 시작되었고[51] 행자부의 지원 역시 한나라당이 국회에서 동의한 예

---

49) 『중앙일보』 시론, 2000. 2. 8.
50) 한나라당 언론자유수호비상대책위원회 기자회견문, 2001. 7. 26.
51) 공보처가 '민주공동체실천사업'이라는 이름으로 민간단체를 지원하기 시작한 것은 한나라당(당시 민자당)이 집권하고 있던 1994년부터였다. 또한 1994년 3월 10일 당시 국무총리였던 한나라당 이회창 총재는 새마을운동중앙협의회 등 3개 관변단체들에 대한 정부지원을 중단할 것을 언급하면서 "민간단체육성지원법과 같은 법을 제정해 공평하게

산에서 지출되고 있는 것이다. 더구나 민간단체에 대한 정부지원은 관변단체에 대한 정부보조금과 명백히 다르다. 과거 새마을운동중앙협의회 등 관변단체에 대해서는 '새마을운동조직육성법' 등 관련법에 의거하여 사무실운영비·인건비 등 경상비까지 포함된 정부보조금이 지급되었지만, 공보처와 행자부에서 주관한 민간단체 지원사업은 시민단체들을 상대로 프로젝트를 공모하여 민간심사위원회에서 심의·선정된 프로젝트에 대한 사업비만 지원하도록 되어 있다.[52]

시민단체는 초정파적으로 공익을 대표하고 실현하기 위해 노력하는 존재이다. 그러다 보면 그 주장이 때로는 야당의 주장에 부합되기도 하고 여당에 부합되기도 한다.

한나라당과 시민단체가 밀월관계를 유지하고 있다. 양측을 이어준 끈은 파업유도사건 여당단독 국정조사 반대와 4대의혹사건 진상조사를 위한 특별검사제 도입 등이다. …그러나 한나라당과 시민단체가 언제까지 공동보조를 취할지는 미지수다. 현재의 밀월관계는 정치·사회적 상황이 빚어낸 한시적 정책연대의 성격이 강하다. 시민단체가 정부여당을 반개혁세력으로 규정하고 투쟁을 벌이면서 한나라당과 '적의 적은 동지'라는 관계를 만들어낸 것에 불과하다. 권의원은 시민단체는 여전히 한나라당을 개혁적이라고 보지 않고 있어 고민이라고 말했다.[53]

한나라당의 주요 당직자가 인정하고 있듯이 시민단체는 어떤 특정 정당을 지속적이고 전면적으로 지지하거나 반대하는 것이 아니라 그 주장과 정책이 얼마나 공익에 부합하고 개혁적인지에 따라 주장별·정책별

지원해야 할 것으로 생각한다"고 밝힌 바 있으며 94년 11월 21일 민자당은 백남치 의원 외 22명 의원 명의로 국회에 민간운동지원에관한법률안을 제출한 바 있다.
52) 다만 1999년 12월 16일에 통과된 '비영리민간단체지원법'에서는 "국가 또는 지방자치단체가 지원하는 공익사업의 소요경비의 범위는 사업비를 원칙으로 하고 사업비에 총액의 100분의 15를 초과하지 않는 범위의 운영비를 포함"토록 조항을 신설하고 있다.
53) 『국민일보』 1999. 6. 14.

지지와 반대를 표명한다.[54] 결국 앞의 인용문은 시민단체를 일반적으로 친여적이다, 친야적이다라고 말하기 어려운 점을 증명해 주는 대목인 것이다.

재정지원을 잣대로 친정부 운운하는 것은 외국이나 정당의 경우를 보더라도 부당하다는 것을 쉽게 알 수 있다. 재정지원에 전적으로 의존하는 독일의 시민단체들은 모두 어용인가? 정부지원을 받아들이는 것을 당연히 생각하는 미국과 영국의 시민단체들은 모두 홍위병인가? 우편적금 이자를 기금으로 하여 지원받는 일본의 국제협력NGO들은 모두 친정부적인가? 한 해 거의 1천억 원 규모의 정당보조금을 정부예산에서 지원받는 한나라당과 자민련은 정부의 홍위병인가?

물론 정부를 감시하고 모니터하는 시민단체가 정부지원을 안 받는 것은 오해를 피하는 길이다. 참여연대가 정부지원을 안 받는 이유가 여기에 있다. 그러나 정부지원을 받는다는 것이 곧바로 정부의 의견이나 대변하고 정부와 한편에 서게 된다는 것은 지나친 비약이다. 더구나 엄밀하게 보면 시민단체가 정부로부터 재정지원을 받는다기보다는 정부의 프로젝트를 받아 그것을 수행하고 그 비용을 받는 것이라고 보아야 한다는 견해도 있다. 즉 정부로부터 받은 비용의 대부분은 프로젝트 수행과정에 사용하고 극히 일부만 시민단체에 사용하게 된다. 물론 시민단체의 행사나 사업에 필요한 경비를 지원하는 일도 있지만 그런 경우는 별로 많지 않다. 따라서 이를 재정지원이라거나 보조금이라고 표현하는 것은 잘못되었다는 것이다.[55]

---

54) 여론에 촉각을 세우기 마련인 정치권은 여론의 형성에 영향을 미치는 시민단체의 지지를 얻기 위해 노력하곤 했다. 다음과 같은 기사가 그러한 현상을 반영하고 있다. "조폐공사 파업유도 의혹사건 등과 관련한 국정조사와 특검제 도입 여부 등을 놓고 입장 차를 좁히지 못하고 있는 정치권이 경쟁적으로 시민단체 등에 대한 설득작업에 나섰다. 시민단체들의 공감을 얻을 경우, 정국현안에 대한 여론 선점으로 입지를 더 넓힐 수 있다는 판단에서다."(『한겨레신문』 1999. 6. 19)

55) 손혁재, 「한국의 정치, 정당, NGO」, 『NGO가이드』, 한겨레신문사, 2001, 186쪽.

개혁주장=친정부?

시민단체와 정부가 주장을 같이한다는 이유만으로 친정부적이라고 말하는 것은 논리의 비약이다. 현정부의 등장 이전에 시민단체들은 줄곧 여러 영역에 걸쳐 개혁을 주장해 왔고 동시에 정부의 개혁정책의 부진이나 미진에 대해 비판해 왔다. 그런데 정부가 그 주장의 일부를 받아들였다고 해서 그 시민단체들이 친정부적으로 변할 수는 없는 것이다. 더구나 정부여당이 일부 정책을 받아들였다고 하더라도 나머지 부분에 대해서는 여전히 시민단체들로부터 끊임없이 비판받아 온 점을 비추어보면, 이러한 이유로 시민단체들을 친정부라고 모는 것은 억지주장일 수밖에 없다.

제10비판: 언론플레이에 의존하는 시민운동?

시민단체들은 교육프로그램, 신문 및 잡지 발행, 토론회 등을 주요 행동수단으로 활용하고 있다. 집회, 시위, 성명서, 서명도 중요한 수단이지만 민중운동과 비교할 때 양적 비중이 다소 떨어진다. 규모가 비교적 큰 시민단체는 성명서 발표나 서명을 포함하여 매스미디어를 적극 활용하는 전략을 중시해 왔는데 상층 핵심부를 중심으로 아이디어를 제시하고 언론을 통해 이를 여론화하는 것이 핵심 전략의 하나로 자리잡아 왔다.[56]

시민단체가 언론을 활용한다는 것은 당연하고 소망스러운 일이다. 시민단체의 임무는 일정한 의제에 관하여 여론을 형성하거나 기존의 여론을 행정이나 정책결정에 반영하도록 압력을 가하는 일이다. 자연히 그 입장이나 활동을 널리 국민에게 알리는 일이 중요하다. 홍보와 전달은

---

56) 김호기, 앞의 글, 80쪽.

시민단체의 사활적 관건이다. 그것을 나쁘게 볼 이유가 없다. 다만 실제로 사업은 제대로 하지 않으면서 언론에 나는 것만 관심을 가지는 태도는 문제이다. 그러나 이 경우 어느 언론이 그 같은 겉치레 사업을 제대로 보도해 주겠는가. 더구나 어느 시민단체가 기자들과 로비하고 촌지 주며 홍보를 하겠는가. 기자들에게 진정으로 그 사업이 중요하고 또한 보도될 가치가 있다고 설득하는 것은 내실 있고 참신성을 갖는 사업을 추진할 때만 가능한 일이다.

실제로는 시민단체의 홍보 내지 언론활용의 수준과 방법은 초보적이고 원시적이다. NGO를 출입하거나 담당하는 현역기자들의 일치된 의견이다. 어느 시민단체 치고 대변인이나 홍보담당 한 사람 제대로 배치한 데가 없으니, 실로 당연한 말이다. 그만큼 여력이 못 미치는 것이다. 이런 점에서 보면 시민운동이 언론플레이에 의존한다는 비판도 타당하지 않다.

시민단체들 가운데도 이름이 널리 알려진 큰 단체들의 경우에는 그나마 언론이 관심을 가져주지만 대다수의 작은 단체들의 경우 주목을 받기가 어렵다. 더구나 여러 단체들이 힘을 합치는 연대사업의 경우, 큰 단체 이름만 앞세우고 나머지 단체들은 이른바 '~등 단체'로 되기 일쑤이다. 이것은 큰 단체들의 노력과 언론의 협조에 의해 해결해야 할 문제이다.

게다가 시민단체에 관한 기사는 여전히 가뭄에 콩 나듯 한다. 많은 사업 중에 제대로 기사로 다루어지는 것은 극히 드물다. 언론들이 이러한 시민단체의 욕구를 충분히 소화·전달해 주지 않기 때문에 어려운 여건 하에서도 자체 신문이나 잡지를 발행하고 인터넷 홈페이지를 제작·운영하고 있다. 이른바 대안매체에 관심이 많은 것이다.

제11비판: 정치지향의 시민운동

저항을 계속하고 있지만 저항이 또 다른 저항을 양산해 내고, 확대재생산하고, 그러나 권력관계는 그대로 유지하고 양상만 달리할 뿐인 것이다. 보다 그 저항을 조직적으로 하는 NGO그룹이 형성되고 있지만 백성들의 생활세계는 그와 무관하다. …백성들의 생활세계는 사회역사적 변증관계에서 정말 방치되어도 좋은가?[57]

시민단체들이 너무 정치적이어서 시민생활은 돌보지 않는다는 것이다. 그러나 이러한 견해가 가지는 자기모순은 심각하다. 정치는 생활이 아닌가? 오히려 국민들의 생활에 가장 큰 영향을 미치는 것이 정치 아닌가? 예를 들어 참여연대는 상가임대차보호법, 이자제한법, 증권집단소송법 등 수십 개의 법률제정운동을 벌이고 있다. 현재 400만 명의 영세한 임차 상인들이 불안한 지위 때문에 언제 길바닥으로 쫓겨날지 모르는 삶을 영위하고 있고 이 땅의 대다수 서민들은 넘쳐나는 금융여신에도 불구하고 고리의 사채를 쓰며 해결사의 갖은 압박에 시달리고 있다. 이것이 어찌 "백성들의 생활세계와는 무관"한 것인가? 우리나라의 경우 주가조작이나 내부자거래로 증권회사나 재벌기업이 제재받는 경우가 많다. 이로 인한 소액투자자의 피해나 불량제품으로 인한 소비자들의 피해는 집단소송법에 의해 쉽게 구제받을 수 있다. 이것이 어찌 시민생활과 거리가 먼 것인가?

그뿐 아니다. 시민단체들이 이미 다양한 영역에 걸쳐 활동하고 있음을 이해할 필요가 있다. 이미 우리 사회에서 활동을 벌이고 있는 시민단체의 주된 관심영역과 활동방향은 매우 다양한 모습을 보이고 있다. 정치적 사안을 다루거나 정치적 성향을 보이는 단체도 있지만, 국민의 생활 깊숙이 들어가 있거나 삶의 질 향상을 위한 사회복지관련 단체가 더 많

---

57) 「시민운동·사회운동을 생각한다」, 『세상 만들기』 2000년 7월호, 76쪽.

은 실정이다. 단지 이른바 정책 견인과 감시 역할을 하는 애드보커시 (Advocacy) 단체들의 목소리가 좀더 크게 들리고 있기 때문에 그러한 활동만이 시민단체의 활동인 것처럼 오해하고 있는 것이다.

제12비판: 명망가·전문가 중심의 시민운동

한국의 시민운동은 지나치게 명망가 중심이라는 비판이 있다. 한 단체가 지도자 한 사람을 중심으로 활동하고 있거나 몇몇 명망가가 장기집권하면서 시민운동의 얼굴 노릇을 하고 있다는 지적이다.

현재 우리나라 시민운동은 몇몇 명망가나 '스타플레이어'들에게 상당 부분 좌지우지되고 그래서 자주 '시민 없는 시민단체' '그들만의 운동'이라는 등의 비판을 듣게 되는 이유이다. 정작 시민이 배제된 채 지휘자의 개인기에 지나치게 의존하는 시민운동은 당연히 그 방향성과 정책결정과정, 주장의 공공성 등에 대한 신뢰도를 담보하기 어렵다.[58]

시민운동은 특정 몇몇 소수에 의해서라기보다는 다수 활동가와 일반시민들의 참여에 의해 움직여지는 것이 바람직하다. 따라서 명망가 중심의 운동에 대한 비판은 적절하다. 그러나 이러한 비판을 주도하는 언론 스스로를 돌아보면 이 지적 또한 얼마나 적절치 못한지 금방 알 수 있다. 기자들은 언제나 그 조직의 책임자와 인터뷰하기를 원하지, 실제 특정 사안을 추진한 실무자와 인터뷰하기를 꺼린다. 특히 비중 있는 프로그램이나 기사일수록 이런 경향이 더 심하다. 그러다 보니 불가피하게 소수의 조직책임자가 인터뷰에 응하게 되고 그 사람들이 명망가가 되며 그들에 의해 그 조직이 좌지우지되는 것처럼 보인다. 이처럼 명망가는 언론에

---

58) 『한국일보』 2001. 6. 11.

의해 만들어지는 것이다.

게다가 행정기관이나 기업조직과 달리 시민단체의 운영을 책임진다는 것은 대체로 고통스러운 일이다. 시민단체는 비영리단체이기 때문에 수익이 나는 집단이 아니다. 따라서 회원을 확대하고 기부금을 모금해야 하며 동시에 간사들의 월급과 최소한의 복지를 책임져야 하지만, 시민단체가 아무데나 손을 벌리거나 부당한 요구를 하기는 어렵다. 도덕성과 원칙을 유지하며 모금도 하고 단체를 끌어가기란 쉬운 일이 아니다. 그러다 보니 시민단체에 유능한 중견간부나 지도자들이 남아 있기 힘들고, 결국 자연스런 승계와 순환이 어려워진다.

맺음말: 성찰과 반성으로 시민사회의 성장과 성숙을

2000년 시민운동은 과거 어느 때보다 화려한 승리와 외형적 팽창을 경험하였다. 모든 것이 갖추어져 있더라도 전심전력을 다하지 않고서는 어떤 완전한 성공을 이룬다는 것이 거의 불가능한 상황 속에서 시민운동은 승리했고 성장했다. 이러한 성과는 그 자체로 하나의 성공이며 우리 사회변화의 귀중한 모델이라는 점에서 높이 평가받을 수 있다. 그럼에도 한 번의 성공으로 끝나는 것이 아니라 성공의 꼬리를 물고 계속 다음의 성공으로 성장해야 한다는 것이 시민운동의 조건이라는 점을 감안하면 변화에 적응할 수 있는 태도와 자세를 항상 잊지 말아야 할 것이다.[59]

2000년의 낙선운동 하나만이 아니라 시민운동의 전반적인 성장과 역할은 누구도 부인하기 어렵다. 그 동안 시민운동은 국민들의 권익을 옹호하고 사회 · 경제 정의를 실현하는 데 큰 역할을 다해 왔고 그에 따른 국민들의 신뢰와 지지도 높은 편이다. 그러나 동시에 시민운동의 영향력이

---

59) 차성수, 「시민운동의 반성과 과제」, 『세상 만들기』 2000년 7월호, 66~67쪽.

증대되면서 이에 대한 비판도 꾸준히 제기되어 왔다. 시민운동은 이러한 비판을 겸허하게 수용하고 이를 자양분으로 삼아 자신의 활동을 반추함으로써 더욱 성장하고 확산되어 갈 것이다.

그러나 이러한 비판 가운데 선의의 비판이라기보다는 시민운동을 일부러 폄하고 왜곡하려는 불순한 의도가 있는 것도 사실이다. 앞에서 살펴본 견해들이 대체로 그런 부류에 속한다. 더구나 그러한 비판을 제기하는 사람들의 성향이 대부분 과거 권위주의 입장 또는 기득권 중심의 수구적인 것임을 알 수 있다. 자신이 속한 특정 계층이나 세력의 이익을 옹호하는 입장에서 비롯된 견해도 있다. 이들이 사회공익에 복무하는 시민운동에 호의적일 수 없거니와, 변화와 혁신을 주장하는 시민단체들이 미울 수밖에 없다. 또 이들의 주장은 사실에 근거하고 있지 못하며 작은 사실을 침소봉대하여 전체로 확대하거나 한 단체의 일을 모든 시민단체의 문제로 비화시키고 있다.

어느 누군가가 시민운동을 비판하는 주장을 하면 꼭 같은 내용의 비판이 지속적이고 반복적으로 이루어진다. 더구나 그 주장의 진위나 타당성을 제대로 검증도 하지 않은 채 마치 그것이 진실이고 타당한 것인 양 그대로 인용하거나 자신의 주장으로 되풀이한다. 최초의 주장 또는 남의 주장이 그대로 객관적인 하나의 근거가 되어버리는 것이다. 특히 시민운동 내부에서 어떤 활동가나 지도자가 한 자기비판은 시민운동을 비판적으로 바라보아 온 사람과 세력에게 더할 나위 없는 호재가 되어 자신의 평소 비판의 주장을 뒷받침하는 결정적 자료로 활용되어 왔다.

문제는 이러한 주장이 지속적이고 반복적이다 보면 어느새 일반국민들 역시 그것이 진실인 것으로 믿어버린다는 점이다. '홍위병'이라는 논란은 사실 아무런 근거 없이 진행되었고 끝내 근거가 나오지 않은 상태에서 끝났다. 그러나 언론에 수없이 그런 논쟁이 소개됨으로써 그 진위나 사실에 관계없이, 상황을 잘 모르는 일반국민들에게 모든 시민단체가 홍위병이라는 믿음을 심어주었다. 엄청난 명예손상이 아닐 수 없다.

이러한 비판에도 불구하고 한국 시민운동의 주류는 지극히 건강하고 도덕적이다. 시민운동에 매진하는 수많은 활동가들은 과거 70년대 이후부터 오늘에 이르기까지 파행적이고 권위주의적인 정치권력과 사회의 불의에 맞서싸운 학생운동과 사회운동의 전통을 이어받아 일신의 안일을 희생하며 공동체의 이익을 위해 헌신하고 있다. 이들은 우리 사회에 형식적·절차적 민주주의가 정착되어 나가면서 전국 방방곡곡에서 시민사회를 확산시키기 위해 안간힘을 다하고 있다.

그럼에도 이러한 비판을 결코 무시하거나 건성으로 들어서는 안 된다. 시민운동에 대한 이상과 같은 비판은 부분적이나마 시민운동의 현실을 포착한 것임에 틀림이 없으며 활동가들은 그것을 새로운 성찰과 반성, 그리고 다짐과 결의의 기회로 삼아야 할 것이다. 그럼으로써 시대의 고민과 진운을 보다 더 잘 읽고 보다 더 높은 실천력으로 대중의 바다로 나아가야 한다.

시민운동은 한국사회에서 여전히 초창기에 있다. 지금은 부족하고 한계가 명백하다. 아직 갈 길이 멀다. 시민운동에 대한 반동과 역류 현상에도 불구하고 시민운동에 대한 시대적 요구는 광범하고도 강력한 것이다. 이러한 요청이 있는 한 시민운동의 대세는 누구도 거스를 수 없는 흐름이 되어 미래사회를 향해 도도히 흘러갈 것이다.

제3장 호랑이등에 타다
―다시 보는 낙선운동

유권자혁명, 그 드라마 93일

2000 낙선운동 시종기

아름다운 밤

짧고도 긴 싸움을 마치고 우리는 이 자리에 모였습니다. 오늘밤 손에 손에 촛불을 밝혀든 우리 모두의 가슴에는 정치개혁을 향한 작은 소망의 불꽃이 타오르고 있습니다. 이제 모든 공은 이 운동을 실질적으로 이끌었던 우리 국민에게 다시 넘어갔습니다. 이제 우리 유권자들이 객석에서 무대로 올라갈 때입니다. 우리의 희망찬 미래가 펼쳐지는 순간입니다. 아름다운 밤입니다. 목련꽃이 더욱 화려하게 빛나는 4월의 밤입니다.[1]

지난 4월 12일 16대국회의원선거를 하루 앞둔 긴장의 순간 총선시민연대의 마지막 촛불집회가 명동성당에서 열리고 있었다. 이날 "총선전야, 유권자들에게 보내는 글"을 통해 총선시민연대 지도부는 정치의 방관자, 역사의 소외자로 머물러왔던 유권자들이 자신의 주권을 회복할 것을 촉구하고 있었다. 자못 엄숙하고 숙연한 분위기였다. 그것은 바로 총선 전

---

1) 총선시민연대지도부, "총선전야, 유권자들에게 보내는 글".

야이자, 폭풍 전야이기도 하였다.

4월 13일 밤새 안국동 총선시민연대 사무실은 완전히 축제분위기로 뒤덮였다. 전체 낙선대상자 86명 가운데 전국적으로 70%, 수도권에서 95%가 낙선되었다. 집중낙선지역 대상자 역시 수도권에서는 거의 100% 낙선되었다. 특히 집중낙선 대상지역은 해당 후보자가 강세이거나 우세경합지역만 골라낸 것이어서 낙선운동의 효과는 가히 파괴적이라고 해도 지나치지 않았다. 지난 4월 3일 총선시민연대가 발표한 낙선대상자 리스트는 말 그대로 살생부가 되었다. 언론들은 이번 선거의 최고 승자는 바로 총선연대라고 보도하고 있었다. 부패하고 무능한 정치인들에 대한 유권자들의 심판이었고 뺏겼던 주권을 회복하는 순간이었다. 아름다운 밤이었다.

폭풍처럼 온 낙선운동

따지고 보면 그것은 한 편의 드라마였다. 지난 1월 12일 총선시민연대 발족과 낙선운동선언을 시작으로 선거법개정, 1·2차 공천반대자명단 발표, 공천철회운동, 지역감정척결운동, 유권자약속운동, 투표참가운동 그리고 지난 4월 13일 총선으로 이어지는 총선시민연대 93일간은 가히 숨가쁘게 달려온 유권자혁명의 대장정이었다.

낙선운동을 제의하자마자 전국의 풀뿌리시민단체들이 속속 참여를 요청해 왔다. 처음 412개 단체로 시작된 총선시민연대는 어느새 859개 단체로 불어나 있었다. 명색이 시민단체라고 이름을 내건 단체는 모두 들어와 있다고 해도 과언이 아니었다. 심지어 양돈협회, 양계협회 등도 들어와 있었다. 이익단체들은 물론 나중에 심사 끝에 제외되었다. 불교·기독교·천주교에서도 총선연대가 꾸려졌다. 종교단체들의 가세는 이 운동을 도덕적으로 뒷받침해 주었다.

무엇보다도 YMCA의 참여가 결정적이었다. 전국에 걸쳐 20만 명의 회원을 거느린 YMCA의 참여는 그 규모에서도 그렇거니와 전국성을 확보하는 상징적인 사건이었다. 뿐만 아니라 처음에는 민주노총조차 참여를 제의해 왔다. 그러나 특정 후보를 지지하거나 당선운동을 하지 않는다는 총선연대의 원칙 면에서 문제가 생겼다. 민주노총은 공식적으로 민주노동당을 지지할 뿐 아니라 후보를 내고 있었기 때문이다.

낙천·낙선운동의 선언 자체가 국민과 언론의 폭발적인 관심을 촉발하였다. 대한민국 역사상 듣도 보도 못한 새로운 유권자운동이었다. 부패하고 무능한 정치권에 대해 절망하고 있었던 국민들은 이 운동의 시작에 환호하였다. 수많은 여론조사가 80~90%의 국민의 지지를 알리고 있었다. 낙선운동은 그렇게 폭풍처럼 왔다.

피말리는 심사작업

곧바로 심사작업이 시작되었다. 무엇보다 먼저 기준을 선정했다. 7개의 기준이 제시되었다. 부패행위, 선거법위반행위, 민주헌정질서 파괴 및 반인권 전력, 의정활동의 성실성, 법안 및 정책에 대한 태도, 정치인의 기본 자질을 의심할 만한 반의회적·반유권자적 행위, 기타 기초공개사항(병역·재산등록 등)이 바로 그것이었다.

정치인들에 대한 조사팀은 사실상 총선시민연대가 공식 출범하기도 전인 1999년 12월부터 이미 가동되고 있었다. 이들은 불면의 밤을 한 달이상 지속하고 있었다. 결코 이 작업실에 불이 꺼진 적은 없었다. 만의하나 실수를 없애기 위해 피말리는 작업이 계속되었다. 이들은 15대국회속기록, 국회출석기록, 법안발의 현황자료, 상임위 변경자료, 재산공개자료, 공약사항기록, 1999년도 국감시민연대모니터 결과보고서, 각 상임위별 국감요구자료를 포함하여 일간지 신문기사, 주요 월간지, 각종 단행본,

법률문헌 등을 후보별로 샅샅이 검색하고 분류하고 정리하였다. 총선시민연대에 참여한 단체들이 개별적으로 축적해 온 의정활동 모니터보고서가 참고된 것은 물론이었다.

더군다나 낙천·낙선리스트 작성사실이 알려지고 총선연대에서 모든 국회의원들에게 소명자료 제출을 요구하자, 있는 사실 없는 사실 모두를 총선연대에 알려오기 시작했다. 스스로 소명해 온 자료가 131명 171건, 각종 단체나 개인들이 제보해 온 자료가 120건에 이르렀다. 구린 의원들이 스스로 자신의 비리를 해명해 와 오히려 비리사실을 알게 된 경우도 있었고, 상대방의 비리를 제공하는 의원들도 다수 있었다. 읍소형, 항변형, 부인형 그리고 막무가내형 온갖 종류의 인간군상의 모습을 알 수 있었다. 한심한 일이었다.

필자의 사무실과 집과 휴대폰으로도 해당 의원들이 직·간접적으로 아는 사람들을 통해 해명을 전해 오는 경우도 적지 않았다. 수십 통의 전화와 수십 회의 방문을 받았다. 이들은 총선시민연대의 낙천·낙선대상자들의 선정이 결코 한두 명이 아니라 수백 명의 사람들과 수십 차례의 토론과 회의를 통해 결정된다는 사실을 미처 모르고 있는 듯했다.

정말 그랬다. 어느 누구도 낙천·낙선대상자들의 선정에 결정적인 영향력을 행사할 수 없었다. 집행위원회, 정책자문단, 변호인단, 상임대표자회의, 상임대표-집행위원장단 연석회의, 유권자100인위원회 등등 수많은 회의와 사람들의 참여 아래 모든 명단이 검토되고 결정되고 있었다. 적어도 이 명단작성에 관여한 사람이 500명은 족히 넘었으리라. 어떻게 한두 사람이 좌지우지할 수 있겠는가. 그것은 결단코 밀실작업 끝에 보스 한 사람이 결정하고 마는 정당과는 다른 절차였다.

역사적 이벤트: 공천반대자리스트 발표장

2000년 1월 24일 프레스센터 20층 국제회의장. 그곳을 들어선 사람들은 모두가 놀랐을 것이다. 일찍이 그토록 많은 카메라를 본 적이 없었다. 수백 대의 카메라가 몇 겹으로 초점을 맞추고 있었다. 사람들은 쑤군거렸다. 대통령취임식에서조차 저렇게 많은 카메라는 동원되지 않았을 것이라고. 그 모든 장면이 KBS, MBC, SBS, YTN 등 주요 방송사에 의해 중계되었다. 길게 늘어선 발표자들의 사진은 그 자체가 하나의 역사가 되었다. 어떤 학자는 몇 년 지나면 그 사진이 민주주의를 가르치는 중·고교 사회교과서에 분명히 실릴 것이라고 단언하였다.

발표에 동원된 사람은 단지 총선연대의 대표자만이 아니었다. 전국에서 모인 유권자100인위원회의 100인이 이 발표에 참여하였다. 갤럽의 전국유권자구성비조사에 따라 성·연령·직업·지역별로 전국에 걸쳐 모집된 100인유권자위원회 위원들이 이 역사적 순간을 함께하고 있었다. 100인 가운데 선출된 대표 한 분이 "정치권과 국민들께 드리는 호소문"을 읽었다.

역사는 스스로 창조하는 사람의 몫이라고 합니다. 오늘 우리는 50여 년 질곡의 한국정치에서 진정 새로운 역사를 창조하기 위해 떨리는 마음으로 이 자리에 섰습니다. 그것은 바로 국민이 주인 되는 정치, 시민이 주체가 되는 정치를 만드는 것입니다. …희망은 하늘에서 떨어지는 것이 아닙니다. 우리 스스로 만들어가야 합니다. 이 개혁과 변화의 한가운데 국민 여러분과 저희들이 바로 함께 있습니다.

사실 이들은 그 장소에만 입회한 것이 아니라, 그 전날 성공회대성당 옆의 성가수녀회에서 집행부와 함께 공천반대자리스트 선정과정에 직접 참여하였다. 이들은 실무자들이 작성하고 집행부가 수십 차례 회의를 통해 가닥을 잡은 명단을 제시받고 의견을 말하고 토론을 벌이고 더 나아가 표결까지 하였다. 김상현 의원 역시 민주화운동에의 기여와 공로가 있다는 주장 때문에 논란이 있었다. 정몽준 의원의 포함 여부를 둘러싸고 찬반양론이 가장 팽팽하였으나 표결 끝에 포함되었다. 결석률 82.46%와 법안발의 건수 1건이라는 저조한 의정활동은 도저히 국회의원으로서 자질이 없다는 주장과 그래도 월드컵유치 등 국가적 공로가 있는데다 국민적 인기가 있는 정치인을 내칠 수 없다는 주장이 팽팽했던 것이다.

성가수녀회는 그날 오후 입소 때부터 그 다음날 아침 퇴소시까지 내내 긴장감이 감돌았다. 일일이 명단을 대조하고 신분을 확인하고서야 들어갈 수 있었다. 일단 들어간 사람들은 모두 휴대폰을 맡겨야 했고 외부와의 통화는 차단당했다. 심사중에는 필기도구까지 압수되었다. 기자들의 경우 잠시 스케치가 허용되었고 그 역사적 드라마를 녹화하려던 KBS 추적60분팀 역시 그 다음날 아침 기자회견을 마치고서야 풀려났다.

당혹 · 경악 · 분노 · 항변 · 아우성의 정치권

이렇게 해서 발표된 공천반대인사는 모두 67명이었다. 한나라당 30명, 민주당 16명, 자민련 16명, 무소속 5명이었다. 거의 반수에 해당하는 33명이 3선 이상이었다. 권노갑, 권정달, 김기춘, 김명윤, 김상현, 김수환, 김용환, 김윤환, 김종필, 박상천, 박준규, 오세응, 이중재, 황낙주 의원 등 원로중진의원들이 대거 포함되었다. 의도한 것은 아니었지만 다선의원들이 대거 포함된 것은 이들이 오랜 정치활동을 하면서 그만큼 7가지 기준 어느 하나에든 걸릴 가능성이 높을 수밖에 없었기 때문이다. 결국 총선연대의 낙선운동은 물갈이의 효과를 가져올 수밖에 없었다. 그것은 새로운 정치를 열망하는 국민의 요구와도 맞아떨어지는 것이었다.

당연히 아우성이었다. 정치권의 벌집을 쑤셔놓은 결과였다. 청와대와 민주당은 "총선연대가 명단을 발표한 충정은 이해하지만 그 혐의에 대해서는 객관적 검증절차를 거쳐야 한다"는 입장이었고 한나라당은 "마녀사냥식 명단발표의 공정성에 대한 의혹을 제기하지 않을 수 없다"고 성토했고 특히 당지도부가 대폭 포함된 자민련은 "공천반대자명단 발표는 민주법치국가의 법질서를 근본적으로 파괴하는 위험천만한 혁명적 작태"라고 흥분했다.

김대중 대통령은 총선시민연대의 명단에 대해 "정치권이 국민의 신망을 잃어 국민이 시민단체들을 지지하는 결과가 되었다"고 긍정적으로 평가했다. 그러나 이러한 언급은 총선시민연대를 마치 여권에 유리한 활동을 하는 단체로 오해하게 만들었다. 국민의 절대적 지지를 받고 있는 총선시민연대를 지지함으로써 입지를 강화하려는 정치적 의도임이 분명하였지만, 총선시민연대는 그것 때문에 불필요한 오해를 사게 됨으로써 어려운 지경에 빠지기도 했다. 더구나 김대통령의 이런 언명에도 불구하고, 실상 총선시민연대의 명단이 공천에 반영된 것은 오히려 한나라당보다 못했다. 결국 민주당의 이 같은 공천은 민주당의 텃밭인 호남에서 무소속이 대거 당선되는 것으로 심판을 받았다.

한편 겉으로의 비판적인 입장에도 불구하고 한나라당은 오히려 이 리스트를 유용하게 사용할 생각을 하고 있었음을 나중에 알 수 있었다. 이 리스트를 활용하여 골치 아픈 영남권의 중진들을 모조리 목잘랐던 것이다. 한나라당에서 탈락된 공천반대자들이 나중에 민국당을 창당하지만 영남 유권자들의 지지를 받지 못함으로써 이회창 총재의 리더십이 더욱 확고해져, 결국 이회창 총재의 한나라당이 총선시민연대의 최대 수혜자가 된 셈이었다.

시련의 낙선운동

그러나 무엇보다 가장 강력하게 반발하고 나선 것은 물론 자민련이었다. 명예총재인 김종필 전 총리가 포함되었는데 오죽하겠는가. 사실 김종필 전 총리의 포함은 너무 쉽게 결정이 되었다. 실무진이나 집행부나 100인유권자위원회 그 어느 심사단계에서도 김 전 총리의 포함 여부를 반대하는 사람은 거의 없었다. 7가지 기준 가운데 하나 둘도 아니고 여러 군데에 걸릴 수밖에 없었다. 5·16쿠데타로 민주헌정질서 파괴, 멀리 거슬러 올라가 공화당창당을 위한 4대의혹사건과 80년 당시 부정축재혐의, 지역감정조장 발언 등은 단순히 기준으로만 보면 백 번 해당될 만한 일이었다. 저명한 원로 역사학자 한 분은 명단발표 후 일부러 필자를 찾아와, 김종필씨를 넣은 것은 학자들이 이루지 못한 역사의 정의를 시민운동가들이 행한 통쾌한 역사심판이라고 흥분하셨다.

문제는 그가 현실정치의 한 기둥을 차지하고 있는 정치지도자 중의 한 사람이라는 사실이었다. 밉든 곱든 한 정당의 실질적 오너라고 할 수 있는데 그를 공천반대자 속에 포함하는 것이 정당하냐는 논쟁이 잠시 일었다. 그러나 유권자100인위원회에서도 표결 끝에 압도적으로 포함하자는 견해가 많았다. 다만 집행부에서는 그를 명단에 포함시키면서도 발표에 앞서 '명예로운 은퇴'를 권고하자는 의견이 채택되었다.

그러나 그는 이미 '명예로운 은퇴'의 기회를 점점 잃고 있었다. 김종필 명예총재 자신이 총선시민연대를 홍위병으로 몰면서 공세를 취했고, 자민련은 여권 핵심부의 자민련 죽이기 음모설을 제기하면서 헌정질서수호 결의대회를 여는가 하면 공동정부 철수를 결의하여 일파만파의 충격을 던졌다. 그러나 헌정질서를 진정으로 파괴한 자가 누구인데 정당한 참정권행사를 하는 시민단체들을 상대로 헌정질서 파괴를 운운하는지, 가소롭기만 하였다. 적반하장도 유분수였다. 더구나 음모론을 제기하면서 음모의 실체와 근거를 전혀 밝히지 못하였다. 전형적 유언비어와 마타도어였다. 심지어 이재정 민주당 정책위의장이 성공회대 총장인데 명단심사 작업을 벌였던 성가수녀원이 성공회 소속이라는 사실을 들어 음모론의 근거로 제시했다. 정말 소가 들어도 웃을 일이었다. 정작 필자는 성가수녀원이 성공회 소속이라는 사실조차 모르고 있었다.

음모론은 실상 음모가 있어 제기된 것이라기보다는 다분히 총선전략용으로 제작·유포된 것이었다. 노련한 JP는 충청권주민들을 향하여 자신이 다시 DJ로부터 핍박받는 인상을 줌으로써 표의 결집을 노렸고, 실제로 JP와 자민련의 바닥을 기는 지지율이 향상되었다는 소식도 들렸다. 자신에게 가해진 시민단체의 공격을 순식간에 엎어치며 역전극을 벌인 것이었다. 공천반대자명단 발표의 최대 수혜자는 JP라는 말이 공공연히 나돌았다. 미칠 지경이었다. 정치9단 앞에서 순진무구한 시민단체가 KO패를 당하는 순간이었다. 그러나 어떤 술수도 역사의 진실과 순리 앞에 당해낼 수 없다는 사실은 4월 13일 증명되었다.

JP는 아예 노골적으로 총선연대를 홍위병으로 몰고 있었다. 그는 일본에서 모택동 전서를 다시 숙독하고 난 뒤 귀국하면서 총선연대를 홍위병이라고 단언하였다. 우리는 그렇게 홍위병이 되었다. JP의 언급은 나중에 낙선운동을 상징하는 레드카드를 만들면서 빨간색을 넣는 것을 고민하게 만들었으며, 포스터 제작과정에서 당초 모델로 등장한 인물은 순박한 소녀였는데 그녀가 입은 옷이 인민복 같다고 하여 그 대신 모던한 아가씨가 채택되기도 하였다. 모두가 홍위병 인상을 주지 않기 위한 노력이었다.

이러한 음모론과 더불어 한나라당에서는 유착론을 제기하였다. 많은 시민단체들이 정부로부터 자금지원을 받고 있다는 사실과 시민단체 관계자들이 정부의 각종 위원회에 참여하고 있다는 사실을 근거로 한 것이었다. 그러나 자금지원은 이미 김영삼정부 때부터 받고 있었고 특히 정부위원회로 따지면 김영삼정부하에서 훨씬 더 참여하고 있었다. 그렇다면 시민단체들은 김영삼정부와 더 유착했더란 말인가. 시민단체 가운데 참여연대의 경우에는 김영삼정부 아래서 두어 차례 재정지원을 받았다가 김대중정부 들어서면서 한푼도 받지 않았다. 더구나 사회복지관련 단체들은 정부기능을 대행하는 것이기 때문에 받는 것이 하자가 될 수 없었다. 이에 YMCA, 여성단체연합 등이 집중적으로 항의하고 나섰다. 시민단체를 모두 적으로 만드는 것에 부담을 느낀 탓인지 나중에 한나라당 대변인은 정부의 재정지원을 받는 것 자체가 잘못은 아니라고 수정하면서 성명문을 회수하는 소동을 벌이기도 하였다.

피할 수 있는 잔이라면

무엇보다도 견디기 어려운 것은 개별 국회의원들의 집요한 항변이었다. 가장 먼저 공세를 취한 것은 김상현 의원이었다. 그는 아예 안국동의 총선연대사무실로 쳐들어와 단식농성을 벌이기 시작했다. 거적때기를 깔고 단식에 돌입한 김의원을 만나기 위해 수많은 사람들이 찾아왔다. 민주화운동의 지도자였던 분들도 있었고 탤런트도 있었다. 역시 마당발이었다. 김의원은 공개토론회를 요구하여 토론날짜까지 잡았었다. 그러면서 농성을 풀었던 그는 어느 기자회견을 통해 근거도 없는 음모론을 제기하였고, 이 때문에 약속을 지킬 수 없다고 판단하여 공개토론회는 취소되었다.

김상현 의원에 대해서는 한보비리 관련으로 5천만 원을 수수하였다는 점이 문제가 되었다. 물론 이 사건은 무죄가 선고되었지만 그것은 형법상의 뇌물죄나 정치자금법상 무죄라는 것이지 금품수수 사실 자체는 인정되고 있었다. 총선시민연대는 우리의 형사처벌법제의 한계와 사법절차의 문제를 고려하여 아무리 무죄·무혐의를 받았다고 하더라도 일단 금품수수 사실을 자백하거나 객관적으로 인정되는 경우에는 포함한다는 입장을 세우고 있었다. 그러나 문제는 김의원의 경우 민주화과정에서 감옥도 가고 고문도 받고 민주인사 지원도 했는데 어떻게 이 명단에 포함시킬 수 있느냐는 반론이었다. 실제로 집행부의 대표자들은 대체로 이러한 반론을 지지하였다. 하지만 실무자들이 강력히 반대하고 나섰다. 김상현 의원을 빼면 나머지 무혐의된 한보관련자들을 하나도 못 넣는다는 것이었다. 이미 기준은 형식적이고 기계적으로 적용될 수밖에 없었다. 한 명 의원의 모든 공과를 함께 고려하기는 어려웠다. 그것이야말로 공정성과 형평성의 시비가 곧바로 제기될 일이었다. 생각해 보라. 뇌물죄나 선거법 위반자라 할지라도 그가 공직에서 큰 공로를 세웠다면 그 사람은 안 빼줄 도리가 있겠는가?

그외에도 나오연·서석재·박성범·정호선 의원 등이 여러 경로로 사실이 아니라고 항의를 해왔다. 특히 전남 나주 출신의 정호선 의원의 부인 역시 화가로서 대구지역의 민주당위원장을 맡고 있으면서 부부가 영호남의 지역감정 갈등 해소를 위해 노력하고 있다면서 공천대가수수 사실을 부인하며 항변을 해왔다. 동생의 금품수수 사실은 인정되었기 때문에 뺄 수는 없었지만 계속 면담을 요청해 와 인간적으로 몹시 괴로웠다. 나중에 정호선 의원은 공천에 탈락된 후 불출마를 선언하였고 총선연대사무실까지 찾아와 고소를 취하하였으며 총선연대후원회에까지 참석하였다. 아름다운 모습이었다.

사실 낙선운동 그 자체는 대의명분이 있는 일이었지만 그 과정에서 불가피하게 낙선대상자를 선정해야 하는 일은 정말이지 괴로운 일이었다. 특정인을 선정하고 낙천·낙선운동을 벌인다는 것이 안면 받치는 일이었다. 따지고 보면 이리저리 걸리게 되어 있었다. 그 사람과는 원수지는 일이었다. 결코 유쾌한 운동일 수 없었다. 처음에는 자리를 피하다가 나중에는 도를 닦는 기분으로 휴대폰을 켜놓고 전화를 받거나 만나기도 하였다. 맞닥뜨려 항변을 듣고 욕을 듣는 편히 오히려 낫겠다는 생각이 들었던 것이다. 그런가 하면 이쯤에서 이 운동을 제안한 실무자들이 미워지기 시작하였다. 당장이라도 피할 수만 있다면 피하고 싶은 잔이었다. "이 운동만 끝나봐라. 이제 세상만사 다 잊고 살고 싶다. 내가 왜 이런 고역을 맡게 되었는가" 하는 탄식이 절로 나왔다. 그러나 이미 피할 수 없는 잔이 되고 말았다.

세상을 뒤흔든 바꿔 바꿔

1. 더러운 부패정치뿐이야 낡은 지역감정뿐이야
   개정선거법은 인정못해 더는 못참아
   누가 누굴 욕하는 거야 음모라고 마음대로 떠들어
   이젠 바꿀거야 유권자의 심판뿐이야 워~
2. 너희들의 지난 비리가 왜 용서해야만 할 일이야
   이젠 바꿀거야 너 같으면 참을 수 있니
   모든 것이 변해버렸어 예전의 우리로 착각하지 마
   결코 용서못해 더 이상은 참을 수 없어 워~
   (후렴) 바꿔 바꿔 바꿔 모든 걸 다 바꿔
   바꿔 바꿔 우리가 다 바꿔
   바꿔 바꿔 거짓을 다 바꿔
   바꿔 바꿔 세상을 다 바꿔

총선연대의 낙선운동과 함께 국민가요가 된 이정현의 〈바꿔〉의 개사곡이다. 공천반대자명단이 발표된 직후 한국대중음악작가연대에서는 총선시민연대의 낙천·낙선운동 지지와 더불어 공천반대자의 총선출마시 로고송 제작에 불참하고 자신들의 음악이 로고송으로 사용되는 것에 대한 반대의 입장을 표명하였다. 동시에 총선연대의 로고송으로 사용하도록 허락해 주어 〈헤이 헤이 헤이〉, 〈플란다스의 개〉, 〈페스티발〉 등이 개사가 되어서 로고송으로 전국 방방곡곡에 퍼져나갔다.

이어서 대한변호사협회 전·현직 회장 다섯 분이 낙선운동 지지와 더불어 법률적 지원이 필요할 경우 변호인단을 구성하겠다고 선언함으로써, 총선연대 낙선운동의 정당성과 도덕성을 한껏 높여주었다. 이런 일은 전무후무한 일이었다. 민변이 공식적 지지와 법률지원에 나섰고 4개 학술단체의 지지 기자회견이 있었으며 500여 명의 교수로 구성된 정책자문 교수단이 발족했다.

　전문가들과 연예인들만이 아니었다. 수많은 시민들이 한푼 두푼 후원금을 내기 시작했고 자원봉사자들이 구름같이 몰렸다. 세상의 변화를 갈망하는 사람들이 모두 참여의 바람을 일으키기 시작했다. 낙천·낙선운동은 이미 돌이킬 수 없는 대세로 흘러가고 있었다.

귀머거리 정치권

　총선시민연대는 이미 1월 30일에 서울에서 제1차 시민행동 국민주권의 날 선언대회를 5천여 명의 시민들이 모인 상태에서 치러 기세를 올렸다. 2월 2일에는 원외 인사들이나 전직 장·차관 등 고위공직자 출신 가운데서 지구당위원장을 맡고 있는 정치인들을 중심으로 2차 공천반대자리스트를 발표하였다. 이날도 원래 기자회견을 중계방송하기로 되어 있었는데 미리 명단이 새어나가 MBC가 사전에 보도해 버리는 바람에 취소되었다. 큰 타격이었다. 이번에는 최종 선정을 위한 합숙장소가 합정동의 어느 수도원으로 바뀌었다. 아주 외딴 곳이고 성스러운 곳이어서 안성맞춤이었다. 회의장 정면에서는 가시면류관을 쓴 예수의 고통스런 사진이 눈에 들어왔다.

　이제 공은 정당으로 넘어갔다. 총선시민연대는 공천10대가이드라인을 제시하여 거듭 민주적이고 투명한 공천을 요구하였다. 심지어 총선연대 지도부가 직접 3대 정당을 방문하여 공천심사위원장에게 그러한 요구를 전달하였다. 그러나 정치권만 변화와는 거꾸로 가고 있었다. 이미 대다수가 바라는 부패·무능 정치인 퇴출이라는 요구에 귀머거리가 되어 있었던 것이다. 여전히 밀실공천의 관행은 바뀌지 않았다. 한나라당의 경우 외부인사를 공천심사위원장으로 초빙하는 등 신선한 모습을 보였으나 실질적인 영향을 미치는 것으로는 여겨지지 않았다.

그 결과 공천반대자 가운데 거의 과반수가 공천절차를 통과하였다. 모독을 당한 기분이었다. "너희들이 아무리 떠들어봐야 어쩔 테냐. 지역감정 때문에 모두 다 당선될 텐데"라는 식이었다. "막대기라도 꽂아놓으면 당선된다"는 말이 떠올랐다. 자민련조차 이제 기세가 등등하였다. 공천반대자들에게 거의 예외 없이 공천을 주었다. 정말 오만한 일이었다. 이제 어쩔 수 없이 낙선운동으로 떠밀려가고 있었다. 그 오만함을 국민이 심판하는 일만 남았다.

공천철회투쟁

밀실공천의 결과를 그대로 받아들일 수는 없었다. 정당법, 심지어는 자신들이 정한 당헌 당규에도 위반되는 것이었다. 민주적 방식을 규정하고 있는 정당법에 따르면 당연히 지구당 당원들의 의사를 묻는 과정이 있었어야 함에도 공천심사위원회의 심사와 당총재의 사실상 낙점으로 모든 공천이 끝났던 것이다. 공천철회서명운동을 전국적으로 시작하였다. 동시에 공천취소소송의 원고단을 모집하기 시작했다. 이 과정에서 공천반대자를 거명한 플래카드를 내걸었다는 이유로 선관위에서 공권력까지 동원하는 바람에 충돌이 일어나기도 하였다. 젊은 활동가들은 뭔가 긴장국면이 조성되는 것에 환호하였고, 실제 인터넷 홈페이지 접속건수가 충돌소식 이후에 늘었다. 그러나 선관위와의 충돌이 일반인에게 그렇게 좋게 비칠 리 없다고 판단하여 가급적 더 이상의 충돌을 자제하기로 하였다.

지금 생각하면 이 기간은 소강상태였고 하강국면이었다. 근거 없는 음모론과 유착론이라 할지라도 지역주의와 더불어 널리 확산되면서 총선시민연대의 이미지에 타격을 입혔다. 당초 90%까지 지지했던 여론이 식기 시작했다. 물론 당초의 열기와 지지와 관심을 남은 2개월 이상을 도저히 끌고 갈 수는 없는 노릇이었다. 그러나 지도부의 전략적 잘못도 분명히 있었다. 이미 불가능해진 공천철회를 붙들고 그 귀중한 열흘을 소모하고 있었다. 밀실공천과 정당의 비민주성을 널리 알리는 데 도움은 되었지만 "죽은 자식의 불알을 잡고 통곡하는 셈"이었던 것이다.

조직적 정비

따지고 보면 중앙총선연대의 지도부로서도 황당한 일이었다. 낙선운동을 당초 선언하면서도 그 충격과 영향이 이토록 클 줄은 미처 몰랐던 것이다. 더구나 이러한 전국적 운동을 주도해 본 경험도 별반 없었다. 지난 87년 6월항쟁 이후 14년 동안 이렇게 대규모의 운동은 없었다. 더구나 6월항쟁 당시의 국민운동본부는 이미 수년에 걸친 투쟁의 경험과 조직적 틀을 가지고 운동을 할 수 있었음에 비해 이번의 총선연대는 상시적 조직이 아니라 갑자기 모인 수백 개 단체의 한시적 운동체에 불과하였다. 우왕좌왕할 수밖에 없었다. "이제 뭐 좀 할 만하면 4·13이 되겠다"고 농담처럼 말하곤 하였다.

그러나 시간이 지나면서 조직이 정비되고 강화되었다. 특히 지역단위는 광역을 중심으로 재편되어, 당초 중앙에 직접 가입하였던 단체들이 새롭게 광역총선연대를 꾸렸다. 이제 광역총선연대가 기초단위의 총선연대와 개별단체들을 관장하면서 독자적인 조직사업과 캠페인을 추진하기 시작하였다. 매주 한 번씩 열리는 집행위원회가 돌아가기 시작하였다. 전국적 상황이 보고되고 논의되고 결정되었다. 조직정비과정에서 과거 전국연합 집행위원장을 오래했던 황인성씨가 큰 도움을 주었다. 2년간의 미국생활을 끝내고 돌아온 지 며칠 되지도 않은 양반을 거의 반강제로 모셔와 여러 조언을 들었다.

그러나 무엇보다도 지역단체들의 살아 있는 활력과 연대의 힘, 아이디어가 낙선운동을 끌고 가기 시작하였다. 이미 지역에서는 상설적 연대체가 꾸려져 있거나 오랜 연대의 경험을 공유하고 있었다. 부산총선연대의 이메일 1만개 모으기 운동, 전주총선연대의 자동차행렬, 광주시도민연대의 풍선날리기 등등 톡톡 튀는 사업들이 추진되었고 전국적 사업으로 채택되기도 하였다. 풀뿌리단체들이 가진 힘이었다. 지역단체에 한없는 신뢰를 가지게 되었다.

다시 불지피기, 정치개혁캠프와 버스투어

이러한 조직정비를 기반으로 다시 낙선운동의 불 지피기가 시작되었다. 3·1탑골공원에서의 유권자독립선언을 계기로 그 다음날 명동성당에 정치개혁국민광장이 꾸려졌다. 농성이라는 이름 대신 캠프로 이름이 붙여졌다. 그런데 천주교측에서 이 캠프설치를 거부하고 나섰다. 황당한 노릇이었다. 하루를 기다리면서 한편으로 천주교의 담당신부님께 사정도 하고 또 한편으로는 허가 안 해주면 텐트 없이 새우잠을 자겠다고 위협하였다. 다행히 저녁 무렵 허가가 떨어져 새우잠을 자지 않아도 되었다. 명동성당 역사상 최초로 허가 난 농성이라고 했다. 심지어 정의구현사제단 신부님들의 농성도 허가 없이 했다니 놀라운 일이었다.

캠프는 일반시민들과 접촉할 수 있는 좋은 공간이었다. 지나다니는 직장인들이 배지 하나 사고 1만 원씩을 기꺼이 내놓곤 하였다. 심지어 캠프설치 소식이 알려지자 수많은 시민들이 직접 방문하여 헌금하거나 먹을거리를 사왔다. 어느 날 긴 토론을 마치고 잠자리에 누우려고 할 때였다. 새벽 3시는 족히 되었을 시간이었다. 한 사람이 텐트를 밀치고 얼굴을

들이밀기에 술 취한 사람인 줄 알고 누구냐고 물었다. 그제야 그 사람은 1만 원을 내놓으면서 자신은 택시운전사인데 꼭 들러 격려의 말을 하고 싶었다고 했다. 저만치 택시가 정차되어 있었다. 눈물이 핑 돌았다.

정말로 그런 사람이 많았다. 길을 가다가 알아보는 사람들 가운데서도 돈을 주면서 밥 사먹으라고, 끼니 굶지 말라고 하는 이들이 있었다. 택시를 타면 택시비를 안 받겠다고 하여 승강이를 벌인 총선연대 활동가들이 많았다. 언젠가부터 나도 책이나 선물을 가방 속에 넣고 다녔다. 그런 분들과 싸우다 지게 되면 택시비 대신 그것을 선물하기 위해서였다.

명동성당캠프의 여세를 몰아 3월 20일부터 일주일간 전국을 순회하는 버스투어에 몸을 실었다. 서울→광주→해남→진도→마산→부산→울산→대구→청주→대전→완주→전주→원주→구리→성남→수원으로 이어지는 대장정이었다. 제때 밥을 챙겨먹을 수 없는 강행군이었다. 버스 속에서 김밥으로 배를 채우곤 했다. 하루에 서울·광주·해남·진도의 일정을 소화해야 했다. 기자들이 기사 쓸 시간과 송고할 시간을 달라고 아우성이었다. 울산에 새벽 2시에 도착하자 버스운전기사 아저씨가 너무 힘들고 잠잘 시간이 없다며 서울로 돌아가겠다고 해서 달래느라고 애를 먹었다.

여러 지역의 거리와 시장통을 누비고 다녔다. 대학의 강연도 포함되어 있었다. 성당을 방문했고 언론사와의 인터뷰는 기본 메뉴였다. 특히 청주의 어느 재래시장에서의 유세는 특별한 기억으로 남아 있다. 가장 밑바닥의 가난한 상인들도 우리에게 지지하고 있었던 것이다. 이 과정에서 이제 우리 시민운동도 엘리트주의를 벗어나 대중의 바닷속으로 뛰어들어야 한다는 생각을 했다. 종로2가 YMCA 앞이나 서울역을 벗어나 지하철 역 안으로, 시장통으로 나가야 하는 것이다.

처음 지역으로 투어를 나설 때 어디에선가 계란세례를 받거나 폭행을 당하는 사태가 벌어지지 않을까 하는 우려가 없지 않았다. 낙천대상자 지역을 도는데 그 지지자들이 가만있으리라는 법이 없었기 때문이다. 그러나 낙천지역에서 마이크 틀어놓고 그 사람을 거명하며 떨어뜨리자고 고함을 치는데도 아무 사고가 없었다. 완주 장날 김태식 후보를 상대로 이 사람 안 된다고 고래고래 고함을 지르며 연설을 한 한상렬 목사에게 이래도 괜찮겠냐고 물었더니 전주 시민·사회단체를 어떻게 보느냐고 반문하였다. 이미 낙선운동은 전국적 지지를 얻고 있었고 총선연대소속 단체들도 모두 힘내서 낙선운동을 진행하고 있었다. 다만 경상도지역에서는 썰렁한 느낌을 받을 수 있었는데, 그것이 개표결과에서도 그대로 드러났다. 지역에서 낙선운동을 편다는 것은 여전히 지배적인 지역정서를 거슬러 운동한다는 의미임이 분명하였다. 결과적으로 호남에서 DJ반대운동을, 영남에서 한나라당반대운동을, 충청에서 자민련반대운동을 하는 일이었다. 이 힘든 일을 해내고 있는 지역단체들을 둘러보면서 그들에게 한없는 신뢰를 느낄 수 있었다. 당장 이 운동을 그만두고 싶어했던 필자는 슬그머니 미안해지기 시작했다. 사치스런 고민을 하고 있었던 것이다.

낙선대상자 선정과 그 발표

이제 마지막 최종적인 낙선대상자 발표만 남았다. 4월 3일로 정해졌다. 선거 열흘 전이었다. 좀더 뒤로 미루는 것이 효과적이라는 견해가 있었지만, 더 미루면 낙선대상자를 알리고 낙선운동을 하는 기간이 너무 짧아진다는 견해가 마침내 채택되었다. 이미 발표한 공천반대자 가운데 공천되거나 무소속으로 출마한 사람들은 당연히 들어가고 그외의 출마자 가운데 부적격자를 골라내는 일이었다. 이미 이 작업을 하기 위해 조사팀과 정책기획국은 밤샘을 밥먹듯이 하고 있었다.

문제는 이제 선정절차였다. 공천반대자의 경우에는 중앙에서 거의 작업을 수행했다. 그러나 낙선대상자는 달랐다. 이제 정당을 상대로 하는 것이 아니라 지역의 유권자들을 상대로 하는 일이었다. 보병이라 할 지역단체들이 지상전을 벌여 싸움을 해야 할 상황이었다. 당연히 지역단체들은 낙선대상자 선정작업에 처음부터 관여해야 했다.

마지막 선정작업을 위해 또다시 합숙에 들어갔다. 장소는 천주교서울교구에서 운영하는 의정부 한마음수련원이었다. 종교적 장소에서 이 험한 작업을 수행한다는 것은 경건한 마음을 가질 수 있어 좋았다. 이번에는 전국대표자회의에서 최종선정을 해야 하기 때문에, 300여 명의 총선연대 소속단체 대표들이 모여 일일이 토론하고 표결에 부쳤다. 대표들은 실무자들이 선정한 이유를 듣고 별 이견 없이 대체로 통과시켜 주었지만, 다만 몇 명에 대해서는 심각한 이견이 개진되어 열띤 토론이 벌어졌다. 특히 지역에서 낙선대상자명단에 꼭 넣어달라는 주문이 많아 고민거리였다. 지역에서 볼 때는 반드시 낙선대상자에 포함되어야 한다는 사람이었지만, 전국적 기준에서는 그렇게 하기가 어려웠던 것이다. 이견을 가진 사람들 각각이 발제하고 이를 토론하여 마지막에는 표결을 했다. 심지어 표결방법을 놓고도 표결을 하였다.

이 과정을 보면서 필자는 처음에는 위태위태해 내심 최종결정은 상임대표자회의에서 하는 것이 좋지 않았을까 하는 생각까지 들었지만, 그러나 역시 민주주의의 힘은 위대하였다. 운동가들의 기본이 있었다. 서로 의견이 달랐지만 마침내 새벽 1시에 명단에 대해 완전히 합의해 낼 수 있었던 것이다. 안도의 숨을 내쉬며 실무자들은 새벽길을 달려 을지로 인쇄소로 황급히 향했다.

집중낙선지역과 전담 마크맨

이렇게 하여 86명의 낙선대상자가 선정되었고, 그 가운데서도 22명의 집중 낙선지역이 발표되었다. 꼭 떨어뜨려야 할 사람들이었고 낙선운동을 추진할 우리의 역량이 있는 곳을 중심으로 선정되었다. 그리고 이들을 전담할 마크맨이 선정되었다.

나는 강동을 선거구의 김중위 위원에게 배치되었다. 김중위 의원은 1986년 성고문사건의 피해자인 권인숙양을 두고 정신감정받아야 한다고 말한 적이 있었는데, 내가 권양 변호인이었다는 점 때문이었다. 마침 우리 집 서고를 뒤지다 보니 옛날 권인숙양 파일이 나왔다. 고문경관 고발장, 권양 접견록, 선임계, 재정신청서와 기각결정문, 손해배상소장 등이 빨간 인주도 아직 변색되지 않은 채 그대로 있었다. 14년이 지나 이렇게 사용될 줄은 꿈에도 몰랐다. 나는 이 파일을 들고 나가 강동지역의 기자회견을 했다. 그리고 자전거 타기, 거리유세, 시장돌기에 나섰다. 어느 날 저녁에는 둔촌동 일대 술집만 한바퀴 돌기도 했다.

이 과정에서 김중위 의원을 세 번이나 만났는데, 그때마다 나는 악수를 청하며 죄송하다는 말을 했다. 진심이 그랬다. 아무리 대의에 부합하는 일이라 할지라도 나 개인적으로는 김중위 의원에게 무슨 감정이 있을 리 만무했다. 그러나 김의원 지지자들과 곳곳에서 언쟁을 벌이면서 화가 난 것도 사실이었다. 둔촌동성당 앞에서 신자들과 악수를 하려는데 성당측 사람들이 괜히 우리를 밀어내려 하지 않는가. 그래서 나는 이를 묵과할 수 없었고, 이렇게 목청껏 외쳤다. "86년 당시 김수환 추기경께서도 변호인단을 통해 성고문으로 육체와 심성이 파괴된 권양에게 위로의 서한을 감옥으로 보낸 적이 있는데 이곳 둔촌동성당은 도대체 무엇을 위해 기도하는 곳이냐." 나중에 안 사실이지만, 둔촌동성당은 김의원이 사목위원으로 오래 일한 곳이라고 하였다. 가장 화가 난 것은 총선연대의 스티커를 위조해서 주민들의 승용차 백미러에 강력본드로 붙여놓은 것이었다. 아침에 일어난 주민들이 이것을 보고 총선연대에 항의전화를 해대었다. 이런 비열한! 선거운동은 이런 과정을 통해 과열되는가 싶었다. 그러나 예상과는 달리 많은 표차로 김의원 낙선이 확정되면서 다시 나는 인간적 사죄와 위로의 말을 건네고 싶었다.

새로운 여행의 출발선에서

이제 모든 것이 끝났다. 낙선운동은 외형적으로 보면 대성공이었다. 그러나 그것은 어차피 한계가 명백한 운동이었다. 아무런 대안이 없는 운동이었다. 낙선대상자의 상대방은 과연 추천할 만한 후보였던가? 도대체 누구를 찍으란 말이냐는 물음에 대해 제대로 답변할 수 없었다. 그렇다고 우리 스스로가 대안이 될 수는 없었다. 민주노동당이 대안세력이 되어주었으면 좋으련만 너무도 미약하였다. 솔직히 말하면 우리가 개척해 가는 길을 따라 민주노동당 같은 개혁정당이 길을 메우며 따라와 주었다면 이번의 정치개혁실험은 완전히 성공할 수 있었을 것이라는 아쉬움이 남는다. 인물교체에는 부분적으로 성공했지만 한국정치의 본질을 갈아엎는 데는 역부족일 수밖에 없다. 낙선운동은 수단에 불과하였다. 우리의 목표가 몇몇 사람의 낙선에 있지 않고 정치개혁 전반에 있는 것이라면, 이제 그 목표는 고스란히 그대로 남아 있는 셈이다.

이번 운동의 최대 성과는 거대한 연대의 실험이었다. 중앙과 지방, 지역과 지역, 단체와 단체, 활동가와 활동가끼리 서로 작은 차이를 넘어 하나의 목표를 향해 단결하였다. 이 일치가 낙선운동의 성과를 넘어 이제 한국사회의 개혁과제와 차례로 맞닥뜨리며 사회진보의 원동력이 될 것임에는 의문의 여지가 없다. 총선을 위해 한시적으로 모였던 총선시민연대는 곧 해산되겠지만 이제 새로운 전국적 네트워크의 탄생은 불가피할 것으로 보인다. 상식이 통하는 사회를 향한 시민사회의 확산은 이제 시작에 불과하다.

이번 운동을 주도했던 사람들 몇 명이 언론에 부각되었다. 나도 그중의 한 사람이다. 그러나 죄스럽다. 사실 나서지 않으면 국민들이 불안하게 생각한다는 실무자들의 주장 때문에 앞장을 서다 보니 어느새 탤런트가 되었다. 그러나 이 운동은 결코 그 몇 사람이 주도한 것이 아니었다. 전국에 산재해 있는 수많은 단체들과 그 활동가들이 이 거대한 운동의 수

레바퀴를 밀고 여기까지 왔다. 매일매일의 행사를 치르기 위해 밥먹듯이 밤을 새우고 새우잠을 자면서 실무를 담당한 여러 단체의 수많은 활동가들의 땀방울이 이 운동에 송이송이 서려 있다. 아무런 이득도 바라지 않고 어느 날 사무실을 찾아와 낙선운동에 매달린 수많은 자원봉사자들이 있다. 이론적 뒷받침을 위해 연구실에서 나온 수백 명의 학자들과 무료로 법률 자문을 해준 변호사들이 있다. 일선기자들도 이미 객관적 보도자의 입장을 넘어 우리와 함께했다.

그리고 또 우리는 기억해야 할 수많은 사람들이 있다. 이 운동을 지지한 수십만 명의 시민들, 3억 5천만 원에 이르기까지 한푼 두푼 성금을 내준 시민들, 인터넷 홈페이지를 찾은 85만 명의 네티즌들이 바로 그들이다. 집회장마다 찐빵을 실어나른 찐빵장수 아저씨, 회의 때마다 김밥을 말아준 식당아주머니, 꼬깃꼬깃 쌈짓돈을 사무실로 들고 온 할머니…이 모든 사람들을 결코 잊지 말아야 한다. 그리고 우리를 신뢰해 주고 낙선명단에 든 사람들을 찍지 않았던 유권자들. 이 모두가 바로 이번 유권자혁명의 주역이다. 시민운동과 그 지도자들은 다름아니라 이들에게 큰 빚을 졌다. 이제 그 빚을 갚기 위해 일상의 시민운동으로 겸허하게 돌아가 헌신할 때이다. 이제 또 다른 긴 여행의 출발지에 우리는 선 것이다.

(이 글은 낙선운동이 끝난 2000년 5월 『신동아』에 기고한 것이다.)

검찰출두에 앞서

검찰소환 소식이 언론을 통해 전해지자 많은 분들이 걱정의 전화를 해주셨습니다. "혹시 잘못되는 것이 아니냐"는 우려에 저는 "소환조사를 받고 그대로 구속되어 선거 끝나고 나왔으면 좋겠다"는 말을 마치 농담하듯이 하곤 했습니다. 그러나 그 말은 진담이었습니다. 낙천자명단 발표를 중심으로 일었던 폭풍의 한가운데 서 있었던 저희들은 그야말로 지난 한 달간이 '창살 없는 감옥'과 같은 것이었습니다. 정치개혁을 바라는 국민들의 한없는 기대, 명단에 포함된 정치인들의 끝없는 불만과 항변, 음모론과 유착설 등 정치권의 근거 없는 비난 속에 저희들은 괴로웠습니다. 정치의 밖에서 정치를 감시하고 비판하고 개혁하려던 입장의 우리도 어느새 흙탕물과 같은 정치의 한복판으로 들어온 듯한 느낌을 지울 수 없었습니다. 그러면서 "내일이 4·13총선일이라면" 하는 생각을 수도 없이 했습니다. 당장 그만두고 싶은 마음이 하루에도 몇 번씩 들곤 했습니다. 그리하여 저희들에게 지난 1월과 2월은 고뇌의 겨울, 다가오는 3월과 4월은 잔인한 봄일 수밖에 없습니다.

그러나 이미 숨을 수도, 도망칠 수도, 물러설 수도 없습니다. 썩고 병든 우리의 정치, 모든 사회 개혁과 발전의 병목지점이 된 정치를 개혁해야 한다는 국민적 열망이 이 운동으로 몰려들고 있습니다. 이러한 기대와 열망과 지지가 저희들을 포박하고 있습니다. 개인적 고민과 부족한 정치적 감각, 유약한 심성을 탓하고 있을 수만도 없게 되었습니다. 처음부터 거대한 장애물로 다가선 지역감정, 지난 반세기 동안 이어져 온 정치권의 권모술수와 타성화된 부패정치구조 등 결코 승산 없는 싸움, 그 거대한 장벽에 맨몸으로 부닥칠 수밖에 없었습니다. 단지 국민의 지지만이 이런 우리가 기댈 수 있는 유일한 언덕이며 유권자의 높은 수준과 의식만이 이 거대한 벽에 작은 구멍이라도 낼 원천입니다. 저희는 국민의 힘을 믿습니다.

명예훼손혐의로 고발한 정치인들의 심정을 저희들은 이해합니다. 저희들의 공천반대자명단 발표로 커다란 정치적 상처를 입었을 것입니다. 저희들은 엄정한 기준을 세우고 추호의 타협이나 사적인 감정 없이 엄격하게 적용했음에도 그 형평성에 논란의 여지가 있을 수 있다고 생각합니다. 기계적으로 적용하다 보니 이들의 과(過) 외에 공(功)을 참작하기가 어려웠습니다. 그 명단에 들어 있지 않은 사람이라고 해서 반드시 청렴한 사람이라고 할 수도 없을 것입니다. 크게 보면 명단에 든 정치인들조차 부패정치를 청산하고자 하는 이 시대의 도도한 강물의 희생양일 수도 있다는 생각입니다. 저희들의 행위는 공익적이고 진실에 부합하는 것이어서 법률상 면책되는 것이 명백하므로, 이분들의 고발에 기꺼이 응하고 성실히 조사를 받을 생각입니다.

선관위의 선거법위반 고발부분은 애시당초 예정된 일이기도 하였습니다. 국민의 열화 같은 힘으로 낙천·낙선대상자 발표는 합법화되었지만, 여전히 선거법은 국민의 참정권을 가로막고 의사표현의 자유를 옥죄고 있습니다. 저희들은 법이 허용하는 한 최대한 합법적 공간 안에서 유권자운동을 펼 것이지만, 불가피한 경우에는 비합리적이고 비상식적인 선거법조항은 지킬 수 없다는 입장을 견지해 왔습니다. 그 조항들은 헌법이 보장하는 참정권을 유린하는 것입니다.

법이라는 이유만으로 모든 법이 지켜져야 한다면 시대착오적인 법률이 언제까지나 우리를 속박할 것입니다. 악법이 법일 수는 없습니다. 모든 법률은 투쟁의 산물이라는 독일의 법철학자 예링의 말을 듣지 않더라도, 민주주의를 확대하려는 시민운동가에게 불합리한 법을 그대로 지키라는 말은 통용될 수 없습니다. 올바른 법을 향한 투쟁은 민주주의 사회의 시민운동가에게뿐 아니라 시민에게도 그것은 의무인 것입니다.

개인적으로 검찰청사 문을 들어서면서 착잡한 심정을 금할 수 없습니다. 변호사로서 피의자들을 변론하기 위하여 수없이 드나드는 문을 이제 피고소인·피고발인·피의자의 신분으로 들어서기 때문입니다. 아무리 우리의 일이 공명정대하고 시대의 대의를 위한 것이라 할지라도 피의자의 신분으로 검찰청사에 들어서는 것은 즐거운 일이 될 수 없습니다. 시민운동가들이 자신의 활동으로 말미암아 검찰에 소환되는 일은 없어지는 시대가 하루빨리 오기만을 간절히 바랍니다.

(낙선운동이 한창이던 2000년 2월 16일 검찰소환에 응하면서 그 소회를 기자들에게 밝힌 글이다.)

죄 많은 나라의 죄인이 되어
낙선운동으로 죄인이 된 한 시민운동가의 독백

무엇이 죄인가

오후 2시경. 어느 간사가 나에게 다가와 헌법재판소에서 합헌판결이 났다고 했다. 아무 말도 하지 않았지만 그날 하루종일 우울하였다. 아무 렇지도 않은 듯 열심히 사람도 만나고 이야기도 나누고 있었지만 나는 하루종일 슬펐다. 명색이 변호사라는 자가 유죄판결을 받고 이제 길거리를 자랑스럽게 걸어다닐 수가 있겠는가.

분노가 치밀었다. 시민단체와 정당후보 사이에 차별성이 없다니. 나에게 표 달라는 후보와 그 후보를 감시하자는 유권자 사이에 차이가 없다니. 법은 상식일진대 세상에 우리가 한 일이 무엇인가. 부패·무능한 정치인들을 찍지 말아달라고 국민들에게 호소한 죄밖에 없는데. 욕설 한마디 한 적이 없고 돌멩이 하나 던진 적이 없는데. 무엇이 죄란 말인가. 세상에 자기 나라 국회의원 낙선운동을 했다고 벌받는 나라가 어디 있는가. 이제 우리도 소리 높여 "임금님의 귀는 당나귀 귀"라고 외칠 수도 없게 되었는가.

부끄러웠다. 헌법재판소 판사가 부끄러웠고 서울지방법원 판사가 부끄러웠다. 이 나라가 부끄러웠다. 그리고 무엇보다도 나 자신이 부끄러웠다. 그 무엇을 위해 그토록 분투했던가. 팔다리에 힘이 빠지고 세상을 볼 면목을 잃었다. 나는 과연 운동을 계속해야 하는가. 이런 생각에 하루종일 나는 분노하고 부끄럽고 슬펐다.

역사의 물결 속에서

처음 누군가의 입에서 낙선운동이라는 말이 나왔을 때도 일이 이렇게 커질 줄은 미처 몰랐다. 걸스카우트회관에서 몇몇 시민단체 지도자들이 낙선운동을 결의할 때도 그렇게까지 진전될 줄은 몰랐다. 그러나 이미 당긴 시위에서 화살은 떠나고 있었다. 내 의지와는 아무런 상관도 없이 역사의 물줄기는 사정없이 흐르고 있었다. 2000년 새해 벽두에 시민단체들은 우리의 정치권을 향해 포문을 연 것이다. 전국의 시민단체들이 모여들었다. 총선연대는 순식간에 수백 개 단체로 늘어났다. 언론을 타자마자 여론도 폭발적이었다. 거의 80~90%의 지지율이었다.

갑자기 뉴스의 핵이 되었다. 언제나 앞장서기를 기피하던 나에게도 어김없이 카메라가 다가왔다. 뒷자리에 서고 가장자리에 앉아도 카메라는 놓치지 않았다. 그렇게 나는 이미 역사의 물줄기 한가운데 있었던 것이다. 다행히 누군가가 대변인자리를 맡아주었다. 기자들의 예공(銳攻)을 피할 수 있어 나는 더없이 행복했다. 소심한 나는 어떤 일을 하더라도 내가 하는 일을 완벽히 장악하는 스타일이었다. 그러나 이번 일은 그렇지 않았다. 워낙 큰일이기도 하였고 수많은 단체의 사람들과 함께하는 공동사업이었다. 전국에서 모여든 활동가들과 함께 얼굴을 맞대고 고민하고 해결해야 하는 일이었다. 거대한 정치세력, 노회한 부패정치인들과의 한 판 싸움이었다. 어찌 두렵고 힘들지 아니할 것인가. 그때 나는 "호랑이등에 올라탄 느낌"이라고 기자들에게 실토하였다. 역사는 그렇게 흘러가고 있었다.

그러나 온갖 허무맹랑한 음해와 왜곡 속에서도 국민들은 우리를 믿어주었다. 정치권에 대한 절망이 깊었다. IMF위기를 겪으면서 정치권은 이미 무너져 있었다. 21세기 새아침을 맞으며 더 이상은 안 되겠다는 생각이 온 국민의 마음속에 자리잡았다. 총선연대는 단지 그 마음에 불을 질렀던 것이다. 운동과정에서 보여주었던 전국의 국민 한사람 한사람의 정성과 격려는 미처 다 기록하고 기억하기가 어려울 지경이었다.

전국의 활동가들은 일치단결하여 운동을 이끌어갔다. 나는 전국에서 몰려든 활동가들과 함께 일하면서 우리 시대 시민운동가들에 대해 무한한 신뢰를 가질 수 있었다. 전국에서의 일상적인 활동이 보고된 집행위원회에서 지역활동가들의 능력과 열정을 확인하게 되었고, 낙선후보의 선정을 위한 전국시민단체 대표자회의를 하면서 그렇게 치열한 논쟁 속에서도 질서 있게 마무리짓는 모습에서 자신감을 가질 수 있었다.

"국민여러분, 죄송합니다"

선거는 끝났다. 전국적으로는 68%의 낙선후보가, 수도권에서는 90%가 떨어졌다. 승리한 것은 총선연대뿐이라고들 했다. 도저히 떨어질 것 같지 않은 후보들이 곳곳에서 떨어졌다. '바꿔바꿔'의 열풍은 서울과 경기도를 넘어 충청도와 강원도까지 불었다. 서울에서는 단 한 사람 빼고 다 떨어졌다. 당선된 후보는 그 지역구에서 선정된 두 낙선후보 중의 한 사람이었으니 사실상 100%였다. 심지어 호남권에서도 몇 사람의 낙선후보는 무소속에게 무릎을 꿇었다. 우리의 상상을 초월한 성적이었다. 우리가 이긴 것이다.

그 초조한 100일간의 싸움이 끝나면서 나는 가슴속으로 국민들에게 간절히 용서를 구하였다. 과연 우리가 해낼 수 있을까, 진실로 낙선운동이 성공할 수 있을까, 나는 자신이 없었다. 그러나 결과는 엄청났다. 국민들이 우리를 믿어준 것이었다. 그렇게 믿지 못하였으니 얼마나 죄송한 일인가. 나는 투표결과가 나온 뒤 기자들에게 아껴두었던 한마디, 바로 국민들에게 죄송하다는 말을 했다.

실제로 낙선운동의 전과정을 통하여 여러 차례의 위기가 있었다. 낙천·낙선후보의 발표 때마다 당사자들의 반발과 정당들의 엄청난 공세에 시달렸다. 역시 정치9단들은 다르구나 하는 생각이 절로 들었다. 부패한 세력이 어떻게 그렇게 오랫동안 정치생명을 연명해 왔는지 알 수 있었다. 명예로운 은퇴를 요청받은 김종필씨는 오히려 그것을 음모론과 홍위병론으로 돌파하면서 자신을 탄압받는 희생양으로 지역주민들에게 어필하고자 했다. 기가 막힌 전술이었다. 그런 필사의 '음모'와 책동에도 불구하고 그의 정당은 자신의 고향에서도 배척받아 소수의 정치세력으로 전락하고 말았다. 사필귀정이었다. 그러나 당시로서야 어찌 그 결말을 예상할 수 있었겠는가.

선거가 끝난 뒤 이번에는 또 다른 홍역이 따랐다. 무엇보다도 유명세를 치르게 된 것이다. 어디에서나 사람들이 알아보았다. 전철을 타기가 쑥스러웠다. 길을 걸으면 눈을 마주치지 않으려 아래로 눈을 깔고 걷는 습관이 생겼다. 택시 타기도 고역이었다. 얼굴 한번 흘끗 보고도, 목소리를 한번 듣고도 알아보는 기사아저씨들이었다. 때로는 아예 택시비를 안 받겠다고 해서 실랑이가 벌어지기도 했다. 그 가난한 택시기사아저씨들이 무작정 택시비를 안 받겠다니 말이나 될 법한 소린가.

서울지방법원 법정에서

서초동 서울지방법원 법정. 변호사시절 내 집처럼 드나들던 그곳에 피고인으로 선다는 것은 특별한 느낌일 수밖에 없다. 피고인의 무죄를 변론하고 피고인의 선처를 부탁하는 변호인이 이제 죄를 지어 다른 변호사에게 자신의 무죄를 변론받는 입장이 된 것이다.

유쾌한 일일 수 없었다. 자랑스러운 일일 수는 더욱 없었다. 변호사로서 그것은 부끄럽고 창피하고 참담한 일이었다. 피고인석 앞의 판사들이 민망하고 피고인 뒤의 방청객의 시선이 따가웠다. 그렇구나. 나 자신에게 아직도 변호사의식이 남아 있었구나.

재판장이 내 또래다. 아마 나도 계속 현직에 남아 있었다면 많은 사람들을 법정에 세워놓고 저 법대 위에 앉아 있었을 것이다. 생각해 보니 차라리 그것보다는 이게 낫겠다. 남을 심판하느니 남에게 심판받는 게 낫겠다. 더구나 판사를 저렇게 하려면.

재판은 일사천리로 진행되었다. 몇 번 안 하고는 결심이었다. 따지고 자시고 할 게 뭐 있겠는가. 우리가 한 일은 세상이 다 알고 있는 일이다. 그런데도 검사는 계속 딴지를 걸었다. 밥값을 하려는 것 같았다. 하기야 그래서 오히려 더 법정분위기가 살아났다. 검사가 검사다워야지, 검사가 피고인 편을 들면 그게 무슨 재판이겠는가.

그리고 마침내 판결의 날이 왔다. 벌금 500만 원, 역시 유죄선고였다. 전임판사가 위헌판결 초안을 썼다는 이야기도 들렸지만 그게 어디 가당한 일인가. 이미 대법원에서도 지역총선연대 활동가들에 대해 유죄형을 선고한 마당이니 당연히 예상한 결과였다. 그래도 화가 났다. 시민단체도 후보를 내고 앞으로 낼 가능성도 있는데 후보자들에 대한 금지를 시민단체에 대해서는 풀어주어야 할 이유가 없다는 것이었다. 그러면 미국 최대의 퍼블릭 시티즌은 그 설립자 랄프 네이더가 대통령후보로 나왔다고 이제 유권자운동을 못한다는 것인가. 기가 막혔지만 어쩔 것인가. 저울과 검(劍)은 저쪽에서 가지고 있는데.

악법도 법이라는 사람들에게

나는 이렇게 죄인이 되었다. 그렇다. 나는 죄인이다. 선거법을 위반한 죄인이다. 어떤 시민단체의 간부는 작금의 시민운동을 비판하여 주목을 받았다. 현재의 시민운동은 초법적이라는 것이었다. 아마도 낙선운동을 지칭하는 것이리라. 보수언론들이 용기 있는 자아비판이라고 일제히 찬사를 보냈다. 그렇다. 우리는 우리의 사법부뿐 아니라 우리의 내부로부터도 초법분자로 비판을 받고 있다. 마치 걸핏하면 법을 무시하고 제멋대로 사는 무법자처럼 되어버렸다. 나는 말하고 싶었다. 그래, 당신은 법 잘 지키는 시민운동이나 해!

적어도 나는 시민운동은 몇 발짝 앞서가야 한다고 믿어왔다. 현재의 시민들이 믿고 있고 알고 있는 것을 주장하려면 또는 보통시민들의 요구에만 따르려면 뭐 하러 시민운동을 하는가. 나는 묻고 싶다. 킹목사와 그의 아이가 백인식당에서 쫓겨나고 버스 타는 것이 가로막힐 때, 그리하여 미국의 대법원이 "평등하지만 구별된다"(equal but separate)고 판결할 때 그대로 그 법을 지키고 있어야 한단 말인가. 여성의 투표권을 인정하지 않는 선거법이 버티고 서 있는 미국과 영국에서 당시 여성들은 그 법을 그냥 지키고 있었어야 옳았던 것인가.

그러나 그들은 그러지 않았다. 마틴 루터 킹은 분연히 일어서 저항하였다. 영국과 미국의 여성운동가들은 일제히 일어나 싸웠다. 때로는 감옥을 가고 고문을 당했다. 그러나 그들은 옳았으므로 그들은 이겼다. 지금 어느 누구도 그들을 초법분자 또는 과격분자로 기억하지 않는다. 오늘날 어느 누구도 흑백분리가 옳았고 보통투표권이 틀렸다고 말하지 않는다. 오히려 위대한 인권운동가로, 꿈을 실현한 아름다운 인간으로 기억한다. 바로 한 세기 안에 있었던 일이다.

어디 그렇게 멀리 갈 것이 있는가. 유신헌법이 헌법개정의 말 한마디조차 감옥으로 보낼 때, 제5공화국헌법 개정서명운동을 벌인다면 도로교통법 위반으로 잡아넣겠다는 서슬 퍼런 시대에 우리의 선배운동가들은 당시의 법이 그랬으므로 거기에 순종해야 한다는 말을 믿지 않았다. 극소수 과격분자라는 공격을 받으면서 그들은 온갖 고초를 당하며 그 압제와 싸웠고 그리고 이겼다.

법은 법이기 때문에 존엄하고 정의로운 것이 아니다. 법은 법이기 때문에 지켜야 하는 것이 아니다. 법이 정의로울 때 그것은 존엄하고 우리가 지켜야 하는 것이다. 법이 정의롭지 못할 때는 우리는 일어나 싸워야 한다. 그 법이 정의롭도록 따지고 항의하고 고쳐내도록 해야 한다. 때로는 몸을 던져 그 악법을 드러내야 한다. 소크라테스가 가르치는 바가 바로 이것이 아니고 무엇인가. 소크라테스를 왜곡하는 그 독재의 망령이 아직 우리의 주변을 맴돌고 있다.

시민운동은 꿈을 꾸는 것이다. 자유와 정의 그리고 소수자를 위해 싸우는 것이다. 현실에서 억압받고 가로막히고 제지당하는 일을 해방하고 구제하고 돌파하는 일이다. 사람들이 지금은 안 된다고, 해서는 안 된다고 하는 일을 시작하고 지속하고 마침내 이루는 일이다. 힘들고 지치고 소외받고 억압받는 사람들과 함께 나아가는 것이다. 한 사회의 다수를 생각하고 기득권자와 함께 노는 시민운동은 그 자체가 종말이다. 시민운동은 기존 질서를 위해 싸우는 것이 아니라 정당한 질서를 위해 싸우는 것이다. 그래서 그것은 형극이며 고난의 길이다. 그러나 아름다운 길이다.

죄 많은 나라의 죄인이 되어

그렇다. 법은 우리에게 무엇인가. 오래 전부터 말 잘하는 사람 잡아가고 똑똑한 사람 감옥 보내는 것이 우리의 법이었다. 이민족이 지배하던 시대, 친일파가 독립운동가를 억누르던 시대, 군사독재하에서 온 민족이 신음하던 시대—그 시대에 법은 억압과 착취와 불의의 상징이었다. 국가

권력은 폭력이었고 저항은 정당방위였다. 많은 사람들의 피의 희생과 헌신으로 지금은 좋아졌다. 엄청 나아졌다. 그러나 여전하다. 시민운동 해보는 사람은 안다. 우리의 문 앞에 얼마나 많은 사람들이 억울함을 호소하며 줄을 섰는가. 대한민국은 억울한 사람들의 천국이다. 바로 그 좋은 법의 희생자들이다. 이 불의와 모순을 해결하기 위해 우리는 시민운동을 하고 있는 게 아닌가.

법은 생겨날 때부터 불구의 운명을 타고 태어난다. 이 나라의 국회의원들이 제대로 법을 만들어낼 능력을 가진 적이 있던가. 이 나라의 정치인들이 국민들의 권리와 이익을 보호하기 위해 진지하게 법을 만든 적이 있던가. 온갖 이해관계자들의 로비와 압력으로 법은 얼마나 왜곡되었던가. 당장 선거법 87조 개정을 위해 우리는 얼마나 매달리고 호소하고 따졌던가. 그런데도 그 법이 개정되기 전에는 무조건 그 법을 지키라고?

그래, 나는 차라리 범법자가 되고 말겠다. 죄 많은 나라에서 죄 많은 국민이 선택할 수밖에 없는 길이라면 나는 그 길을 가겠다. 그 범법자가 되어 그 법을 함께 껴안고 깨지고 말겠다. 그렇게 기꺼이 낙인찍히고 저주당하고 비판당하겠다. 뭐 선거법 하나 위반한다고 거창하게 이야기할 필요조차 없겠다. 법을 위반해서 그 법을 무력화시키겠다고 기꺼이 감옥행을 선택한 사람들과 그 살벌한 시대에 비하면 지금은 얼마나 호시절인가.

나는 언젠가부터 감옥을 꿈꾸어 왔다. 밑 빠진 독에서 물처럼 새어나가는 우리의 세금을 내지 말자는 저항운동을 벌이다가, 또는 국가보안법을 비롯한 악법의 폐지를 주장하다가, 아니면 이번 같은 부패·무능 정치인들의 퇴출을 시도하다가 감옥을 가는 그런 꿈 말이다. 결코 용감한 사람이어서 그런 게 아니다. 나는 원래 앞장을 서는 사람이 아니었다. 부끄러워 남 앞에 서지 못하는 위인이었다. 그런 사람이 어쩌다가 이 모양이되었다.

그렇다. 지금 억울한 것은 감옥을 갈 수 없다는 것이다. 기껏해야 벌금형을 선고받는 일이다. 독재치하에서의 운동이란 목숨을 내걸었지만 그

대신 찬란히 빛을 발하는 것이었다. 용감하게 깨지되 섬광이 있는 운동이었다. 긴장이 개인과 온 사회에 팽팽하게 서려 있는 상태였다. 그러나 벌금쯤 받는 일에 그런 빛도, 그런 긴장도 있을 수 없다. 이왕 죄인이 된다면, 그리고 벌을 받는다면 벌금보다는 징역형을 선고받는 것이 훨씬 영예로운 일이다. 누가 말했던가. 자유를 달라 그러지 않으면 죽음을 달라고. 그래, 우리에게 이왕 죄를 주려면 감옥을 보내달라.

'지옥개혁시민연대'를 꿈꾸며

분노는 가라앉았다. 이제는 이런 생각이 든다. 그렇다면 나에게 사람들이 칭찬이나 하고 훈장을 주려 든다면 그것이 가당한 일일까. 그런 일은 또 얼마나 고역일 것인가. 그렇다. 그런 좋은 세상이 온다면 내가 이 고생을 하고 있을 게 무엇인가. 지금은 부패하고 황당하고 거꾸로 된 세상이니 그것과 싸우고 부닥치고 그것과 싸우는 재미로 이러고 있는 것이 아닌가. 모두가 우리를 칭찬하고 상을 주는 세상이라면 우리도 모두 잘 먹고 잘살러 가는 것이 온당한 일이다.

사회를 바꾸자고 운동하는 사람에게 그 사회가 바로잡혀 더 이상 바꿀 게 없는 것만큼 서글픈 일은 없다. 오늘 이 악법으로 우리를 재단하고 우리를 기소하고 재판하며 우리를 비판하는 사람들의 목소리가 높은 이 세상에서 나는 더 행복하다. 분명 아직도 할 일이 많은 세상이기 때문이다. 자신을 불사를 곳이 남아 있기 때문이다.

나는 언젠가부터 이런 소리를 한다. 저 높이 계신 하느님이 일부러 들으라고 공개적으로 한다. 나는 죽으면 지옥을 가리라고. 세상에 천국은 얼마나 재미없는 곳일까라고. 그곳에는 죄짓는 사람도 없고 모두가 점잖고 깨끗한 사람들만 있을 텐데 그 속에서 무얼 하고 지낼까라고. 그러나 생각해 보라. 지옥에는 얼마나 신나는 일이 많을 것인가. 그곳에서 변호사를 한다면 고객이 얼마나 많을 것이며 또 '지옥개혁시민연대'를 만들어 활동한다면 얼마나 할 일이 많을 것인가. 그래. 나는 지옥을 가야지. 그곳에서도 시민운동을 해야지. 나는 그런 생각만으로도 즐겁고 유쾌하다. 그렇게 유쾌하게 시민운동을 하고 있다.

(2001년 8월 30일 헌법재판소는 낙천·낙선운동을 금지한 선거법 조항을 합헌이라고 판결했다. 이 글은 그 직후 월간 『참여사회』에 기고한 것이다.)

제4장 흐림 뒤 맑음

언론과 시민운동
그 생산적 긴장관계를 위하여

1. 머리말: NGO의 성장과 각계의 인식변화

NGO에 관한 사회의 관심이 한껏 높아졌다. 그 동안 꾸준히 늘어온 NGO의 숫자나 그에 따라 자동적으로 확대된 이들의 활동은 국민들의 참여와 관심을 높여온 것이다. 1996년 말 1만 개에 이르던 NGO의 숫자는 1999년 10월 현재 2만여 개로 늘어났다. 이들 NGO가 포괄하는 회원들의 숫자도 꾸준히 증가세를 보이고 있다. 이들이 포괄하는 활동영역도 점점 확산되고 있다. 이렇게 NGO의 세력과 활동이 늘어나면서 이에 대한 국민들과 정부, 기업, 언론, 대학 등의 인식과 대응도 달라지고 있다.

먼저 가장 민감하게 반응한 것은 정부이다. 종래 NGO를 반정부운동이나 귀찮은 존재쯤으로 여기던 정부는 NGO의 성장과 영향력 증대에 기민하게 반응하기 시작하였다. 이들을 정부와 우호적인 관계로 만들기 위해 노력하였다. 정부예산으로 이들을 지원하고자 하였고 정부사업에 관한 프로젝트, 정부 위원회로의 포섭 등 다양한 형태로 협력체제를 구축하려 하였다. 기업 역시 NGO의 등장을 위협의 눈으로 바라보면서 이에 대한 비판과 더불어 한편으로는 이들과의 우호관계를 형성하려는 노력을 시도하고 있다. 동시에 대학은 성장하는 NGO의 체계적 연구, 활동가훈련을 위한 각종 과정 설치, 연구소 창설의 움직임을 보이고 있다.

언론이 그 동안 NGO에 대한 보도를 강화하고 있는 것은 이러한 맥락에서 이해될 수 있다. 주요 일간지들이 고정지면을 할애하기도 하였으며 그에 따라 보도회수도 늘어나고 있다. 이것은 사회적 실체로서 등장하고 그 영향력을 증대해 온 NGO에 대한 정당한 관심의 표현이며 국민의 알권리에 대한 충족의 노력이다. 그러나 최근 언론의 NGO보도는 과열되거나 보도의 질과 균형성이 담보되지 않고 심지어 흥미 위주로 흐르는 경향마저 있어 반드시 바람직하지만은 않다는 지적도 많다. 더구나 1999년에 주요 일간지의 경우 고정적으로 NGO면까지 배치할 정도의 관심을 보였지만 올해 들어 언론은 그 관심을 줄이고 있다. 언론의 NGO보도의 현실은 어떠하며, 언론과 NGO의 바람직한 관계는 무엇일까?

2. 언론의 최근 보도경향과 보도확대: 고정지면 개설과 보도 회수 증가

NGO를 바라보는 언론의 변화 역시 괄목할 만한 것이다. 과거 언론은 NGO의 활동소식을 간헐적으로 보도해 주는 데 그쳤으나, 최근 들어오면서 언론의 이러한 보도태도는 확연히 바뀌었다. 무엇보다도 고정지면의 신설이 이러한 언론의 보도경향을 웅변해 주고 있다. 뿐만 아니라 NGO활동에 대한 보도는 마치 'NGO열풍'[1] 또는 '선정적'이라고 할 정도로 과열되고 있다.

---

1) 서영아, 「시민운동과 언론이 함께 크는 길」, 『시민과 언론』 1999년 9/10월호, 민주언론운동시민연합, 11쪽.

한겨레신문은 96년부터 정치 · 사회면의 단신이나 기획을 넘어서 NGO만을 전문으로 다루는 고정지면을 신설했다. 그 뒤를 이은 동아일보는 98년 12월부터 고정지면을 만들어 운영하기 시작했다. 99년에 들어서면서 각 일간지는 신년특집으로 21세기를 이끌어갈 주요 세력으로 NGO를 선정하고 다루기 시작했다. 또한 중앙(1월), 문화(8월), 대한매일(9월) 등은 이후 고정지면을 만들었다.[2]

한편 한국언론재단의 KINDS를 통한 기사검색 결과는 언론의 NGO보도의 양적인 증가를 실감나게 해준다. 1999년 1월부터 4월 15일 현재까지 NGO관련 기사건수를 보면 총 65건으로 98년에 비해 월평균 6배 이상 늘어났다.[3]

신문 기간	경향	국민	대한매일	동아	문화	세계	조선	중앙	한겨레	한국
98. 1~12	2	1	3	1	7	1	2	5	6	2
99. 1~4. 15	7	6	6	11	6	3	6	17	2	1

이러한 NGO보도량을 연도별로 비교해 보면 매년 거의 2배 정도 늘어난 것을 알 수 있다.[4]

1997년	1998년	1999년	3년 누계
1842건	2405건	4559건	8806건

그러면 시민단체에 관한 이와 같은 언론보도를 한국의 특이한 상황으로 볼 수 있는가? 혹자는 "한국의 시민단체가 짧은 시일 안에 발전할 수

---

2) 언론개혁시민연대, 「10대 일간지 NGO관련 보도실태 모니터」, 언론수용자운동모니터 결과보고서, 76쪽.
3) 자세한 것은 박은희, 「NGO관련 보도점검」(www.kpf.or.kr/NB99/s341-71.htm) 참조.
4) 홍일표, 「이제 다시 위태로운 모험의 기로에 선 한국의 시민운동」, 『경제와사회』 2000년 봄호 참조.

있었던 요인은 …무엇보다 언론이 적극적으로 '키워준' 데 있다는 것"을 지적하고 있다.[5] 그러나 이것은 대단히 피상적인 견해가 아닐 수 없다. 우리나라 언론이 사회변화를 추동하는 시민단체에 대해 호의적이라고 보기는 어렵다.

1989년 경실련 창립 이후 종래의 과격한 재야운동에 비해 평화적이고 대안적인 시민운동을 호의적으로 보도하는 경향이 있었지만 그것은 상대적일 뿐이었다. 보도회수나 보도분량이 늘어난 결정적인 이유는 시민단체가 다루는 이슈가 공동체의 전반적이고 공익적인 것일 뿐 아니라 시민운동가의 전문성 또는 발로 뛴 노력의 결과로서 신선한 의견과 사실폭로, 대안제시가 있었기 때문이라고 생각된다. 그것이 이해단체들의 주장, 구태의연한 내용들이었다면 어느 언론이 받아주겠는가?

전반적으로 시민단체의 활동에 대한 보도의 증가는 전세계적인 현상이라고 할 수 있다. 특히 미국의 경우에도 많은 비영리단체, 그중에서도 시민단체[6]들의 보도회수는 꾸준히 증가되어 왔는데, 미국의 시민단체와 언론보도 비율에 관한 다음의 통계가 이를 증명해 주고 있다.[7]

(단위: %)

	시민단체	회사	무역단체	직업단체	노동조합	기타	합계
1963	28.9	10.7	31.1	15.5	9.7	4.1	100
1979	26.9	17.2	26.5	11.6	15.5	2.3	100
1991	40.2	1.8	23.7	26.7	5.6	2.1	100

이 통계를 보면, 약 30년 사이에 시민단체에 관한 보도비율이 2배 가까이 증가하였으며 다른 여러 이익단체들에 비해 그 숫자는 현저히 적으면

---

5) 양건, 「중앙시평: 시민운동에 대한 고언」, 『중앙일보』 1999. 10. 18.
6) 여기서 말하는 시민단체라 함은 순수한 사회복지전달기관들은 제외하고 로비활동이나 애드보커시활동을 하는 citizen group을 의미한다.
7) J. M. Berry, The New Liberalism: The Rising Power of Citizen Groups, Washington D. C.: Brookings Institute Press, 1999, p. 20.

서 언론보도의 범주(coverage)는 압도적이다.[8] 미국의 시민단체들은 의
회에서 심리되는 각종 법안을 둘러싼 투쟁에서 큰 영향력을 행사하며, 이
들의 견해와 활동은 주요 언론사의 가장 중요한 취재대상이 되고 있다.
이것은 미국이나 한국, 그 국가적 특성을 뛰어넘어 시민단체들이 사회공
동체의 공공선을 지향하고 있는데다 또 이에 대한 시민들의 이해가 높아
지고 있는 등 언론의 관심을 받을 수밖에 없는 조건을 가지고 있기 때문
인 것으로 추측된다.[9]

3. 언론보도에 대한 시민단체의 불만과 문제점: NGO보도의
   질적 평가

그러나 이러한 언론보도의 증가에도 불구하고 NGO의 활동가들은 별
로 만족하지 않는다. 보도회수는 증가되었음에도 불구하고 그 내용에 불
만을 가지고 있다는 이야기이다. 만족도에 대한 한 조사("NGO관련 보
도에 만족하십니까"라는 질문) 결과는 다음과 같다.[10]

이상 두 가지의 만족도조사는 거의 모든 시민운동가들이 언론보도 내
용에 만족하지 않고 있음을 보여준다. 신문·방송 할 것 없이 거의 비슷
한 비율로 언론보도에 대한 불만을 드러내고 있는 셈이다.

그렇다면 그 불만족의 내용은 무엇일까. NGO의 존재와 활동을 널리
알릴 수 있다는 점에서 여러 언론이 고정지면을 만들고 대폭 소개를 하

---

8) 시민단체의 숫자는 1991년 당시 다른 이익단체 등의 4%에 지나지 않지만 보도율은 40%
   에 이른다는 사실을 지적할 필요가 있다(같은 책, p. 25 참조).
9) "불과 10년 전만 해도 환경운동, 소비자운동을 하는 시민단체대표들은 급진주의자 또는
   반체제인사라는 이름 아래 요주의인물로 감시대상이 되었는가 하면 더구나 관공서에 가
   면 기피인물로 낙인찍혀 말단공무원조차 만나기 힘들었다."(김영래, 『문화일보』 1999. 8.
   6, 칼럼 "NGO여 초심으로") 그러나 오늘날 NGO의 기능과 역할에 대한 시민들의 의식
   은 대폭 증대되었으며 그러한 인식은 시민단체 발전의 토대가 되었다.
10) 언론개혁시민연대, 「시민사회운동가설문조사 결과보고서」, 1999. 8, 33~34쪽.

공중파방송에서의 NGO관련 보도에 대한 만족도 여부 (단위: 건, %)

	사례수	백분율	
		무응답 포함	무응답 제외
거의 아니다	56	44.8	45.2
보통이다	35	28.0	28.2
전혀 아니다	26	20.8	21.0
약간 그렇다	7	5.6	5.6
무응답	1	0.8	-
합 계	125	100.0	100.0

신문에서의 NGO관련 보도에 대한 만족도 여부 (단위: 건, %)

	사례수	백분율	
		무응답 포함	무응답 제외
거의 아니다	50	40.0	40.3
보통이다	41	32.8	33.1
전혀 아니다	21	16.8	16.9
약간 그렇다	12	9.6	9.7
무응답	1	0.8	-
합 계	125	100.0	100.0

고 있음을 환영하면서도 이와 동시에 다음과 같은 문제점을 지적하고 있다.[11]

문제의식의 피상성 문제

기사가 단체의 활동에 대한 피상적인 소개에 그치고 있다는 지적이다. 시민참여를 유도하고 의식을 고취하는 내용이 부족하다거나, NGO가 제기하는 문제점들에 대한 강조와 NGO의 의의와 활동의 중요성에 대한 강조가 필요하다는 내

11) 같은 글, 36~37쪽.

용 등 시민사회운동이라는 본래 차원에서 심층적으로 기사가 작성돼야 한다는 지적이 있었다.[12]

기사의 피상성은 취재기자들의 안이함에서 온다. 시민단체들이 고심해서 준비한 캠페인이나 사업내용에 대해 깊이 있는 이해와 추적작업 없이, 보내온 보도자료만 갖고 쓰다 보니 활동가들의 고민을 담아내지 못하게 되는 것이다. 실제 시민단체들이 기자회견을 해도 기자들이 잘 참석하지 않는다는 불만이 있다. 다만 최근 들어서 일부 언론사에서 NGO전담기자를 지명하기도 하여 이러한 불만이 해소될 여지가 생겼다.[13] 그러나 이들마저도 담당 출입처를 두고서 더불어 시민운동도 취재하는 것이어서 평소 NGO 동향과 활동에 대한 심층적인 이해를 가지기는 대단히 어려운 실정이다.[14] 따라서 무엇보다도 우리 사회에서의 NGO의 중요성과 다양성을 언론이 인식함과 동시에 기자들에 대한 NGO에 대한 이해와 교육의 기회가 제공되고 NGO관련 보도를 위한 전문기자제, 중요 출입처로 지정하는 등의 조치가 취해져야 할 것이다.

기사대상의 편향성 문제

기사의 대상이 편중되어 있다는 지적들도 많았다. 특정 단체에 편중되었다는 지적과 특정 인물 중심으로 기사가 씌어졌다는 지적이 제기되었다. 단체편중성

---

12) 같은 글, 36쪽.
13) 대체로 시민단체들이 많이 포진하고 있는 종로지역을 담당하는 종로경찰서 출입기자들 중에서 NGO전담기자들이 임명되고 있다.
14) 한 기자는 이러한 상황을 다음과 같이 설명하고 있다. "중앙일간지의 NGO지면이 매주 때우기 식으로 운영되는 현실에서도 언론의 시민운동에 대한 몰이해가 어느 정도인지는 읽을 수 있다. 본업이 따로 있는 담당기자는 어쩌다 돌아오는 NGO관련 업무를 가욋일로 생각한다. '단발취재를 위해 시민단체를 찾아와서는 NGO에 아는 것도 관심도 없지만 기사를 써야 하니 도와달라고 하더라'는 활동가의 하소연이 들리는 마당이고 보면 소위 NGO면이 얼마나 아무 생각 없이 만들어지고 있는가를 알 수 있다."(서영아, 앞의 글, 12쪽)

에 대한 지적에서는 언론운동단체가 소외되고 있다는 지적, 지역NGO에 대한 지면할애의 필요성에 대한 의견, 노동·인권·통일·학생·여성 등 재야를 비롯한 다양한 분야의 단체들이 배제되었다는 지적, 그리고 NGO지면이 정치적 성향이 적은 단체 중심으로 운용된다는 지적이 있었다.[15]

이와 같은 지적은 언론보도가 특정 단체와 인물에 집중됨으로써 많은 시민단체의 활동이 다루어지고 있지 못한 것에 대한 불만이라고 볼 수 있다. 실제 그러한 현상을 모니터한 결과가 있다.[16]

순위	1	2	3	4	5	6	7	8	9
단체	민주노총	참여연대	경실련	범민련	민변 국민연합	민화협	민가협	YMCA 다일공동체	정치개혁시민연대
회수	78	54	51	26	23	22	17	13	12

조사대상기간(99. 8. 9~8. 21)이 짧다는 점과 8·15기간이라는 특수성이 이 보도 빈도수에 영향을 미쳤던 것으로 보이는데, 이런 특수성 때문에 남북노동자축구대회를 주최한 민주노총이나 범민련, 민화협 등의 기사가 많았던 것 같다. 그것을 빼고 나면 참여연대, 경실련, 민변, YMCA, 정치개혁시민연대 등의 보도빈도수가 높음을 알 수 있다. 이 조사결과는 시민운동활동가들이 가지는 불만과 대체로 일치함을 보여준다.

이것 역시 일선기자들이 일단 명망성을 획득한 단체들의 활동에 주목하고 그 대신 이름이 별로 없거나 작은 단체, 지역의 단체들을 경시하는 경향을 드러낸다. 여러 단체들이 연대해서 하는 행사의 경우에도 대체로

---

15) 이외에도 "통일운동, 언론운동 등 민감한 주제를 피하고 환경 등 체제 내에서 진행되는 운동에 많은 지면을 할애, 체제 내적인 운동으로 한정지으려는 의도를 내비쳤다"는 평가도 이러한 의견의 연장선상에 있다(민언련 신문모니터분과, 「기본이 없는 NGO관련 보도」, 『시민과 언론』 1999년 9/10월, 민주언론운동시민연합, 14쪽).
16) 언론개혁시민연대, 「10대 일간지 NGO관련 보도실태 모니터」, 81쪽.

명망 있는 단체들만 나열하고 심지어는 주도하는 단체의 이름조차 빼는 경우가 있다.[17] 이에 대해서는 기자들 스스로 시민단체들에 대한 정보와 지식을 더 가지고 보도의 형평성을 기하고자 하는 노력과 동시에 명망성을 가진 단체들의 연대사업 등에 있어서 다른 단체들이 함께 보도되거나 우선적으로 보도되도록 하는 노력이 이루어져야 한다.

비전문성 문제

기사내용의 초보성, 기자들의 NGO활동의 전문성에 대한 인식의 결여와 전문기자의 필요성 지적, 전문적 수준에서의 대안제시 부재, 기사의 형식성과 내용의 획일성에 대한 지적 등이 있었다.[18]

이 문제는 문제의식의 피상성, NGO활동의 쟁점화 부족과 연결되는 것이다. 기사내용이 NGO활동에 대한 이해의 부족 때문에 겉핥기에 머물고 있다는 이야기이다. 많은 기사가 구조적인 배경과 대안을 무시한 채 단지 선정적인 제목과 피상적인 현상 위주로 작성되고 있다.[19] NGO조직과 활동가, 그 캠페인 등에 대해 개관하고 나면 더 이상 쓸게 없게 된다. 예컨대 활동가들의 모습을 미담기사 식으로 꾸며낼 뿐 이들이 가

---

17) 시민운동가들은 언론보도에서 몇몇 소수의 명망가단체의 이름만 나오고 그 대신 대부분의 단체들이 소외되는 현상을 "×××, ×××, ××× 등 단체들은"이라고 보도한다고 해서 '~등 단체'라는 자조적인 말로 표현한다.
18) 언론개혁시민연대, 「시민사회운동가 설문조사결과보고서」, 36쪽.
19) 다음과 같은 지적을 보라. "필자는 20세기를 마감하는 시점에서 우리나라 반세기의 환경사건들을 정리하는 기회가 있었다. 시화호 폐수방류사건, 낙동강 페놀오염사건, 새만금간척사업, 물고기 떼죽음사건 등등의 사건들이 선정되었다. 이 과정에서 독특한 점을 발견했다. 조사에 참여한 많은 시민들이 환경사건들에 대해 언론의 선정적인 헤드라인, 사건보도 위주로 기억하고 있다는 점이다. 시화호문제는 우리나라 대규모 간척사업이 지닌 구조적인 문제가 쟁점이었음에도 일부 언론사에서는 폐수방류에 지나치게 초점을 맞추고 '죽음의 호수' '호수가 죽어간다' 등과 같은 선정성 위주의 보도를 해 많은 국민들은 폐수방류사건으로 더 많이 기억하고 있었다."(김타균, 「환경문제에 대한 장기적 안목 기대」, 『시민과 언론』 1999년 9/10월호, 민주언론운동시민연합, 15쪽)

진 꿈과 비전을 제대로 드러내주지는 않는다. 좀더 천착하여 무엇이 문제이고 무엇이 희망인지를 깊이 있게 지적함으로써만이 시민사회의 성숙에 기여를 할 수 있게 될 것이다.

NGO활동의 쟁점화 부족

기사가 정치적 시의성, 인물을 중심으로 씌어지는 경향, 기획기사가 아닌 일회성 보도에 그치는 경향 등으로 쟁점화를 하지 못한다는 지적이 제기되었다. 사안의 내용에 대한 구체적이고 밀착된 접근이 부족하다는 지적도 같은 맥락에서 이해된다.[20]

NGO에 대한 기사들이 대체로 시사적 현안과 이에 관련된 NGO의 논평이나 활동으로 구성된다는 지적이다. 시사적 현안과 관계없이 꾸준하게 벌이고 있는 NGO들은 이러한 측면에서 소외된다. 물론 언론의 입장에서 보면 시의성 없는 기획기사를 자주 내보낼 수는 없는 노릇이다. 그러나 언론이 지금의 선정주의에서 벗어나 사회의 발전방향이나 대안을 고민한다면 자연스럽게 NGO활동에 대해 무게 있는 접근이 이루어지게 될 것이다.

양적인 면의 부족

기사의 양이 부족하며 좀더 확충되었으면 좋겠다는 지적과 현재보다도 고정란의 확충이 필요하다는 의견이 있었다.[21]

이러한 지적은 시민운동가의 입장에서 보면 여전히 시민운동에 할애되

---

20) 언론개혁시민연대, 앞의 글, 36쪽.
21) 같은 글, 37쪽.

는 기사분량이 적다는 점에 기초해 있다. 무엇보다도 군소단체로서는 가뭄에 콩 나듯이 보도되는 활동만으로 회원을 모으고 후원금을 모은다는 것은 불가능한 일이다. 이들에게 언론은 야속할 뿐이다. 그러나 동시에 현재 여러 언론의 보도의 양은 조금은 거품현상을 보이고 있다고 할 만큼 시민단체의 역할을 과도하게 포장하고 있다는 비판도 있음을 유의할 필요가 있다.

기사의 자의성 문제

기사가 언론사 취향에 따라 편파적이고 일방적으로 씌어지고 있으며 신문사 스스로가 필요해 만들었다는 지적도 있었다.[22]

이 지적 역시 사실은 많은 시민운동가들이 느끼고 있는 점이다. 정작 해당 시민단체가 중요하다고 느끼는 아이템과 내용은 별로 보도되지 않고 기자가 정한 아이템과 내용에 맞춰 시민단체 활동가가 인터뷰를 해준다거나 호응을 해줌으로써 언론의 주문과 요구에 부응하는 경우를 말한다. "언론의 구미에 맞는 부분만 확대 보도되는 경향"이 있는 것이다.[23] 시민운동의 권위를 빌려주는 것이 된다. 물론 이러한 경우에도 시민운동의 대의 확산에 도움이 될 경우도 있지만 정상적인 관계라고 보기는 어렵다.

---

22) 같은 곳.
23) 이를 두고 한 시민운동가는 '걸고리이론'으로 설명한다. 뭔가 비판을 하긴 해야겠는데 걸고리가 없을 경우 시민운동의 이름을 빌려서 쓴다는 것이다(서영아, 앞의 글, 11쪽).

4. 언론과 NGO의 상호 비판·경쟁 그리고 협력

상호갈등의 현실

언론의 입장에서 보면 당초 NGO는 여전히 초보적 수준이었고 여론의 형성과 전달에 경쟁상대가 되지 않는 존재였다. 그러나 점차 NGO가 늘어나고 일부 NGO들은 회원수, 사업내용 등을 확장하여 제법 사회적 여론을 선도하고 정치적 압력을 행사하는 사례가 높아졌다. 특히 경실련, 환경련, 참여연대, 녹색연합 등 이른바 메이저단체[24]들이 생겨나고 이들의 활동반경과 압력단체로서의 위상이 커진 것이다. 지난 10년 동안 시민단체들은 지속적으로 성장·확대하였으며 또 사회적 이슈들에 대해 개입하고 여론을 형성하면서 국가정책과 시민의식의 변화에 커다란 역할을 해왔다.

심지어 언론의 행태를 감시하고 개혁하기 위한 시민단체들까지 생겨났으며, 이 과정에서 그 동안 사회여론 형성과 정책개입에 독점적인 지위를 누렸던 언론이 위축되는 일조차 일어나기도 했다. 그런 한편으로 그 동안 시민단체들의 성장과 그 활동에 못마땅한 태도를 보여왔던 일부 언론들은 이런 점을 빌미로 해서 시민단체들의 조직운영이나 활동내용에 제동을 걸고 나왔다.

제1사례

환경운동연합이 자체의 회관을 건립하기 위해 50억 원을 모금하겠다면서 기업과 각계 인사에 헌금을 요청하고 있어 관심을 끌고 있다. …하지만 자기 단체의 건물을 짓기 위한 모금운동이 환경운동의 정도에 맞는 것인지 아닌지를 좀더

---

24) '메이저단체'란 한국사회의 관점에서 말하는 것이고 미국 등 서방국가의 경우 상근활동가가 수백 명에 이르고 회원이 수백만 명에 이르는 것을 고려하면 이런 명칭이 적절할 수는 없다.

자체 검토할 필요가 있을 것이다. …환경운동은 기본적으로 작은 것을 지향하는 실천운동이다. 그래서 '작은 것이 아름답다'고 한 경제학자 슈마허의 명언은 환경운동에 가장 적절한 것이다. 또 환경운동을 비롯한 모든 시민운동에 있어 윤리성과 투명성은 생명과도 같은 것이다. 그런데 우리나라의 환경운동은 외형적으로 커지고 있으면서 온갖 다른 문제에까지도 '연대'의 이름으로 관여하는 등 일종의 정치운동화 내지는 정치세력화하는 경향마저 보이고 있다. 우리도 이제 '시민운동가'보다는 풀뿌리생활인들, 자신이 조용하게 환경운동을 벌임으로써 대형백화점의 운동단체보다는 작은 모임과 자조적 주민그룹들의 네트워크 방식이 존중받는 시대를 열어야 하겠다.[25]

이 사설의 취지는 대체로 이해되지 못할 바는 아니다. 풀뿌리시민들에 의한 환경운동이 가장 바람직한 것은 의문의 여지가 없다. 특히 우리나라의 경우에는 더욱 그렇다. 그러나 한국국민의 의식수준과 사회적 여건상 '환경운동가'들이 앞장서서 개척하지 않으면 안 되는 측면이 있다. 풀뿌리시민들에 의한 환경운동이 최근 생겨나고 있는 것도 이러한 '환경운동가'들의 공로가 적지 않다. 더구나 지속적 환경운동을 위해 건물을 마련하는 것도 필요한 일이 아닌가. 또한 중앙정부의 환경정책을 비판·견인하고 대안을 마련해 내기 위해서는 주민그룹 외에도 강력한 NGO가 필요하다. 거대한 개발이론, 중앙정부, 거대기업에 대항하기 위해서는 강력한 조직과 힘이 필요한 것이다. 징싱적인 법치주의, 올바른 언론, 수준 높은 시민사회가 정착된 외국과는 달리[26] 우리의 경우 강력한 NGO의 힘으로 세상을 바로잡고 개혁을 앞당기는 일이 절박한 일이다. 환경을 위한 작은 모임, 주민그룹이 소망스럽기는 하지만 그것만으로 환경문제를 해결할 수는 없다.

---

25) 『조선일보』 1996. 4. 7, 사설 "환경모금 문제없나".
26) 미국의 시민운동이 지나치게 세분화하고 전문화됨으로써 연방정부에 대한 통제력과 사회에 대한 영향력을 상실한 점에 관해서는 박원순, 『NGO: 시민의 힘이 세상을 바꾼다』 (예담, 1999, 324쪽) 참조.

정작 언론 자신은 직접 캠페인을 벌이며 시민운동 영역을 잠식해 나가면서[27] 시민단체들에게는 그냥 작게 머물라고 주문하는 것은 운동의 성장을 방해하는 것과 다름이 없다. 그렇게 보면 언론의 이러한 보도태도에는 NGO의 성장에 따른 견제심리의 반영이라는 측면이 숨어 있다.[28]

제2사례

시민운동에 대한 언론의 태도를 가장 적나라하게 보여준 것이 장원 전 녹색연합 사무총장의 성폭행사건과 관련된 언론보도이다. 장원 사건이 터지자 언론은 지나친 보도와 함께 시민단체 전체의 도덕성을 걸고 넘어졌다. 대부분의 신문이 일제히 정치면과 사회면, 사설과 의견란을 통해 시민단체 전체를 매도하였다.[29] "이젠 누굴 믿나" "배신감 허탈" "그들도 다를 게 없다" "우리는 늘 속아야 하는가" "이제 다시 껍데기는 가라"—당시 신문기사들의 이와 같은 제목에서 이 사건에 대한 언론의 보도경향

---

27) 지금까지 우리나라의 언론사들은 샛강 살리기, 쓰레기 줄이기, 그린패밀리운동, 자원봉사운동 등 다양한 캠페인을 직접 벌이면서 시민운동의 영역을 위축시켜 온 것도 사실이다.

28) 같은 입장이 그후에도 반복적으로 제시되고 있다(『조선일보』 1998. 5. 5, "환경단체의 오염" 참조).

29) 민주언론시민연합 최민희 사무총장은 다음과 같이 당시 언론보도 내용을 정리하고 있다. "5월 29일자 신문은 일제히 장씨사건을 비중 있게 다루고 있다. 중앙일보의 경우 1면 톱으로 이 사건을 올렸고 사회면과 사설을 통해 매질했다. 조선일보 1면 사이트톱으로 이 사건을 올리고 30면, 31면에 오양과 장씨의 일문일답 및 각계반응을 실었으며 사설을 통해 응징했다. 한국일보는 사회면 톱기사로 이 사건을 기사화했고 사설을 통해 비난했다. 국민일보와 한겨레, 경향신문은 사회면에서 이 사건을 비중 있게 다루었다. …결국 이번 사건으로 '시민단체 도덕성에 흠집'이 갔고 '시민단체는 치명상'을 입었으며 '개혁세력은 쇼크상태에 빠졌다'는 것이다. …대부분 신문들이 장씨사건에 대해 사실보다는 평가 위주의 기사에 치중했는데 '흥분'에 우선한 '사실보도'를 접하고 싶다. 다음으로 왜 장씨사건이 이토록 큰 비중으로 다루어질까 생각하게 된다. 여기에는 우리 언론의 떼거리 저널리즘, 경마저널리즘, '선정성으로 먹고 살기'의 오랜 병폐가 개입되어 있다. 또 일부 신문들의 지나친 면 할애와 비난강도, 장씨＝시민운동 전체라는 등식형 보도를 보면 혹시 이 신문들은 시민단체에 어떤 감정(?)이 있어서 이런 사건을 기다리고 있었던 것은 아닐까라는 엉뚱한 의혹도 생긴다. …언론은 자기가 만든 '스타'가 잘못을 저지르고 궁지에 빠지자 '확인사살'하고 있다. 정녕 언론은 오늘의 장원씨에 대해 스타 운동가에 대해 책임질 소지가 없는 것일까."(『대한매일』 2000. 5. 31, 최민희 민언련 사무총장 칼럼)

을 충분히 짐작할 수 있다.[30] 장원사건 자체는 변명할 여지가 없었지만 그 한 사건으로 시민단체 전체가 비난받고 그 지도자와 활동가들이 매도되며 그 활동이 모두 폄하되는 일은 결코 진실도 아니거니와 정당하지도 않으며 사회적으로 이득이 되는 일도 아니었다.

이렇게 일방적 매도가 계속되면서 시간이 지나면서 그 보도들의 불균형과 문제점을 지적하는 반론적 칼럼과 기사들도 나오기 시작했다. 이 사설·칼럼 들이, 얼마나 일부 언론들이 지나치게 사건을 확대과장하고 균형을 잃은 보도로 시민운동을 폄하하려 했는지를 잘 설명해 주고 있다.

설사 장원씨의 혐의가 나중에 사실로 밝혀진다 하더라도 도무지 시민운동단체를 이끌던 한 개인의 잘못을 두고 시민운동 전체의 도덕성을 질책하는 논리의 비약은 또 어떻게 받아들여야 할지 모르겠다. …시민운동과 활동가들이 도덕적으로 엄격해야 한다는 것은 말할 나위 없지만 시민운동이 권력화되었다는 주장은 어떠한 잣대로도 사실이라 할 수 없다. 이것은 시민사회가 정치권력과 시장을 감시하고, 사회적 의사결정과정에 참여하는 것을 두려워하는 보수기득권집단의 음모적 평가라 하지 않을 수 없다.[31]

이른바 '사회지도층'의 탈선을 소리 높여 비난하는 또 다른 지도층 인사들의

---

30) 2000년 5월 29일자 『조선일보』 사설은 특히 재미있다. "우리가 장씨문제에 관심을 갖는 것은 일부 시민운동가들을 무분별하게 추종하는 젊은 세대의 환상이 걱정되기 때문이다. 이 사건을 한 개인의 문제로 치부해 버리는 것은 경솔한 일이다. 장씨가 대표하는 시민단체와 386정치인들의 허상은 하나씩 벗겨지고 있다. 도덕성뿐만 아니라 그들이 추구하고 있는 정책이나 대안이라는 것들이 어느 정도 합리성과 현실성을 갖추고 있는지도 차제에 검증받아야 할 것이다." 젊은 세대들이 일부 시민운동가에 '무분별하게 추종' 하고 있는지도 모르겠거니와 박봉과 곤경 속에서 공익을 위해 매진하는 시민운동가들에 대한 '추종'이 왜 문제인지 알 수가 없다. 더구나 성폭행에 관련된 이 지극히 '개인적 사건'을 왜 시민단체 전체의 도덕성과 그들의 정책과 대안까지 문제삼아야 하는 사건으로 연결하고 있는지 궁금하다. 장씨가 시민단체와 386정치인을 '대표'하고 있다는 주장도 억지에 다름 아니다. 시민단체에 대한 아무런 통제장치가 없는 마당에 시민단체라는 이름을 표방한 대중적 사기와 대형사고의 가능성이 있는 것은 사실이지만, 그렇다고 다른 선의의 수많은 시민단체까지 문제 될 수가 없으며 더구나 한 개인의 인격적 잘못을 다른 시민단체들의 모든 도덕성과 활동과 연결하는 것은 부당한 일이다.
31) 『문화일보』 2000. 5. 31, 강명구 서울대교수의 칼럼.

탄식도 위선의 냄새를 풍기기로는 마찬가지다. 자기의 위선을 감추기 위해서, 또는 자신의 위선을 인식하지도 못한 채 다른 사람의 위선을 돌로 치는 경우도 허다하다. …총선연대를 특정 정치세력의 앞잡이로 매도하는 데 앞장섰던 장본인들이 마치 시민단체 간부들을 '도덕성의 화신'으로 높이 받들어오기라도 한 듯 배신감을 거론하고 훈계를 하는 것을 보면 대한민국은 위선의 나라임이 분명하다.[32)]

오히려 청산대상인 흠 많은 자들이 때를 만난 듯이 목청을 높이며 진정한 개혁을 훼방하려는 시도도 함께 경계해야 한다.[33)]

우리에게 정말 소중한 것은 몇몇 사람들의 명예와 인기가 아니라 그들이 상징한다고 많은 사람들이 믿고 있었던 과거의 역사이며 시민적 양심과 정의, 그 자체이기 때문이다. 일부 언론과 세력이 이번 사건들을 계기로 내심 환호작약하며 앞장서 흠집 내고 싶어하는 것이 바로 그것이다. 그들은 몇몇 사람들의 도덕적 결함을 통해 그들이 상징하는 역사와 운동 전체를 매도하며 역사허무주의를 확산시키려 한다. 그럼으로써 한동안 개혁의 대의명분 앞에서 방어적일 수밖에 없었던 자신들의 설 자리를 회복하고 변화의 물꼬를 삽시간에 되돌리려 하는 것이다. 임수경씨의 말마따나 '믿었던 사람들의 잘못'에도 화가 나지만 개혁세력의 몰락을 즐기는 사람들이 있다는 사실은 더욱 화가 나는 일이다.'[34)]

제3사례

서울 시내 지하철 공기오염이 심각하다는 경고는 종종 보도됐다. 환경부와 서울시가 조사 발표한 자료도 많다. …지난 15일 서울지하철노조와 환경운동연합이 발표한 자료도 그런 경고 중의 하나이었다. …민간단체가 서울시민들이 일상적으로 이용하는 지하철역의 대기오염 실태를 조사하고 이를 경고한 것은 탓할 일이 아니다. 그러나 방독면을 쓰고 다녀야 한다느니 지하철이 죽음의 터널이라

32) 『문화일보』 2000. 6. 1, 시사평론가 유시민의 칼럼.
33) 『동아일보』 2000. 5. 29, 사설.
34) 『한겨레신문』 2000. 6. 2, 김창남 성공회대교수의 칼럼.

느니 하는 식의 섬뜩한 표현으로 시민을 위협하는 것은 공감을 얻기 보다 혐오
감을 유발하기 쉽다. …환경캠페인이 시민을 자칫 볼모로 삼는 듯한 인상을 준
다면 설득력을 얻기 어려울 것이다.[35]

이에 대하여 환경련은 거세게 반발하면서 언론중재신청까지 하게 되었
다.[36] 환경오염에 관한 '죽음'이라는 표현은 과장된 것이 아니며, 일부 내
용만을 확대하여 그것이 마치 전체 내용인 것처럼 허위보도한 것이고, 서
울시의 일방적인 주장만을 기술하여 공정성을 상실하였으며, 전문가의
의견을 왜곡하였다는 것이다. 중재신청이유에 나와 있듯이 이 신문 자신
이 '죽음'이라는 단어를 넣어 보도한 사례가 수십 건이 되는 상황에서[37]
환경단체가 그런 표현을 쓴 것을 문제삼은 것은 결국 환경단체에 대한
견제의 의도가 있는 것 아니냐는 의구심을 샀다.[38]

'언론플레이'론과 '언론활용론'

언젠가부터 우리 사회에는 '언론플레이'라는 말이 유행되었다. 충분한
보도의 가치가 없음에도 불구하고 로비 등을 통해 보도되도록 한다는 부
정적인 용어이다. 특히 한때 일부 시민단체를 비판하면서 언론플레이에

---

35) 『동아일보』 1996. 5. 22, 사설 "겁주는 환경캠페인".
36) 이 단체는 이 사설로 말미암아 "사회단체로서의 품위손상, 직원과 회원에 대한 정신적인
    피해, 신청인과 관련 있는 전문가의 품위손상 등 앞으로의 사회공익적 활동에 막대한
    피해를 입고 있어 정정보도를 구하는 중재를 신청한다"고 주장하였다.
37) 과거 동아일보가 '죽음'이라는 단어를 사용하여 기사를 내놓은 몇 가지 사례를 보면 다음
    과 같다. "임진강 지천서 시안 검출 …죽음의 강으로 변해"(1995. 2. 3), "황해는 죽음의
    바다 …미 환경단체보고서"(1995. 1. 5), "경기 동두천시와 양주군을 흐르는 신천이 각
    종 하수가 정화되지 않은 채 그대로 유입되는 바람에 극심하게 오염, 죽음의 강으로 변
    해 가고 있다"(1996. 3. 8), "남해의 청정해역을 이 배에서 흘러나온 기름으로 죽음의
    바다로 변했었다"(1996. 2. 3).
38) 최열 환경련 사무총장은 이 신문의 보도배경에 대해서 "(나중에) 이유를 알아봤더니
    노동운동을 적대시하는 사주 때문이었답니다. 민주노총과 함께 했다는 게 못마땅했던
    거죠"라고 설명하고 있다(『시민과언론』 1999년 9/10월호, 민주언론운동시민연합, 8쪽).

지나치게 의존한다는 비판이 있었다. 이 같은 의미의 '언론플레이'가 부정적인 것임은 의문의 여지가 없다. 보도의 가치가 없는 캠페인을 특정 기자들과의 유착이나 로비를 통해 억지로 보도하게 하는 것이 정당한 시민단체의 전략으로 채택될 수는 없다. 더구나 그러한 시도가 한두 번은 몰라도 지속적으로 이루어질 수는 없다. 올바른 운동, 대중적 캠페인, 신선한 운동방식으로 그러한 부정적 노력 없이도 언론이 관심을 가질 수밖에 없게 해야 한다.

더구나 '언론플레이'라는 용어의 부정확한 사용이 마치 정당한 언론보도의 중요성과 활용의 노력을 간과하는 역효과를 초래한다면 그것은 잘못된 일이다. 아무런 언론매체를 직접 갖지 못한 시민·사회단체로서는 기존의 언론매체에 의존할 수밖에 없다. 그 동안 이른바 제도언론은 시민·사회단체에 부정적이고 때로는 적대적인 태도를 유지해 왔다. 몇몇 언론의 보도로 말미암아 회원모집, 자원봉사자 확보 등에 가시적인 성과를 취한 것이다.[39] 그러나 그것마저도 너무 제한적이다. 어느 시민단체든 아직 충분한 회원확보, 재정자립, 자원봉사자 확보에 성공하지 못하고 있다. 시민단체들은 여전히 자신의 활동이 언론에 충분히 보도되고 있다고 볼 수 없다. 시민단체들이 벌이고 있는 정당한 언론활용 노력을 모두 '언론플레이'라는 부정적 용어로 매도한다는 것은 무책임한 일이다.

미국의 경우 언론활용은 모든 시민단체들의 생존과 활동의 절대적 명제 가운데 하나가 된다. 대부분의 시민단체 매뉴얼은 언론을 어떻게 활용한 것인가 하는 부분이 필수적으로 들어가 있다. 편집자에게 편지 쓰는 법, 독자투고 활용법, 효율적 보도자료 내는 법, 청취자초대석 활용방안 등 일반시민들이 어떻게 언론에 접근할 수 있는가를 고민하고 있는가

---

39) 1998년 MBC의 〈여성시대〉가 시민·사회단체들의 지도자들에게 자신의 단체와 삶을 소개하는 시간을 할애하는 프로그램이 진행되어 수백 명의 시청자들이 회원으로 가입하는 사태가 벌어졌다. 『중앙일보』의 'NGO인생론'에 녹색연합의 한 활동가의 삶이 소개되자 며칠만에 700명이 회원으로 가입하였다는 것이다(김타균, 「환경문제에 대한 장기적 안목 기대」, 『시민과언론』 1999년 9/10월호, 15쪽).

하면[40] 진보적 시민운동이 자신의 활동의 보도를 위해 어떤 언론을 선택하고, 탐사보도 기자를 이용하며, 언론의 편견을 어떻게 대응하고, 기자를 가장 잘 활용할 것인지를 설명하고 있다.[41]

우리나라 시민단체들은 대부분 언론을 제대로 활용하지 못하고 있다. 보도자료의 배포, 기자회견, 언론을 의식한 이벤트행사 개최 등을 하고 있지만 홍보담당자 한 사람 변변하게 두는 경우조차 없다. 시민단체를 출입하는 기자들이나 시민단체를 취재해 본 경험이 있는 기자ㆍPD 들은 시민단체가 보다 더 홍보에 신경을 쓸 필요가 있다고 주장한다.[42] 더구나 몇 명의 간사로 수많은 활동을 벌여야 하는 작은 풀뿌리시민단체들은 아예 언론의 관심 너머 저만치 있을 수밖에 없다.

그러나 이러한 상황에만 탓할 수 없다. 언론에 쏟아지는 보도자료와 사건의 홍수 가운데서 기자들은 시민단체들의 활동을 유의미하게 분류해 내기가 쉽지 않다. 따라서 시민단체의 간사들은 어떻게 하면 자신의 활동이 쉽게 대중에게 전달될 수 있는지를 연구하지 않으면 안 된다. 하지만 아쉽게도 현재 거의 대부분의 시민단체가 언론접근에 대한 적절한 전략과 자원을 가지고 있지 못하다.[43] 이는 물론 대부분의 시민단체들이 언론활동에 배치할 자금과 인력이 확보되어 있지 못한 때문이지만 동시에 이러한 언론활동의 중요성에 대해 맹목하기 때문이기도 하다. 앞으로 이러한 언론활용은 격려되고 고무받아 마땅하다.

---

40) K. Isaac, *Civics for Democracy*, Essential Books, 1992, pp. 173~75.

41) R. Shaw, *The Activist's Handbook*, Berkeley: University of California Press, 1996, p. 150ff.

42) 〈시민의 힘이 세상을 바꾼다〉는 제목으로 미국 등 외국과 한국의 시민단체를 5회 시리즈로 제작ㆍ방영한 KBS의 박혜령PD는 한국의 시민단체들이 방송을 제대로 활용할 줄 모른다고 한탄하였다. 특히 미국의 COMMON CAUSE는 스스로 촬영한 행사, 인물 등 각 주제별 비디오테이프를 다량으로 보유하고 있다가 필요로 하는 매체에 제공한다고 소개하였다. 그러나 우리나라의 시민단체들은 평소 자신의 행사조차 비디오로 촬영해 놓을 만큼 여유 있는 곳이 드물다.

43) 비교적 자원이 많다고 할 참여연대 역시 현재까지 참여연대의 각종 활동을 제대로 언론에 소개하거나 이러한 언론활동을 조정하는 홍보담당자가 한 명도 없으며 언론홍보를 위해 사용하는 예산이 전혀 배정되어 있지 않다.

상호비판의 역할과 '생산적 긴장관계'

언론과 시민단체는 정부와 시장이 아니면서 각자 공공선을 위하여 일하는 조직이라는 측면에서 공통점을 갖는다. 보다 많은 대중을 장악하고 그 여론을 효과적으로 조직·전달하고자 하는 측면에서 상호경쟁의 가능성을 지닌다. 시민단체가 커지고 활성화될수록 언론이 종래 독점했던 이른바 '사회권력'을 일부 양보할 수밖에 없다. 그 동안 언론이 시민·사회단체의 활동을 충분히 제대로 보도했다고는 볼 수 없다. 그러나 언론이 그 영역을 내놓지 않기 위해 시민운동을 애써 무시·경시한다면 시민운동의 성장은 그만큼 더디게 될 것이다.

언론은 전통적으로 입법·사법·행정에 이어 제4부로 불린다. 그만큼 입법·행정·사법권을 비판하는 '무관의 제왕'으로서 큰 힘을 행사하게 마련이다. 그러나 언론 역시 감시와 비판을 받아야 한다. 시청자·독자들로부터의 비판은 말할 것도 없고 이들의 입장을 대변하는 시민단체의 감시와 견제를 받음으로써 비로소 건강한 언론이 될 수 있다. 과거 이 나라 언론은 어느 누구로부터 견제받지 않은 채 독선적 권력기관으로 행세해 왔다.[44] 권력과 독점재벌, 기득권층의 일탈과 부정을 감시하고 올바른 사회여론을 선도해야 할 언론이 오히려 그들과 유착하고 여론을 오도해 온 모습은 충분히 지적되어 왔다. 현재 많은 시민단체들이 언론모니터 활동을 벌이고 있고 더 나아가 이 같은 부정적인 모습의 언론을 개혁하기 위해 조직된 민언련, 언개련, 바른언론 등 언론 개혁·감시 단체들도 있다. 하지만 언론에 대한 단순한 모니터활동을 넘어서서 좀더 근원적인 비판과 개혁운동이 생겨나야 하는데,[45] 총선연대의 활동 이후 시민

---

44) "언론은 이미 제4부가 아니라 제1부의 자리를 넘보고 있다. 유력 언론사의 사주를 '밤의 대통령'이라고 공공연히 밝히고 있는 언론(인)도 있다."(안상운, 「언론보도로 인한 피해구제」, 『시민의 힘으로 언론을 바꾼다: 언론개혁과 시민사회운동』, 1999, 188쪽)
45) 강명구, 「시민사회의 민주화와 공론영역의 개혁」, 『시민의 힘으로 언론을 바꾼다: 언론개혁과 시민사회운동』, 언론개혁시민연대, 1999, 44쪽.

단체들 사이에 언론개혁에 대한 여론과 인식은 점점 높아지고 있는 실정이다.[46]

한편 시민·사회단체 역시 정부기관과 언론의 비판과 감시로부터 자유로울 수 없다. 행정권의 통제로부터 벗어날 수 없었던 시민·사회단체들의 역사성 때문에 시민단체들의 조직과 활동에 개입하는 것을 금기로 여기는 것이 최근의 인식이다. 그러나 아무리 시민·사회단체들의 자율성이 중요하다고 하더라도 그 책임 또한 강조되지 않을 수 없다. 시민단체들이 우후죽순 마구 생겨나고 그에 대한 사회적·법적 통제장치가 제대로 마련되어 있지 않은 마당에 언론의 감시와 견제 역시 필요하다. 최근 들어 시민단체의 부패와 부실이 생겨나고 있는 것도 이러한 사회적·법적 통제의 미비에서 오는 바 적지 않다.[47] 앞으로도 시민단체의 활동이 활성화되고 영향력이 높아질수록 시민단체 이름을 팔아 이권에 개입하고 사리사욕을 도모하는 일이 비일비재할 가능성이 높다. 더구나 시민단체들의 잘못에 대해 바로 정부가 개입하는 것보다는 오히려 언론이 비판기능을 수행함으로써 시민단체의 건강성과 자율성을 함께 지킬 수 있다. 이러한 양자의 관계를 다음과 같은 글이 적절히 표현하고 있다.

언론이 그 어떤 세력과 관계를 맺을 때, 그 사이에서 긴장이 사라지면 둘의 관계는 썩게 마련이다. 때문에 언론은 우호적 시각을 가지고 대하는 대상 그 자체에 대해서도 감시의 눈을 소홀히 해서는 안 된다. 양심적 시민단체들에 대해서도 마찬가지다.[48] 그런가 하면 시민단체의 입장에서 볼 때에도 언론과의 바람

---

46) 『경향신문』 2000. 4. 24, 순천향대 장호순 교수의 칼럼 "이제는 언론개혁이다"; 『대한매일』 2000. 5. 12, "언론개혁운동 확산조짐" 참조.
47) 최근 일어난 시민단체의 대표적인 비리사건은 한국부인회의 소비자만족대상 사건이다. 이 모임의 간부는 소비자만족대상을 주관하면서 뇌물을 받고 조사결과를 조작하거나 불매운동의 상대기업으로부터 돈을 받는 등으로 사욕을 채웠다(『국민일보』 2000. 5. 11 참조).
48) 이 글의 필자는 경실련 사무총장의 칼럼 대필사건, 녹색연합의 사진 표절사건을 말하면서 이 글의 논지를 전개하고 있다.

직한 거리설정이 필요하다. 시민단체에게 언론은 '청탁'의 대상이자 감시의 대상이다. 자신의 활동을 지면에 효과적으로 선전하기 위해 언론플레이를 해야 할 처지에 있으면서 동시에 그 지면들이 사회적 공기로서 제 역할을 다하고 있는지 감시해야 할 입장에 있다. …시민단체와 언론, 둘 사이의 생산적 긴장이 필요하다.[49]

생산적 긴장—이것은 긴장이 필요하되 그것이 생산적이지 않으면 안 된다는 뜻이다. 언론과 시민운동은 서로가 서로를 감시하면서 주어진 임무를 다해야 한다. 정부와 시장을 함께 감시하면서도 또 감시자로서의 역할에 대한 제3자로부터의 감시를 받아야 한다는 것이다. 견제와 균형을 목표로 하는 권력분립의 원칙이 민간기구인 언론과 시민단체에도 해당된다고 할 수 있다.

5. 새로이 열리는 가능성

퍼블릭 엑세스 채널

단순히 언론사가 시민·사회단체의 의견과 일반시민의 여론을 보도해주기를 소극적으로 기다리는 대신에 스스로의 견해와 주장을 담아 직접 제작한 프로그램을 방송사들이 실어주기를 요구할 수 있는 제도가 생겨나고 있다. 바로 퍼블릭 엑세스(public access) 제도가 그것이다. 이것은 기본적으로 "목소리를 지니지 못한 이들에게 발언의 공간을 제공한다"는 취지에 기반해 있으며[50] 종래의 옴부즈맨 프로그램이나 시청자발언 프로

---

49) 오연호, 「시민단체와 언론, 생산적 긴장이 필요하다」, 『시민과 언론』 1999, 9/10월호, 17쪽.
50) 김명준, 「대안매체운동」, 『시민의 힘으로 언론을 바꾼다』, 197쪽.

그램보다는 한 차원 더 발전한 것이라고 할 수 있다. 전파와 방송의 공익성에 비추어보면 너무나 당연한 일로서, 미국이나 유럽, 라틴아메리카 등지에서는 이미 크게 발전해 있다.[51] 하지만 이것이 저절로 이루어진 것은 아니었다. 전세계적으로 퍼블릭 엑세스 운동을 주도한 미국의 경우 다양한 사회운동가, 다큐멘터리 제작자, 연구자 들의 노력에 힘입은 바 크다고 한다.[52]

우리나라에서도 몇몇 선진적 의식을 가진 언론운동가와 학자들의 노력에 의해 최근 방송법에 불충분하지만 퍼블릭 엑세스 제도가 공식적으로 도입되었다.[53] 한국방송공사는 1개월에 100분의 시간을 할애하여 시민·사회단체들이 내놓는 프로그램을 의무적으로 방송해야 하는데, 이를 위해 KBS는 시청자참여 프로그램의 편성기준을 정하여 공표하고 시청자참여 프로그램의 운영 및 제작지원, 방송권 등 필요한 사안에 대하여 방송위원회 규칙으로 정하고 있다.[54] 물론 이것은 한국방송공사에 국한된 것이지만 점차 다른 방송사들로 확대될 가능성이 높다.[55] 방송법은 또한 케이블TV사업자도 공공채널과 지역채널을 두고 방송위원회규정이 정하는 바에 따라 시청자가 자체 제작한 방송프로그램의 방송을 요청하는 경우 방송하도록 하고 있다.

뿐만 아니라 위성방송과 디지털방송의 추세에 따라 다채널시대가 열리면서 그 가운데 전문 퍼블릭 엑세스 채널의 설치 가능성도 높아졌다. 방

---

51) 미국 전역에서는 2500여 개, 캐나다에서는 2천여 개의 퍼블릭 엑세스 채널이 운영중이며 독일은 TV면허료의 1%를 지원하고 동시에 라디오FM을 통해서도 퍼블릭 엑세스 채널이 운영되는 등 다양하게 발전하고 있다.

52) 김명준, 앞의 글, 192쪽.

53) 2000년 1월 13일 공포된 방송법은 제5장 제69조 내지 제70조에서 한국방송공사, 종합유선방송사업자 및 위성방송사업자에 대하여 퍼블릭 엑세스 채널에 관해 규정하고 있다.

54) 자세한 것은 언론개혁시민연대, 『시민들이여! 방송전파에 목소리를 싣자』(2000) 참조.

55) 인천방송은 국내 방송사로는 처음으로 1999년 1월부터 시작했는데, 시청자들이 제작한 프로그램 〈당신의 채널〉을 가감 없이 방송하기로 하였으며(『전자신문』 1999. 11. 3 참조), 그 이후 1999년 2~3월에 SBS의 〈결정! 당신이 주인공〉, 경기방송라디오 〈시사21〉 등이 잇따랐다.

송법에 위성방송사업자는 대통령령이 정하는 바에 의하여 국가가 공공의 목적으로 이용할 수 있는 공공채널 및 종교의 선교목적을 지닌 종교채널을 두어야 하고 방송위원회 규칙이 정하는 바에 따라 시청자가 자체 제작한 방송프로그램의 방송을 요청하는 경우에는 방송하도록 규정하고 있다. 실제로 이 흐름을 주도하는 측에서는 이미 2개 가량의 퍼블릭 엑세스 채널의 설치를 고려하고 있다고 한다.[56]

그러나 이것이 "다수의 상업채널과 소수의 구색 맞추기식 공공채널로 구성될 가능성"이 없지 않으므로, "사회의 모든 구성원에게 충분한 공공정보가 유통될 수 있도록 하는 공공채널의 확보와 함께 다양한 계층의 시민들이 자신의 목소리를 낼 수 있는 시민채널을 확보하고 이를 보다 확장하는 제도적·법적 투쟁을 전개할 필요"가 있다.[57] 이렇게 된다면 시민들의 여론을 주도하는 시민·사회단체의 활동소식과 의견·주장이 일상적으로 보도되고 시청자들의 참여와 행동을 유발하는 데 새로운 전기를 맞을 것임에 틀림없다.

대안언론매체 논의

기존의 제도언론에 대한 불만과 한계에 대한 인식은 대안매체에 대한 논의로 이어졌다. 현재의 언론을 개혁하는 데 노력해야 할 뿐 아니라 새로운 매체에 대한 고민을 시작한 것이다. 현재의 언론에서 국민들의 엑세스권이 제대로 보장되지 않는 상태에서[58] 직접 국민들의 의사를 전달할 수 있는 매체를 직접 가져야 하겠다는 생각이다. 시민단체에 대해 지금까지 열려 있는 문은 너무나 좁고 제한적이라는 인식이 높은데다, 시민

---

56) 디지털 위성방송을 추진하고 있는 양대 산맥이라고 할 DCM과 한국통신 모두 퍼블릭 엑세스 채널의 필요성을 공감하고 이에 대한 준비를 하고 있다고 한다.
57) 강상현, 「뉴미디어와 시민운동의 과제」, 『시민의 힘으로 언론을 바꾼다』, 135쪽.
58) 최근 방송법개정안에는 국민들의 엑세스권이라고 할 수 있는 public access조항이 삽입되었으나 개정안이 통과되지 못하는 바람에 불발로 끝났다.

〈대안매체 필요한가〉

	사례수	백분율
매우 그렇다	57	45.6%
약간 그렇다	41	32.8
보통이다	24	19.2
거의 아니다	3	2.4
합 계	125	100.0

운동가들 사이에서는 새로운 매체의 창설이 중요하다는 인식이 보편화되어 있다. 대안매체가 필요한가라는 질문에 다음과 같이 79.4%가 동의하고 있다.[59]

과거 국민주모집에 의한 한겨레신문의 창간에 이어 국민주 방송[60]의 설립 논의가 진행되기도 하였다.[61] 당시 논의된 것은 주로 텔레비전방송이었는데 거액의 모금액규모,[62] 채널권의 확보 등 여러 가지 난제로 제대로 추진되지 못하고 있다. 또 1998년 8월 창립된 언론개혁시민연대(언개련)도 그 주요 사업의 하나로 "국민주방송을 비롯한 대안매체 설립"을 꼽았다.[63] 통합방송법이 제정되기는 하였으나 우리 방송이 공영방송·민주방송으로 완전히 탈바꿈하기는 어렵다는 점에서 국민주방송운동의 필요성이 완전히 사라졌다고 보기는 어렵다.[64] 텔레비전보다 훨씬 소규모로 운용할 수 있는 라디오방송 설립의 논의도 활발하게 논의되고 있으나

---

59) 언론개혁시민연대,「시민사회운동가설문조사 결과보고서」, 32쪽.
60) 국민주방송이란 "일반국민이 방송사의 소유와 경영은 물론 프로그램 제작까지 직접 참여함으로써 방송에서 직접민주주의를 실현하고 나아가 방송의 자율성과 독립성을 실현하기 위해 국민이 직접 소유하는 방송형태를 말한다."
61) 자세한 것은 방송개혁국민회의,「국민주방송을 만듭시다」(2차토론회자료집) 참조.
62) 방송개혁국민회의의 계산으로도 연주소 및 송신소 시설설치공사의 견적이 88억 9천만 원에 이른다(같은 글, 228쪽 이하 참조).『한겨레신문』의 창간 당시 이 이상의 금액이 모아졌으나 과연 지금 이 시기에 이 거액을 거둘 수 있을지가 문제이다.
63)『한겨레신문』 1998. 8. 27 참조.
64) 국민주방송의 필요성과 운동에 관해서는 서명석,「국민주방송, 꿈이 아닌 현실로」(『시민의 힘이 언론을 바꾼다』, 203쪽 이하) 참조

구체적인 안은 나와 있지 않다.[65]

이와 같은 거대 매체 외에 인터넷을 통한 신매체 발견, 특정 사안에 관한 전문영역의 신매체 창립 등이 이루어지고 있는데, 특히 적은 돈으로도 얼마든지 가능한 인터넷 미디어는 "기존 대형언론들이 묵살하던 개인과 소수집단의 목소리를 담는 대안매체로서의 가능성"을 보여주고 있다.[66] 시민단체들은 자신의 목소리와 활동을 담은 웹사이트를 가지고 있고 이를 통하여 여론의 확산, 사이버시민행동 그리고 회원모집을 열심히 벌이고 있으며, 이런 시민·사회단체들의 웹사이트 디자인을 도와주기 위한 전문단체들도 생겨나고 있다.

시민·사회단체들과 우호적인 인터넷매체들의 성공도 특기할 만하다. 그 가운데 『딴지일보』의 성공은 이러한 가능성을 현실로 보여주고 있다. 1999년 6월 16일 현재 『딴지일보』의 조회건수가 1천만 회를 돌파함으로써 창립한 지 349일 만에 하루평균 3만여 회를 기록하고 있으며,[67] 참여연대 등 시민·사회단체와도 연대함으로써[68] 정치·사회 현실에 대한 발언권을 높이고 있다.[69] 그리고 최근 창립된 『오마이뉴스』(ohmynews)는 실시간대 보도를 추구하고 나섬으로써 주목을 끌고 있다.

그 밖에도 각 시민·사회단체들이 자신의 매체를 가지고 새로운 대중을 찾아나서고 있는데, 민주노총의 『노동과 세계』, 인권운동사랑방의 『인권하루소식』,[70] 녹색연합의 『작은 것이 아름답다』, 참여연대의 『참여사회』, 환경운동연합의 『환경운동』 등이 그것이다. 이들은 대체로 회원 서비스와 일부 소수의 구독자층을 상대로 하고 있지만 이들이 의식 있는

---

65) 사단법인21세기언론연구소의 과제로 시민라디오 발족을 들고 있다(『한겨레신문』 1999. 2. 1).

66) 『한겨레신문』 1997. 8. 20.

67) 『한겨레신문』 1999. 6. 17.

68) 최근 한려대 교수협의회의 "한려대를 살려주세요", 참여연대의 "투자자 우롱하는 헌(현)대증권" 등의 기사를 게재한 바 있다.

69) "…우끼고 자빠진 각종 사회비리에 처절한 통침을 날린다"고 쓴 『딴지일보』의 창립정신 그 자체에서 사회현실에 대한 개입을 선언하고 있음을 알 수 있다.

70) 일간 팩스신문이라는 데 특징이 있다.

계층이라는 점에서 그 영향력을 완전히 무시할 수는 없다. 또 참여연대
의『개혁통신』은 일반대중을 상대로 한 것은 아니지만 시민·사회단체
의 다양한 주장이 언론에 충분히 보도되지 않는다는 인식 아래 직접 청
와대로 보내는 특이한 대안언론의 형태라 할 수 있다.[71] 이러한 단체 외
에도 개인이 일정한 주제를 가지고 발간하는 각종 매체들도 관심을 끄는
데, 강준만 교수의『인물과사상』을 비롯하여『가로수 타임즈』등이 있
다. 그런가 하면 이른바 스트리트페이퍼,[72] 독립영화집단과 비디오제작[73]
등도 이러한 대안언론운동의 새로운 영역들이라 할 수 있다.

그러나 이러한 단체나 개인들이 대안매체를 창설하고 활성화시키기에
는 아직도 제도적 제약[74]과 인력·재정적 토대의 취약, 관객의 확보의
애로 등이 가로놓여 있다. 그럼에도 불구하고 시민사회운동이 그 자신의
활동과 의지를 관철하는 데는 기존 언론의 효율적인 활용이라는 측면 외
에 불가피하게 이러한 대안매체를 찾아나설 수밖에 없는 현실이다. 사회
를 변화시키고 대중을 사로잡기 위한 방법은 다양할 수밖에 없고 그 새
로운 방안을 포기할 수 없는 것이다.

(이 글은 2000년 8월 10일 중앙일보 시민사회연구소 주최 '제1회 중앙시민사회 심포지엄'에
서 발제한 글이다.)

---

71) 1998년 9월 1/일 첫 창간호를 낸 이래『개혁통신』은 호외까시 내면서 새빌개혁을 포함
한 사회개혁 이슈에 관한 정론직필을 청와대에 내보내다가 김태정 법무장관 임명과 옷
로비사건에 항의하며 한때 종간하였으나 다시 간행되고 있다.
72) 예컨대 미술계의 대안언론이라 할 스트리트페이퍼〈나무뉴스레터: 스케치〉, 미술인 30
여 명의 토론모임〈포럼에이〉등이 등장한 바 있다(『한겨레신문』1998. 1. 26).
73) 지난 1997년 1월 노동법 파업당시 노동자뉴스제작단, 보임, 서울영상집단, 푸른영상 등
이 서울 명동입구에 대형 멀티비전을 설치해 각자 촬영한 기록물을 내보냄으로써 임시
시민방송국을 방불하게 하였다. 당시의 기록물은 모두 한데 묶여 베를린영화제에서 상
영되기도 하였다(『한겨레신문』1997. 2. 15).
74) 표현과 문화생산의 자유, 문화적 생산수단에 대한 접근 등의 제약이 그것이다. 예컨대
공연법, 음반및비디오에관한법률, 영화법, 종합유선방송법 등은 등록제나 심의제도, 상
영 및 배포과정을 통제하고 있다(김상휘,「대안매체운동에 관한 연구: 한국과 미국의
제작단체들의 비교를 중심으로」, 서울대대학원 신문학과석사학위논문, 1996, http://147.
46.181.31/thesis/abs /93211502.txt의 논문초록 참조).

한국 시민운동의 아킬레스건
시민단체의 재정문제

1. 머리말

시민운동의 최대 고민, 재정문제

시민사회의 미성숙은 곧바로 시민·사회단체의 어려움으로 나타난다. 그중에서도 가장 큰 어려움은 재정문제인바, 존립과 활동이 어려울 정도로 재정적 압박과 영세성을 벗어나지 못하고 있다. 물론 궁핍과 애로는 시민·사회단체의 본질적 조건[1]이기는 하지만 성숙한 시민의식이 부재한 한국사회의 경우에는 그 곤란의 정도가 극심하여 활동가들의 헌신성과 희생에 의해 겨우 유지되고 있는 상황이다. 한국의 시민·사회단체가 가진 여러 애로 가운데서도 가장 절박한 것은 역시 재정적 곤란이다. 아

---

1) 사회운동조직은 기본적으로 재정적 궁핍에 직면할 수밖에 없다. "시민·사회운동이 변화시키려고 하는 대상이 바로 재정능력을 갖추고 있는 국가권력과 자본가들"이기도 하거니와 "사회운동 자체로는 돈을 써야 하는 소비조직이지 돈을 모으거나 벌 수 있는 영리단체가 아니기 때문"이다(강선미·이기호, 『한국사회운동의 과제와 전망』, 한국기독교사회발전협의회 편, 1997, 개마서원, 115쪽).

래 표[2]에서 보는 바와 같이 대부분의 시민단체 관계자들이 재정압박을 가장 큰 당면과제로 꼽고 있다. 사회적 인식의 결여, 회원의 부족은 결국 재정부족과 긴밀한 연관관계를 가지므로 그렇게 따지고 보면 조사대상의 약 76.7%가 이러한 문제를 지적하고 있는 셈이다.

과제 수	사회적 인식의 결여	회원의 부족	운영비의 부족	내부의 갈등	단체간 협조부족	기타	무응답	합계
빈도수	36	10	69	11	14	10	0	150
비 율	24.0	6.7	46.0	7.3	9.3	6.7	0	100

특히 지난 1998년 불어닥친 IMF한파는 시민·사회단체의 재정상황을 더욱 어렵게 만들었을 뿐 아니라, 그 동안 여성단체 등 일부 시민단체들에게 큰 도움이 되었던 외국으로부터의 지원도 한국의 OECD가입으로 대부분 끊기거나 감축되는 상황에 있어 시민단체들을 더욱 어려운 지경으로 몰고 있다.[3] 또한 정치권과 일부 언론에서 확대재생산되었던 '홍위병논쟁'이나 재벌과 일부 재벌옹호기관에서 벌여온 좌파논쟁은 일반시민들의 시민단체 참여와 후원을 주저케 하는 요인이 되기도 하였다.

NGO의 존립기반은 시민의 참여와 신뢰 그리고 정부나 기업으로부터의 독립에 있으며, 그 독립의 중심은 재정적 독립이다.[4] 정부나 기업으로부터 재정적 지원을 받는 것에 대해 적지 않은 논쟁이 있지만 아무튼 그러한 재정적 지원 없이 독자적인 재정확보가 가능하다면 그 단체와 활동이 보다 더 독립성을 갖출 것임은 의문의 여지가 없다. NGO의 재정은

2) 정무장관실, 『21세기 한국시민운동의 전개방향과 과제』, 1995, 53쪽의 〈표 V-18〉 참조. 숙명여대 박재창 교수가 235개 단체의 간사를 대상으로 조사한 것이다.
3) 예컨대 활동비의 상당부분을 지원받았던 여성단체들은 독일의 EZE로부터의 지원감축 때문에 비상사태에 직면해 있다.
4) 물론 NGO의 독립성은 재정적 독립 외에도 시민단체 인사들의 정치적 진출과 같은 문제와도 잇닿아 있다. 특히 시민단체 지도자들이 종종 정치권으로 진출함으로써 정치적 중립성에 훼손이 되는 사례들도 나타났다. 이에 관한 자세한 내용은 『내일신문』(1999. 10. 13, 57쪽) 참조.

대체로 회비 및 후원금, 자체 수익사업, 정부 또는 기업의 협찬금·지원금으로 구성되는데, 이 가운데 회비에 의존하는 시민단체의 재정구조가 가장 바람직하다고 할 것이다. 그러나 불행하게도 시민단체들이 현재 회원들의 회비에 의존하는 비율은 높다고 할 수 없다. 그러다 보니 자연적으로 정부의 지원금과 기업의 협찬금에 의존하는 비율이 높아질 수밖에 없다. 다음의 표를 보자.[5]

〈시민단체 재정수입 현황〉

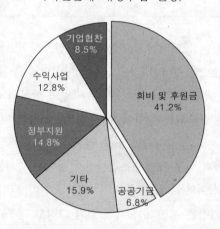

표에 따르면, 시민단체의 재정수입에서 회비 및 후원금이 차지하는 비율이 41%에 불과하다. 이중 회비의 비율이 얼마인지 알 수 없으나, 후원금은 주로 기업협찬이나 특정인의 후원으로 충당된다는 점을 고려한다면 시민단체의 어려운 재정상황의 현주소를 확인해 볼 수 있다. 시민들의 참여가 저조하고 따라서 회비수입에 의존할 수 없는 절대적 한계상황이 존재하는 셈이다. 그러다 보니 정부지원과 기업협찬을 받아야 한다는 주장도 설득력 있게 제기되고 있다. 시민단체의 활동이 공익적인 만큼 정부의 지원을 받는 것 자체가 문제일 수는 없다. 어느 나라에서든 정부의

5) 『내일신문』 1999. 10. 13.

재정지원은 있거니와, 특히 선진국일수록 정부재정에의 의존도가 높다. 다음의 국제비교 표를 보자.

〈NPO수입구조의 국제비교표〉

(1995년도, 단위: %)

	회비/요금	공적보조	민간기부
전 체	49	40	11
회비/요금 중심형			
멕시코	85	9	6
브라질	74	15	11
아르헨티나	73	20	7
콜롬비아	70	15	15
페루	68	19	13
오스트레일리아	63	31	6
핀란드	58	36	6
미국	57	30	13
슬로바키아	55	22	23
헝가리	55	27	18
일본	52	45	3
스페인	49	32	19
체코	47	39	14
공적보조 중심형			
아일랜드	16	77	7
벨기에	18	77	5
독일	32	64	4
이스라엘	26	64	10
네덜란드	38	59	3
프랑스	35	58	7
오스트리아	44	50	6
영국	44	47	9
루마니아	28	45	27

* 山內直人·出口正之 編, 『日本NPO』, 大阪大學大學院國際公共政策研究科, 2000, 9쪽.

이것을 보면 한국 NGO들의 수입구조가 반드시 나쁘다고는 하기 어렵다. 사업수익을 요금의 일종이라고 본다면 그 수입구조는 멕시코나 브라질 같지는 못하더라도 회비 · 요금 중심형에 속한다고 할 수 있다.

그러나 그렇다고 만족스럽다고 말하기는 어렵다. NGO에 대한 일반국민의 이해가 낮고 상대적으로 그 사회적 영향력이 커져가는 상황에서 NGO가 정부나 기업으로부터 지원을 받기 시작하면 그 지원자로부터 완전히 독립성을 유지하면서 활동하기가 쉽지 않다. 회비의존도가 높은 재정을 달성하는 것은 그 단체의 독립성을 높이는 것뿐만 아니라 그 자체가 시민사회의 외연을 확장하는 길이어서 그 노력이 강화되지 않을 수 없다.

시민운동의 아킬레스건: 재정적 스캔들

이러한 열악한 재정상황은 시민단체들의 활발한 활동은 물론이고 생존까지 위협하고 있다. 상근자들의 안정적인 월급지급은 말할 것도 없고 기본적인 활동까지 위축받고 있으며 더 나아가 존폐의 위기로 몰리고 있다. 특히 시민단체에 대한 국민들의 이미지를 실추시킨 말썽들 역시 대부분이 시민단체의 재정확보와 관련된 일들이다.[6]

소비자단체의 일부 관계자가 기업으로부터 돈을 받거나 공금을 횡령한 것으로 드러나 파문이 일고 있다. …한국부인회 총본부의 전 편집국장 전승희씨는 지난 10일 배임수재혐의로 구속됐다. 검찰에 따르면 전씨는 95~97년 한국부인회의 소비자만족대상을 주관하면서 기업의 청탁을 받고 총 11억 원의 뇌물을 받았다. 여기에 전씨의 의뢰를 받아 소비자만족도 조사결과를 조작한 자, 조작사실을 묵인한 심사위원들도 끼여 있음은 물론이다. 게다가 한국부인회의 몇몇

---

6) 시민운동단체들의 재정마련과 재정지출과 관련한 문제점을 분석한 방송프로그램이 만들어지기도 하였다(MBC 〈2580〉, 2001. 10. 14 참조).

전 간부는 98년 이후 관련서류를 조작하여 국고보조금, 수재의연금, 공공근로사업집행비 등 공금을 수천만 원씩 빼돌린 혐의를 받고 있다.[7]

경실련이 작년 11월 후원의밤 행사 개최를 앞두고 일부 정부투자기관과 기업체들에 공문을 보내 거액의 후원금을 요구한 것으로 3일 드러났다. 특히 경실련이 이 공문을 보낸 시기가 13개 정부투자기관의 판공비 사용내역에 대한 자체조사를 벌이고 있는 때인 것으로 밝혀져 물의를 빚고 있다. 경실련은 작년 11월 20일 한국전력 등 5개 정부투자기관에 공문을 공동대표3인과 사무총장 명의로 보냈으며 이중 한전과 주택공사, 관광공사에는 지원요청금액 1천만 원이 명기된 공문을 보냈다.[8]

최근 이 단체(부정부패추방시민회)에서 일하는 간사들이 '시민운동의 도덕성을 훼손하고 있다'며 대표 박모씨를 서울지검에 고발, 또 다른 화젯거리가 되고 있다. 이 단체가 부정비리를 고발하러 온 민원인들에게 '우리 단체가 사건에 개입해 도와주겠다'며 수십만~100만원의 후원금을 받아왔다는 것이다.[9]

이익을 얻을 목적으로 중국노동자센터라는 간판을 걸어놓고 조선족노동자들에게 누구든지 회비 6만 원을 납부하면 법률상담을 하여준다고 선전하는 등의 방법으로 1997. 1. 3경부터 2000. 7. 28까지 중국인조선족 노동자들을 상대로 체

---

7) 『국민일보』 2000. 5. 12, 6면.
8) 『조신일보』 2001. 1. 3. 그러나 이에 대해 경실련은 해명서를 통해 "5대 공기업의 판공비 내역공개 요구와 연계시킨 것은 판공비내역을 발표한 뒤 정부개혁위원회의 활동시기와 견줘볼 때 어처구니없는 일"이며 "3개 공기업에 지원금액을 구체적으로 명기한 것은 일천만 원 이하라는 것이 작성과정에서 일천만 원으로 표기된 것으로 경실련이 후원을 위해 압력을 행사한다는 것은 있을 수 없는 일이며, 행사와 관련해 5대 공기업에 1억 원씩 지원을 요청했다는 일부의 주장은 행사기획단계에서의 협찬가능성을 타진했던 것으로 전혀 사실무근이라고 일축했다"(『시민운동연합』 2001. 1. 18).
9) 『주간동아』 2001. 1. 18. 그러나 이 사건은 그해 3월 10일 서울지검에서 "박대표가 그간 사용한 신문, 유류대금, 핸드폰사용료 등은 개인적인 사용보다는 단체업무상의 필요에 의해 사용된 것이라고 변소하고 있고" "민원인들에게 사례비를 요구한 것이 아니라 각 소송건에 소요된 경비와 후원금으로 단체공금에 포함시켜 금전출납부에 기재하고 있어 사례비명목으로 받지 않았음이 확인되었다"며 무혐의처리를 하였다(자세한 것은 『시민의 신문』 2001. 3. 19, 19면 참조). 아무튼 이런 잡음은 순수한 회비로 운영되지 못하는 열악한 재정여건에서 비롯되고 있다.

불임금, 산재, 대여금, 위장결혼, 밀입국문제, 여권문제, 임대보증금, 계약위반, 갈취금 등 소송문제에 대하여 소송을 대행해 주고 돈을 받게 하여준다고 선전하여 이를 믿고 찾아온 조선족노동자들에게 회비명목으로 1인당 법률상담료 6만 원씩 금 164,220,000원을 받고…. [10]

이종석 경실련 공동대표가 외국대학 국내분교 불법운영에 개입한 것과 관련, 시민들은 반성이 뒤따라야 한다며 실망감을 보이면서 시민단체 지도부의 개혁을 촉구했다. …부산경실련은 12일 오전 공동대표회의를 열어 대국민 사과문발표 등을 통해 사태수습에 나서기로 했다. [11]

서울지검 형사2부는 19일 1억 9천여만 원의 공금을 개인적으로 사용한 혐의로 사랑의장기기증운동본부 박진탁 본부장을 구속했다. 검찰에 따르면 박본부장은 1998년 1월 장기기증 홍보물제작비 명목으로 공금 1천만 원을 인출한 뒤 자서전 계약금으로 사용하는 등 99년 12월까지 15회에 걸쳐 1억 9천6백여만 원의 공금을 횡령한 혐의다. [12]

이상의 사례들은 재정문제가 NGO의 아킬레스건이라는 사실을 증명해 주고 있다. 이러한 말썽으로 말미암아 시민단체 전체가 매도되고 심지어 시민단체가 개혁과 감시의 대상이라고까지 하는 견해도 생겨났다. [13] 어찌 되었든 사회의 감시자로서의 시민단체가 감시대상으로부터 후원금을 받거나 자신의 서비스에 대해 후원금을 사실상 강제하는 일은 공정성을 크게 해치는 행위가 아닐 수 없다.

---

10) 서울지방경찰청 외사과의 중국노동자센터 오천근 소장에 대한 2001년 6월 1일자 구속영장의 범죄기재사실의 일부. 실제로는 중국조선족에 대한 법률적 지원이 별무한 상태에서 중국노동자센터는 저렴하게 법률지원을 한 셈이었으나 결국 회비명목의 돈을 받음으로써 변호사법 위반이 되었다.
11) 『국제신문』 2001. 4. 11.
12) 『한국일보』 2001. 11. 20.
13) 신중섭(강원대 윤리교육과 교수), 「시민운동에도 시장원리를」, 자유기업원 웹페이지, 2001. 1. 12.

시민단체 재정문제 해결의 길

이에 대해 활동가 스스로 이 문제에 대한 위기의식을 느끼고[14] 해결하고자 하는 다방면의 노력을 기울이고 있으나 하루아침에 해결될 문제는 아니다. 사회적 인식, 제도적 장치가 함께 전향적으로 변화하면서 해결될 문제이기 때문에 앞으로 정부와 언론, 시민들이 다함께 고민해야 할 과제라고 하지 않을 수 없다. 2000년 초 정부는 비영리민간단체지원법을 제정함으로써 이들에 대한 재정지원을 포함한 다양한 형태의 지원방안을 제도화하였으나 이는 추상적 선언에 그치고 구체적으로 실현되지 못하고 있다.

보다 높은 민주주의 단계의 사회는 보다 많은 시민들이 다양하게 참여하는 길이 보장된 사회이다. 오늘날 선진국에서는 소외감을 느끼는 시민들이 시민단체를 포함한 비영리단체의 활동에 참여함으로써 보상받는다는 사실이 일반화되었다.[15] 시민단체가 단순히 공익을 위해 일한다는 차원뿐 아니라 참여민주주의를 향상시키고 시민들에게 참여의 보람을 제공함으로써 사회통합을 이룬다는 측면을 인정할 필요가 있다. 따라서 시민단체의 증가와 그 활동의 증대를 위해 정부, 기업, 시민 들이 노력할 당위성이 바로 여기에 있다. 시민단체의 수가 늘어나고 그 활동이 많아질수록 민주주의가 정착되어 간다고 해도 과언이 아니다.[16] 그리고 그 전제가 바로 안정적인 재정확보이다. 이를 위해 시민단체 스스로 비상한 노력을 해야 할 뿐 아니라 정부에 의한 제도적 개혁과 더불어 시민들의 각별한

---

14) 시민운동을 실질적으로 이끌고 있는 시민단체 사무총장들은 10대 고민 가운데 두번째로 부실한 재정기반을 꼽았다(『시민운동지원기금』, 1998, 9쪽).

15) H. L. Oleck, "Mixtures of Profit and Nonprofit Corporation Purpose and Operations," *Northern Kentucky Law Review* vol. 16, 1989, p. 227.

16) 차명제 박사 역시 "시민사회의 발달 정도를 가늠할 수 있는 척도는 결국 시민운동의 활성화 정도일 것이며 …그들(NGO)의 수와 활동의 정도가 시민사회의 활성화와 직결되어 있다"고 말하고 있다(차명제, 「한국시민사회의 특성과 시민운동조직의 역할과 활성화 방안」, 시민단체의 안정적 재원확보 및 활성화방안 세미나자료집, 아시아시민사회운동연구원, 1998, 12쪽).

참여의식이 소망된다.

2. 정부의 재정지원 문제

역대정부의 시민·사회단체에 대한 재정지원과 태도변화

시민·사회단체를 바라보는 정부의 태도는 우리 사회의 전반적 민주화와 더불어 많은 변화를 보이고 있다. 정부의 각 부처와 시민·사회단체의 활동과 성격에 따라 편차가 많지만 대체로 시민·사회단체의 존립근거와 활동의 의의를 긍정해 가는 상황이다.

일반적으로 시민단체는 참여민주주의의 창구역할을 하면서 관료화되고 이익집단화되어 버린 대의정치제도와 관료주의의 문제점을 보완하는 대안으로 기능하고 있다.[17] 동시에 이들은 공동체규범을 지키기 위하여 제도나 권력에 대한 비판·감시의 역할을 다하고 있다. 그럼에도 불구하고 과거의 관변단체와 달리 정부와 일정한 긴장관계를 가지면서 그 정책을 비판하는 기능까지 가지고 있는 이러한 시민·사회단체와 정부는 이제 머리를 맞대고 대화하거나 그 비판을 수용하는 경우가 생겨났다.

이처럼 시민·사회단체에 대한 정부의 인식변화는 이들에 대한 정부지원의 움직임으로 나타나기도 했다. 과거 관변단체에 대한 일괄지원의 형태가 사라진 것은 아니지만 이에 대한 따가운 비판여론 때문에 점차 그 지원의 규모는 줄어들고 있다. 반면 정부의 입김을 받지 않는 일반 시민·사회단체에 대한 행정적·재정적 지원이 확대되고 있다. 다음 표는 1999년도 민간보조금 예산현황이다.

---

17) 고건, 「공동체의식과 시민단체의 역할」, '96 공동체시민운동 세미나자료집, 공보처, 1996, 8쪽.

(단위: 백만원)

회계	소관별	예산액(%)	회계	소관별	예산액(%)
일 반 회 계	국회	4,538(0.3)	특 별 회 계	농어촌구조개선	704,534(47.7)
	대법원	14(0.01)		농림부	667,048(45.1)
	중앙선관위	25,191(1.7)		해양수산부	26,955(1.8)
	국무총리실	752(0.05)		산림청	10,531(0.7)
	재정경제부	6,394(0.4)		교통시설에너지	271,758(18.4)
	통일부	3,161(0.2)		및 자원	
	외교통상부	1,007(0.06)		환경개선	472,366(32.0)
	행정자치부	15,020(1.0)		국립의료원	24,699(1.7)
	법무부	12,468(0.8)		특허관리	15(0.0)
	국방부	2,473(0.2)		철도사업	3,107(0.2)
	교육부	427,092(28.4)		통신사업	62(0.0)
	문화관광부	105,657(7.0)		기타	1,160(0.8)
	농림부	252,223(16.8)			
	산업자원부	151,825(10.1)			
	보건복지부	64,344(4.3)			
	노동부	291,146(19.3)			
	건설교통부	16,015(1.1)			
	해양수산부	42,701(2.8)			
	과학기술부	170(0.01)			
	국가보훈처	51,137(3.4)			
	경찰청	187(0.01)			
	농업진흥청	698(0.04)			
	산림청	4,130(0.3)			
	중소기업정	25,563(1.7)			
	식품의약청	1,035(0.07)			
	여성특별위	200(0.0)			
	소계	1,505,140(100%)		소계	1,477,670(100%)
합계					2,982,810

자료: 예산청, 1999년(박경래, 「비영리조직에 대한 정부보조금의 효과분석」, 서울대학교행정대학원 석사
학위논문, 2001, 28쪽에서 재인용).

이 표를 보면 1999년 한 해 26개 부처에서 총 2조 9800억 원 가량의

보조금을 지급했음을 알 수 있다. 여기서 민간이라 함은 이익단체, 노동조합을 포함하며, 또 보조금예산의 대부분이 정부사업의 대행이나 위탁사업의 수행에 대한 지원금 성격을 띠고 있어 시민단체의 자율적 활동에 대한 지원은 주로 행정자치부에 의해 이루어지는 부분이라고 할 수 있다.

행자부와 각 부처의 재정지원 현황

1999년 행정자치부의 시민단체에 대한 프로젝트공모사업의 전체 예산은 150억 원으로, 1997년 75억 원의 2배가 되는 액수이다. 관변단체를 제외한 시민단체들의 신청금액과 지원금액을 대비해 보면 다음과 같다.

신청금액	916억 원
지원금액	75억 원
단체간 평균지원금	1억 2천만 원

행자부에 신청한 단체는 316개 단체의 436건에 이르렀으나 실제 사업이 지원된 단체는 123개 단체 140건의 사업으로, 2.6대 1의 경쟁률을 보였다. 그러나 이러한 정부의 재정지원이 고스란히 시민단체에 돌아가는 것도 아니다. 1999년도의 행자부 프로젝트공모 결과를 보면 거의 절반의 돈이 이른바 과거의 관변단체에 지원된 것을 알 수 있다. 공모에 따른 지원 배정된 금액은 75억 원에 불과했고 그 가운데 반 가량은 새마을운동중앙협의회 17억 1천만 원, 한국자유총연맹 8억 1천만 원, 바르게살기운동중앙협의회 5억 2천만 원 등 이른바 3대 관변단체(총 30억8천만 원)에 배정되었다. 이 금액은 전체 시민단체들에게 배정된 75억 원의 44%선에 육박하며, 나머지 44억 2천만 원이 120개 단체에 배정되었다. 당연히 시민단체는 들러리 혹은 생색내기였다는 비판이 제기되었다.[18]

---

18) 김병기, 「시민단체들, 행자부 프로젝트에 물먹다」, 『월간 말』, 1999년 7월호, 186쪽 이하; 『한겨레신문』 1999. 5. 14.

행자부의 공식지원 외에도 정부의 여러 부서들이 각자 시민단체에 재정지원을 하고 있다. 더구나 행정기관은 아니라고 할지라도 정부의 대행기관이라고 할 수 있는 실업극복범국민운동본부를 통해 지원된 금액도 1998년 제2차 지원사업에 127억 원, 제3차 지원사업에 81억여 원에 이르렀다.[19] 1998년도 한 해 정부의 민간단체 지원금이 모두 3조 2400억 원에 이른다는 주장도 있다.[20] 구체적으로 행자부 외 정부부처들의 재정지원 프로젝트는 다음과 같다.[21]

지원 주체	지원 분야	신청 시기	지원 규모
여성특위 [1]	여성의 권익증진	매년 11~12월	총규모 8천만 원
에너지관리공단 [2]	에너지절약협력사업	매년 11월	단체당 3천만 원
한국환경민간단체진흥회	환경보전사업	매년 1월	사업당 최고 2천만 원
보건복지부 [3]	장애인복지관련사업		
재정경제부 [4]	소비자 권익증진		
문화관광부	청소년 문화·교육사업		

1) 여성특별위원회가 여성단체·개인·연구소 등을 상대로 여성의 권익증진분야, 여성 단체·시설 지원, 여성의 국제협력증진, 과학·정보화 관련 여성알선사업을 지원하는 프로그램이다.
2) 산업자원부 산하의 에너지관리공단이 '여성·사회단체와의 에너지절약 협력사업'을 지원하는바 에너지관리공단에 제시하는 예시사업과 민간단체에서 단체의 특성과 역량에 맞게 제안하는 사업이다.
3) 장애인복지법에 근거하여 산하 등록된 12개 단체에 장애인관련 사업을 기안하고 있다.
4) 소비자보호법에 근거하여 재정경제부에 등록된 법인단체에 소비자피해구제, 조사, 검사, 교육 등을 소비자권익보호와 증진을 위해 사업을 지원하고 있다.

이외에도 변형된 형태의 정부지원이 있는데, 예컨대 경실련 등 16개 시민단체로 이루어진 의료개혁시민연합이 보건복지부산하 한국보건산업진

]19) 물론 이 금액은 대체로 수급자에게 직접 전달한 것이 대부분으로서 해당 단체들이 직접 운영경비로 쓰거나 별도사업비로 썼던 것은 아니다.
20) 서경석, 「시민사회발전기본법의 제정방향」, 시민사회발전기본법 공청회 발제논문, 1998.
21) 『시민의 신문』 1998. 6. 22.

홍원으로부터 의약분업 홍보 및 소비자교육 등을 대가로 4억여 원을 받기로 한 것이 그것이다.[22] 그리고 에너지절약시민연대 등 시민단체들의 연합체를 구성하고 거기서 정부지원을 받는 형태가 있다.

지방자치단체의 재정지원

한편 지방자치단체는 별도로 각자의 사정에 따라 시민단체에 재정지원을 해왔는데 그 금액이 1998년 한 해에 약 1400억 원에 달했다. 서울시만 하더라도 시정참여사업이라는 이름 아래 다음과 같은 다양한 지원을 벌이고 있다.[23]

분 야	지원 사업	신청 시기	지원 규모	지원 주체
사회	경제살리기/의식개혁, 사회복지	매년 2~3월	단체당 최고 3천만원	사회진흥과
환경	환경보전/자원절약, 재활용/교육·연구	매년 2~3월	〃	환경계획과 서울녹색시민위원회
교통	교통관련	매년 2~3월	〃	교통기획과
여성	여성단체시민운동 교육·연수/ 여성사회참여	매년 9~10월	단체당 최고 3천만원 (98년 총규모 6억6천)	여성복지과

하지만 행자부의 것은 그나마 공개적이고 투명한 방법으로 공모되고 배분되는 것에 비하여 나머지 정부기관의 민간단체 지원은 그 규모와 배정절차, 효과, 사후검사 등에서 불투명하기 그지없다. "공신력이 확인되지도 않은 단체도 돈을 받는 경우가 많아 정부부처와 민간단체 간의 유착관계도 충분히 예견되고 있으며 과연 공정한 평가에 의한 배분이 이루어지고 있는가에 대한 의문도 매우 큰" 상태이다. 실제 "각 부처는 기금

---

22) 『주간한국』 2000. 11. 9.
23) 『시민의 신문』 1998. 6. 22.

수혜단체의 프로젝트에 대한 평가과정(심사위원 명단, 사업의 유용성, 심사기준의 적용 여부 등)을 공개하려 하지 않고 있어 투명성의 문제가 크게 제기되는 있는 것"이다.[24]

정부지원금 수령에 관한 논쟁

찬성론: "이슬만 먹고 살 수는 없다"

환경운동가들이 이슬만 먹고 사는 난초는 아니잖아요? 열악한 재정상태를 타개하기 위해 노력하고 있는 환경운동단체의 형편을 이해해 주어야 합니다. … 400만 회원, 환경운동의 생활화, 환경운동가가 가장 존경받는 사회 등 사회적 여건이 다른 (그린피스 등) 그들 단체와 우리를 단순 비교하는 것은 무리라고 봅니다.[25]

차명제 박사 역시 "회원의 회비와 기부금을 통한 NGO의 안정적 재원 확보도 일종의 신화라고 할 수 있다. 전세계적으로 미국의 NGO와 그린피스를 제외하고는 회비와 기부금으로 운영되는 NGO는 거의 존재하지 않는다. 시민사회가 독특한 형태로 발달한 미국을 제외한 다른 나라들에서는 시민사회의 활성화를 위해 국가가 매우 깊숙이 개입되어 있고 독일이 그 대표적인 예"라고 주장한다.[26] 물론 미국의 많은 시민단체들도 회비와 기부금 외에도 여러 재단들의 펀드를 받거나 국가로부터 보조금을 받고 있다. 그렇다고 회비와 기부금으로 운영되는 NGO가 거의 존재하지 않는다고 말하기는 어렵다. 뿐만 아니라 오랫동안 국가의 억압 속에서 고난의 길을 걸어오면서도 민주주의와 사회공익을 위해 일해 온 시민

---

24) 서경석, 앞의 글 참조.
25) 최열 환경운동연합 사무총장의 말(정지환, 「재야시민단체와 돈」, 『월간 말』, 1994년 7월호, 74쪽).
26) 차명제, 앞의 글, 30쪽.

단체들에게 독일과 같이 국가가 깊이 개입하고 지원해야 한다는 논리는 설득력을 가지기 어렵다.

이런 정부지원금을 받아야 한다는 견해는 몇 가지 논리를 지니고 있다. 첫째, 우리의 현실이 불가피하다는 점이다. 정부지원금을 받지 않는 것이 바람직하지만 시민들의 참여가 저조하고 회비의존이 불가능한 상황 아래서 운동을 그만둘 수는 없지 않느냐는 것이다. 둘째, 정부지원금을 받는 것이 결코 정부와의 유착을 의미하는 것이 아니라는 점을 강조한다. 정부나 기업으로부터 재정지원을 받으면서도 자신들의 주장과 운동에 아무런 영향을 미치지 않는다는 것이다.[27] 셋째, 시민단체들이 공공적 사안에 대해 공익적 입장을 대변하는 역할을 하는 이상 국민세금으로 이루어지는 정부예산을 받는다는 것은 당연하다는 입장이다.[28]

반대론: 비판의 칼날이 무뎌질 수밖에 없다

민간운동단체의 존립근거는 권력과 금력으로부터의 독립입니다. 그런 점에서 민간운동단체가 정부로부터 재정지원을 받아 해외연수를 갔다는 사실은 문제가 있다고 봅니다. 많고 적음을 떠나 민간운동단체가 정부나 기업의 돈을 받으면 비판의 칼날이 무뎌질 수밖에 없고 결국 민간운동단체의 고유 성격을 잃게 됩니다.[29]

시민단체들의 정부지원금 수령에 관해서는 일반시민들이나 시민단체

---

27) 최열 환경운동연합 사무총장은 이 점에 대해서 이렇게 이야기한다. "환경운동연합은 환경을 파괴하는 정부와 기업의 행위에 대해 한치의 타협도 없이 가차없이 비판했다고 자부합니다. 그래서 정부나 기업도 우리를 제일 부담스러워하는 것 아닙니까. 나는 도리어 우리를 비판하는 사람들에게 되묻고 싶어요. 도움을 요청해 온 주민들과 손잡고 피 흘리며 싸워본 적 있냐고요. 정부와 기업은 항상 우리의 적이었습니다."(정지환, 앞의 글, 74쪽)

28) 1998년 9월 22일 시민사회발전기본법 공청회에서 녹색연합의 차명제 박사의 발언내용.

29) 전국연합 박충렬 총무국장의 말(정지환, 앞의 글, 76쪽).

들 스스로도 비판적 시각을 가지고 있다. 과거 시민단체 지도자나 활동
가들이 정부지원으로 해외연수를 다녀온 것에 대해서도 언론은 대체로
비판적이었다. 1994년 5월 5일부터 보름 동안 독일·스위스·영국·미
국 등 4개국을 방문하고 돌아온 시민단체 활동가들에 대해서도 비판이
쏟아졌다. 이에 대해 유재현 당시 경실련 경제정의연구소장은 다음과 같
이 변소하고 있다.

　　정부는 돈만 냈을 뿐이지 프로그램 기획에서 방문단체 섭외까지 모두 민간운
　동단체가 맡았다는 사실도 동시에 알아줬으면 합니다. 어느 곳을 가고 누구를
　만났는가는 전적으로 우리가 결정했습니다. 녹색당, 그린피스, 옥스팜, 자연의친
　구들, 민중중심성 개발포럼 등 세계의 내로라 하는 환경운동단체를 비롯한 28개
　소를 일일이 방문하고 철저히 배우려고 힘썼습니다. …독재시절 관변단체의 행
　태를 지켜본 저는 국민적 정서에 맞지 않을 수도 있다고 생각했습니다. 하지만
　환경운동단체 실무자들이 우리보다 앞서 환경운동을 시작한 서구의 현황을 직
　접 살펴보는 일은 한시가 급하다고 생각했고, 앞으로 국민들도 이해해 줄 것이
　라 확신했습니다.[30]

　무엇보다도 시민단체들의 정부로부터의 재정지원은 감시와 개혁의 대
상으로부터 받는다는 점에서 의혹을 살 가능성이 높다. 예컨대 여러 단
체를 회원으로 두고 있는 의료개혁시민연합이나 언론개혁시민연합이 정
부로부터 지원금을 받은 사실을 두고 해당 의료계나 언론계·야당으로
부터 정부와의 유착론이 제기되고 있는 실정이다. "시민단체가 의약분업
의 본질적 문제는 외면한 채 의사들을 돈벌이에 혈안이 된 집단이기주의
로 매도, 정부를 도와주고 있다"고 비판해 온 의료계가 정부지원 사실에
"그럴 줄 알았다"는 냉소적인 반응을 보였다는 것이다.[31] 한나라당은 시

---

　30) 같은 글, 75~76쪽.
　31) 『주간한국』 2000. 11. 9.

민단체들에 대한 정부의 지원을 근거로 하여 정부와의 유착설을 끊임없이 제기해 왔다.[32] 물론 이것은 과거 한나라당의 전신인 신한국당시절 이미 지원이 시작되었고 관변단체에 대한 정부보조금과의 차별성을 무시하고 있으며 행자부의 지원 역시 한나라당의 동의 아래 이루어져 왔다는 점에서 정치적 목적에서 이루어지는 음해가 명백하다. 그럼에도 이러한 의혹과 음해 또는 일반국민의 불신의 기초가 이러한 정부지원에서 비롯되고 있음을 주목할 필요가 있다.

정부의 직접적 재정지원이 시민단체의 활동을 통제·위축시킬 가능성이 있다는 사실에 대해서는 많은 시민단체들이 동의한다. 그것은 단체와 그 지도자의 의지에 달려 있기는 하지만 일단 재정지원을 받고도 목소리를 높이는 것이 쉽지 않다는 것은 경험칙이다. 정치권과 관료들의 시민사회의 자율성에 대한 의식이 충분히 성숙되어 있지 않을 뿐 아니라 정의(情誼)에 약한 한국인의 심성에 비추어보면 당연한 일이다. 76개 시민·사회단체들이 정부여당에 보낸 의견서에는 다음과 같이 정리하고 있다.[33]

---

32) 한나라당이 시민단체를 친여단체로 몰아세우면서 재정지원을 근거로 삼은 사례는 다음과 같다.
① "이(공보처·행자부에서 재정지원을 받은 사실)는 1개 단체 평균 1억 정도의 막대한 지원금이며, 시민단체의 독립성과 순수성을 훼손할 우려가 상당히 크다는 점을 지적하지 않을 수 없다. 특히 정권출범 초기 제2건국위 구성과 함께 시민단체 네트워크를 만들겠다고 공공연히 밝히고 난 후에 대규모 예산지원이 이루어졌다는 점에서 정권과의 유착설을 강력히 제기하는 바이다."(2000년 4월 총선 당시 한나라당의 "시민단체의 정부지원금과 관련된 유착의혹을 지적한다"는 제하의 성명)
② "언론개혁을 지지하고 있는 시민사회단체연대회의에 참여한 21개 대표 중 14개 단체들이 금년도 행자부로부터 받은 지원액이 8억 6천만 원이고 그외 다른 부처에서도 상당수 지원받고 있는 것으로 확인되었다. 이들 단체를 이끌고 있는 언개련, 민언련은 정부의 지원금을 받고 있는 단체로 이들 단체는 7월 초 금년도 지원금을 반납했으나 이마저도 현재의 언론사태를 주도하기 위한 사전정지 작업인 것으로 판단된다."(2001년 7월 26일 한나라당 언론자유수호비대특별위원회 명의의 기자회견문)
33) 그러나 이러한 정부의 직접지원 반대에 나섰던 단체들도 나중에 그 프로젝트에 대부분 응모하고 나선 것은 하나의 아이러니라고 하지 않을 수 없다. 그만큼 시민단체들의 재정상황이 열악함을 말해 주고 있다.

정부가 직접 재정을 지원하는 방식의 제도는 민간단체의 재정자립성을 흔들 우려가 큽니다. 시민단체의 특성에 따라 많이 다를 수는 있으나 시민사회의 기반이 취약한 우리 현실에서 이 같은 방식의 지원은 정부지원에 대한 의존성을 심화시킬 것이며 나아가 민간단체의 생명이라 할 수 있는 자율성이 흔들리는 결과를 가져올 것입니다. …이는 개별부처와 개별단체 간의 종래의 관계를 넘어서서 개별단체의 '의지'의 문제로 맡길 수 없는 정부-시민사회 관계형태의 문제이며, 기존의 정부(지방자치단체) 재정지원은 '정부 각 부처 또는 자치단체와 사업을 매개로 한 파트너십'이라는 점에서 정부의 재정지원을 제도화·보편화시키는 것과는 전혀 다른 것입니다.[34]

뿐만 아니라 정부의 재정지원은 점점 정부에의 의존을 키우게 되고 재정자립의 가능성을 더욱더 어렵게 만든다. 시민운동을 단순히 정부로부터 돈을 받고 벌이는 사업으로 변질시킬 것이라는 우려도 있다. 심지어 지난 1999년도 행자부 프로젝트 공모에는 자신의 1년 예산과 맞먹는 액수를 프로젝트 사업비로 신청한 단체들도 부지기수이며 현재도 주요 시민단체들은 수입의 30%를 정부 또는 기업의 프로젝트에 의존하고 있다고 한다.[35] 이런 상황에서 시민단체들은 엄청나게 힘든 회원의 개발과 회비증대를 위한 노력보다는 일거에 거액을 받을 수 있는 정부 등 외부지원에 의존할 가능성이 높다.[36] 한번 받게 되면 다시 공모에 응하지 않으면 그 사업의 지속성과 간사들의 임금지급을 유지할 노리가 없게 된다.[37] 이것은 재정악화의 악순환뿐 아니라 조직운영의 높은 의존을 유발하게

---

34) 1998년 11월 18일자 민간운동지원에관한법률(안)에 대한 의견.
35) 김병기, 앞의 글, 188쪽.
36) 대부분의 프로젝트가 3천만 원을 넘고 있는데 이것을 회원의 회비로 만들어내려면 월 1만 원을 내는 회원을 250명 확보해야 함을 의미한다. 그러나 매달 빠짐없이 1만 원씩을 내는 회원 250명을 확보하고 관리한다는 것은 결코 쉬운 일이 아니다.
37) 한번 프로젝트를 받아 그 돈으로 간사의 월급을 주고 사무실의 운영비에 일부 전용해 온 것이 지금까지 프로젝트비 사용의 관례였다. 물론 이것은 원래의 방침에 어긋난 것이어서 앞으로 지양될 것이다. 아무튼 그것이 지정된 사업비로 쓰든 아니면 사무실 운영비로 쓰든 간에 한번 쓰게 되면 다른 방법으로 그 돈을 마련할 길이 없는 한 다시 써야 하는 일종의 마약과 같은 것이 된다.

마련이다.

결론: 시민단체 재정지원, 그 '야누스'적 존재

돈은 재야·시민단체에 '야누스'와도 같은 존재이다. 사업과 활동의 가장 필수적 '연료'이면서도 민간운동단체의 생명인 도덕성을 뿌리째 흔들 수 있는 '시한폭탄'으로 언제든지 둔갑할 수 있기 때문이다. 민간단체는 그래서 재정을 마련할 때 깨끗한 돈과 그렇지 못한 돈을 구별하는 데 매우 신중할 수밖에 없다. 감염된 피의 수혈이 인체에 치명적인 것과 똑같은 이치다.[38]

모든 사물이 그러하듯 정부나 기업의 재정지원도 양면성을 지니고 있다. 무조건 받아야 하는가 아니면 받지 말아야 하는가 하는 흑백논리보다는 좀더 구체적이고 세밀하게 검토해 보아야 한다. 단체의 위상이나 활동내용에 따라 다르게 볼 수 있고, 설사 받는다고 하더라도 일정한 요건 아래 받는다면 비난 가능성은 약화될 수 있는 것이다.

첫째, 단체나 그 활동의 성격에 따라 달라질 수 있다는 사실이다.[39] 정부의 기능을 모니터하고 비판하는 기능이 주된 단체들의 경우, 정부의 재정지원을 받는다는 것은 그 활동에 영향을 받을 가능성이 있다. 참여연대가 정부의 재정지원 프로그램에 참여하지 않기로 결정한 것은 이러한 배경에서이다. 이에 비하여 사회복지 전달을 주로 담당하는 사회복지단체들이나 정부기능을 대행하는 단체들은 상대적으로 유연하게 대응할 수 있다고 본다.

둘째, 시민단체들이 정부지원을 받는 경우라 하더라도 투명성을 갖추고 공정하고 책임 있게 쓸 수 있는 제반 절차와 요건을 갖춘다면 그에

---

38) 정지환, 앞의 글, 76쪽.
39) 1998년 9월 22일 시민사회발전기본법 공청회에서의 이창호 중앙일보 전문위원의 발언요지도 같은 취지였다.

대한 비판 가능성은 크게 낮아질 수 있다. 정부의 재정지원을 받아 사용하는 명분이 뚜렷하고 그 심사절차가 공정하며 사용내역이 투명하게 공개되는 것이라면, 반드시 비난의 대상이 되는 것은 아닐 것이다. 공개적인 심사를 거쳐 프로젝트별로 재정지원을 하고 그에 대해 사후검사를 시행하는 최근의 행정자치부의 민간단체 지원방식은 진일보한 것이라고 할 수 있다. 그러나 아직도 철저한 사후감사가 이루어진다고 보기 어려워 개선의 여지가 많다.

오늘날 정부의 시민단체 지원은 거의 모든 나라에서 볼 수 있는 보편적 양상이 되고 있다.[40] 그러나 그 어떤 경우에도 시민단체가 정부의 재정지원 없이 재정적 자립을 확보하는 것이 가장 이상적이다. 그러기 위해서는 시민단체 스스로 회원회비와 후원금 확대를 위해 노력해야 할 것임은 물론, 정부에서도 직접적 지원보다는 간접적 지원방식을 통해 시민단체들이 자립적 재정운용이 가능하도록 노력해야 할 것이다. 그러지 않고 지금과 같은 직접지원만 고집한다면 정부의 의도 역시 의심받을 수밖에 없다. 회비와 후원금에 대한 세금감면, 우편요금감면의 확대, 방송 등에의 무료광고 등을 통한 홍보 등에 정부가 법률적 제도개혁을 서둘러야 한다.

정부지원금 사용에 관한 사후평가와 책임

엄정한 사후평가

사회적 자원이 시민단체들에게 투여되면 될수록 시민단체들은 자신의 활동이 투자에 걸맞은 효과를 내고 있다는 객관적인 증거를 사회에 제시할 수 있어야

---

40) 일본의 경우 최근의 한 조사에 따르면 일본시민단체들의 수입 중에서 행정부로부터의 보조금이 전체 예산의 24.8%에 이르고 회비수입은 32.9%에 지나지 않는다고 한다(經濟企劃廳國民生活局編,「市民活動レポート」, 市民活動團體基本調査報告書, 1997, 25쪽).

함. …시민단체들이 사업계획을 제대로 수행하지 못할 경우 그만큼 사회적 책임을 져야 함. …이는 국가기관과 동일한 방식으로 감사를 받을 수 있으며 따라서 지원을 받은 단체가 원칙에 따라 계획대로 사업을 추진하지 않을 경우 사회적으로 심각한 타격을 받을 수 있음. …주관부처와 시민단체들 모두 사업의 성과를 성실하게 평가할 필요성을 인정하고 있음. 다만 여기에는 서로 공감할 수 있는 평가기준을 도출하고 이를 지속적으로 개선해 나간다는 것이 전제되어야 함 …[41].

이러한 엄정한 사후평가가 가능하기 위해서는 "심사기준과 평가기준을 유기적으로 연관시켜 통일적인 사업관리가 가능하게 해야 한다"거나 "사업수행에 따른 평가 이후 평가에 기초한 인센티브제도를 도입"하는 동시에 중간평가를 해야 하며 이 평가는 민간위원회를 구성하여 전담시키는 것이 바람직하다는 다양한 견해가 있다.[42]

지원에 따른 감시와 제재의 필요성

비영리민간단체가 행정기관으로부터 직접 금전적 재정지원을 받은 경우에는 물론이고 우편요금의 감액, 세금감면의 조치를 받은 경우 그에 따른 이익의 사용에 대한 적정한 감사를 받아야 하는 것은 당연한 일이다. 그만큼 국가재정 또는 국민세금의 일부를 사용한 것이 되기 때문이다.

그 동안 정부가 시민단체에 대한 재정적 지원을 하면서도 보고서를 형식적으로 받고 실제 이에 대한 실사나 감사를 하지 않았다. 그러나 지난 1999년부터 사정이 달라져, 행정자치부가 정부로부터 민간단체 보조금을 지원받는 시민단체를 대상으로 보조금의 전용 여부에 대한 첫 조사에 나섰다.[43]

---

41) 이정수, 「행자부 프로젝트와 비영리민간단체지원법에 대하여」, 워크숍 5-1 '참여민주주의와 시민사회의 활성화'.
42) 같은 글.
43) 1999년 10월 25일 행정자치부는 1999년도 민간단체 보조금지원단체로 선정된 '부정부패

한편 사회복지시설은 더욱 상황이 심각한 실정이다. 정부보조금은 아닐지라도 후원금들을 대규모로 착복·유용하는 사례가 드러났다. 1998년도 감사원의 '사회소외계층 지원실태 특감결과'는 사회복지시설 책임자들이 후원금을 착복하거나 유용하는 사례를 조목조목 밝히고 있다.[44] 서울의 한 사회복지법인 원장은 80명의 후원자가 꼬박꼬박 보내온 2억 3천만 원을 자신을 포함한 6명의 인건비와 판공비로 유용했는가 하면 부산의 어느 양로원 총무는 거래업체의 영수증을 조작하는 방법으로 후원금 1200만 원을 유용했다. 부산의 모 사회복지법인 대표는 아동복지시설 증축과정에서 시공업체와 짜고 1억 원을 빼돌려 부동산구입에 썼는가 하면 대전의 모 사회복지법인도 노인시설 건축과정에서 업자와 짜고 2억 5천만 원을 빼돌려 주택구입에 사용했다는 것이다. 이러한 사회복지시설은 대체로 세금감면조치를 받고 있으므로 이들의 후원금 모집과 사용에 대한 엄격한 실사와 투명성 확보가 절박한 실정이다.

현행 감시와 제재의 방안

현재 부정한 방법으로 그러한 이익을 취한 비영리민간단체에 대한 제재는 비영리민간단체지원법에 따라 다음 두 가지 방법으로 이루어진다. 첫째, 보조금의 환수조치이다. "행정자치부장관 또는 시·도지사는 사업계획서에 허위의 사실을 기재하거나 기타 부정한 방법으로 보조금을 교부받은 비영리민간단체에 대해서는 그가 받은 보조금을 환수한다. 교부받은 보조금을 사업계획서에 기재한 용도가 아닌 다른 용도에 사용한 때에도 또한 같다."(제12조 제1항) 그리고 이와 같은 환수조치의 경우 해당 단체가 기한 내에 이를 반환하지 않으면 국세청체납처분 또는 지방세체

추방시민연합'에 대해 보조금 2천만 원의 사용처 확인에 들어갔다. 이 조사는 내부관계자로부터 제보가 들어와 착수하게 되었으며 "시민단체조직 자체에 대한 감사나 조사가 아니며, 정부보조금으로 지원한 돈이 애초 목적대로 사용되었나에 대한 사실확인일 뿐"이라고 밝혔다(『한겨레신문』 1999. 10. 25).
44) 『동아일보』 1999. 9. 22; 『한겨레신문』 1999. 9. 22.

납처분의 예에 따라 이를 징수할 수 있다(제12조 제2항). 둘째, 형사적 처벌이다. 사업계획서에 허위사실을 기재하거나 기타 부정한 방법으로 보조금을 교부받은 자는 3년 이하의 징역 또는 1천만 원 이하의 벌금에 처하고 교부받은 보조금을 사업계획서에 기재한 용도가 아닌 다른 용도로 사용한 자는 1년 이하의 징역 또는 500만 원 이하의 벌금에 처한다(동법 제13조).

이러한 환수조치와 처벌규정은 당연한 것이지만 교부받은 보조금을 사업계획서에 기재한 용도가 아닌 다른 용도에 사용한 경우에 대해서는 이론이 있다. 통상 사업별·프로젝트별로 보조금을 지원하지만 실상 영세한 시민단체들은 이것을 사업에 사용하고 나머지 일부를 인건비 등으로 전용하는 사례가 적지 않은데, 이러한 부분마저 문제삼는다면 지나치지 않은가 하는 것이다. 그러나 전용을 금지하는 현행 규정 때문에 어쩔 수 없는 것이 현실이다. 행자부 등 정부지원금의 대부분은 이른바 '매칭 펀드' 형식으로 이루어지는 것이 보통이다. 시민단체들이 일정 부분 사업비를 대는 조건을 명시하고 있고, 순수 사업비에만 쓰도록 하고 있다. 그 보조금에서 인건비 등 경상비를 절대로 사용할 수 없도록 하고 있기 때문에 "시민단체들로 하여금 가짜영수증을 강요하게 될지도 모를 일"이며 "정부의 회계감사에 잘못 걸리면 횡령혐의로 쇠고랑을 찰 수도 있다는 얘기다."[45]

3. 시민단체의 회비·후원금에 대한 세금감면

비영리단체에 대한 세금감면제도의 필요성

시민단체를 포함한 비영리단체들과 그 활동의 증대는 전지구적인 현상

---

45) 김병기, 앞의 글, 189쪽.

이라고 할 수 있다. 이것은 결국 시장과 정부의 실패와 한계로부터 기인한다.[46] 시장경제질서는 그 장점에도 불구하고 일정한 조건 아래서 자원배분에서의 효율성을 낳는 데 실패한다. 정부 역시 모든 국민에게 그들이 요구하는 정도의 서비스를 제공할 수 없기 때문에 비영리단체들이 그 간격을 메운다. 또한 여기서 말하는 비영리단체들은 상호이익을 추구하는 클럽, 노동조합, 협회 등과는 달리 그 활동의 효과가 그 구성원을 넘어서서 널리 미치게 된다.[47] 이들이 공익성을 갖는 이유이다.

이러한 이유 때문에 나라마다 그 용어는 달리하지만 '자선단체' '비영리단체' '공익단체' 등에 대해서는 세금감면과 같은 특별한 대우를 공통적으로 하고 있다. 비영리단체에 대한 조세감면은 바로 이것을 수단으로 하여 비영리단체의 활동을 격려하고 조장하려는 공공정책의 하나가 된 것이다.[48] 더구나 세금감면의 혜택을 자선단체에 줄 뿐만 아니라 기부자에게도 소득세, 법인세 또는 상속세를 감면해 주는 경우 자선을 포함한 공익활동에의 기부를 조성하게 된다.[49] 따라서 기부에 대한 인센티브를 제공하는 것은 공익단체에 대한 기부를 더욱 장려하는 방안이 될 수 있다. 동유럽권인 헝가리의 경우 납세자는 자신의 세금 중 1%를 비영리단체에 기부하도록 하는 1%후원법을 만들어 비영리단체를 육성하고 있는 등,[50] 오늘날 미국을 포함한 선진제국[51]에서는 이러한 제도를 도입함으

---

46) C. T. Clotfelter, "Tax-Induced Distortions in the Voluntary Sector," *Case Western Reserve Law Review* vol. 39, 1988~1989, p. 667.

47) 같은 글, pp. 667~68.

48) 같은 글, p. 670.

49) 반대로 비영리단체에 대한 기부에 관하여 제한이 많아지고 감면비율이 낮아지면 부유한 기부자의 기부가 줄어들게 된다. 1969년의 조세개혁법에 따라 미국에서 그러한 현상이 발견되었다(J. J. Fishman & S. Schwarz, *Nonprofit Organizations: Cases and Materials*, New York: The Foundation Press, 1995, p. 599).

50) 헝가리의 1%법은 법이 요구하는 자격에 부합하는 자선기관을 납세자가 선정하여 그들의 개인세금의 1%를 기부할 수 있도록 허락하고 있다. 이 법은 1996년에 도입되어 납세자들이 제3섹터에 기부할 수 있도록 해주면서 동시에 납세자들이 자신의 수입의 감소 없이 지원하고자 하는 기관을 선택하게 하는 이점을 가지고 있다. 헝가리 자선기관에 최소한 65억HUF를 지원할 잠재력을 가지고 있는 것으로 알려져 있다(자세한 것은 Marianna Torok, 「헝가리의 비영리단체 1%후원법」, 성공회대학교 부설 민주주의와사회

로써 거대한 제3섹터를 구성하게 되고 그 결과 정부와 기업만으로 얻을
수 없는 수많은 공익효과를 거두고 있다.

비영리단체에 대한 세금감면의 외국사례

미국[52]

(a) 과세로부터의 면제: (c) 또는 (d)항 또는 401조 (a)항에 규정된 단체는
502 또는 503조에서 제외하지 않는 한 과세로부터 면제된다.

(c) 면세 단체의 리스트: 위 (a)항에서 말하는 단체는 다음과 같다.

(3) 종교, 자선, 과학, 공공안전실험, 문학 또는 교육목적을 위해 배타적
으로 조직되고 운용되는, 또는 국제적·국내적 아마추어 스포츠 증진을
위하거나 어린이와 동물학대를 방지하기 위한, 그러나 순수익의 일부라
도 어떠한 주주나 개인에게 돌아가지 않거나[53] 어떠한 활동부분도 광고
를 띠고 있지 않거나 또는 그렇지 않다면 입법에 영향을 미치지 않거
나[54] [55] 공직에 출마하는 특정 후보 대신 정치적 캠페인에 관여하지 않

운동 NGO자료관 웹페이지 참조).
51) 일본의 경우에는 1995년 현재 비영리부문(NPO)에서 일하는 인력이 전체 취업자수의
4%, NPO의 경상지출의 규모는 전체 GDP의 4.5%에 상당한다고 한다(山內直人·出口
正之 編 앞의 책, 4쪽).
52) 비영리단체에 대한 세금감면정책은 크게 두 가지로 나누어볼 수 있다. 먼저 비영리단체
자체의 세금면제혜택이고 나머지는 그러한 비영리단체에 기부하는 기부자의 세금감면
이다. 여기서는 주로 전자에 관해 설명한다.
53) 당연히 여기서 말하는 주주나 개인이라 함은 그 단체의 창립자나 그 가족을 포함한다
(Airlie Foundation, Inc. v. U. S., D. D. c. 1993, 826 F. Supp. 537, affirmed 55 F. 3d
684, 312 U. S. App. D. C. 119 참조).
54) 그러나 이 조항은 의회에 대한 청원권과 언론의 자유를 행사할 있는 비영리법인들의
권한을 배제하는 것은 아니라는 판례가 있다(Taxation With Representation v. U. S., C.
A. 4(Va.) 1978, 585 F. 2d 1219, certiorari denied 99 S. Ct. 1994, 441 U. S. 905, 60 L.
Ed. 2d. 374).
55) 이 규정은 Internal Revenue Code of 1954에서 삽입되었는데 나중에 대통령이 된 린든
B. 존슨의 주장 때문이었다고 한다. 존슨은 선거기간중 자신의 적이 Texas Foundation의
지원을 받았다는 사실을 알고 그 보복으로 그 재단의 조세면제지위를 박탈하기 위해
이 조항을 삽입하였다고 한다(M. C. Hone, "Aristotle and Lyndon Baines Johnson:

는 법인, 지역사회공동모금기금, 기금, 재단.

이것이 그 유명한 미국 국세청법전 501(c)(3)조항이다.[56] "'자선' (charitable)이라는 이름 아래 집단적으로 묘사되는 일정한 단체들"[57]에 게 연방세법이 조세면제를 해주고 있는 것이다. 물론 이외에도 사회복지 단체, 노동·농업·원예 단체, 상공회의소·무역협회, 레크리에이션과 오락을 위한 단체 등도 면제대상이 되도록 추가로 규정하고 있다. 이러한 조세면제조항은 "유용한 공익목적에 봉사하거나 행정기관의 기능을 보충하거나 대행하는 사적 기관의 발전을 고무하기 위한 것"이다.[58] 이러한 제도가 효과를 발휘하는 것은 단지 기부받는 단체에게 면제혜택을 줄 뿐 아니라 기부자에게도 소득세 등의 혜택을 주고 있고 그 공제범위가 개인의 경우 소득의 50%까지, 법인의 경우는 10%까지 인정되고 있기 때 문이다.

이러한 조세면제조항은 그 혜택을 받는 단체들에게 커다란 지원과 자극을 제공하여 미국에서 시민단체들은 성장을 거듭해 왔다. 'NGO의 천국'이라는 미국의 시민사회는 바로 이러한 법제가 가져온 결과라고 할 수 있다. 이 조항의 혜택을 받는 단체는 1989년 현재 교회를 제외하고도 39만 개에 이르고 있고, 이들의 예산은 전체 GNP의 6%를 차지하고 있으며, 여기에 종사하는 인력은 전체 미국경제인구의 10% 가량이나 된다.[59]

Thirteen Ways of Looking at Blackbirds and Nonprofit Corporations-The American Bar Association's Model Nonprofit Corporation Act," *Case Western Reserve Law Review* vol. 39, 1988~1989, p. 753).

56) 정확한 명칭은 United States Code Annotated, Title 26. Internal Revenue Code, Subtitle A-Income Taxes, Chapter 1-Normal Taxes and Surtaxes, Subchapter F-Exempt Organizations, Part 1-General Rule, § 501. Exemption from tax on corporations, certain trusts, etc.인데, 이것은 연방법률이고 주마다 독자적인 법률을 가지고 있다.

57) R. Atkinson, "Theories of the Federal Income Tax Exemption for Charities: Antithesis and Synthesis," 27 Stetson L. Rev. 395.

58) Bob Jones University v. U. S., U. S. S. C. 1983, 103 S. Ct. 2017, 461 U. S. 574, 76 L. Ed. 2d 157.

59) S. R. McDowell, "Taxing Leveraged Investment of Charitable Organizations: What is the

좀 오래 된 통계이지만 미국세청은 1985년 한 해 동안 9630만 명의 납세자 중 5450만 명이 380억 달러를 자선단체에 헌금하였다고 발표하였다. 이 숫자는 모든 비영리단체를 포괄하고 있지 못한데 그 이전인 1983년에는 30만 개의 비영리단체에 649억 달러를 헌금하였다. 같은 해 미국의 주요 기업 500개가 헌금한 돈이 약 3억 달러였으며, 플로리다주 주민들은 1인 평균 564달러를 헌금한 것으로 밝혀졌다. 미국세청이 부여한 조세면제단체들의 숫자는 이미 100만 개를 넘어선 상태이며,[60] 1300억 달러가 넘는 비영리단체들의 예산규모는 미국·영국·프랑스·독일·일본·중국·소련(1989년 당시)을 제외한 모든 나라의 예산을 능가하였다.[61] 사적 섹터라고 불리는 기업, 공적 섹터라고 불리는 정부에 못지않은 제3섹터가 현실적으로 성립되어 있는 것이다.

비영리단체는 영미법에서 오랜 전통을 지니고 있다. 법인의 영역에서 비영리단체는 영리단체보다 더 오랜 역사를 가지고 있는데, 바로 수도원, 대학, 학교, 길드, 병원 등은 1천 년의 역사 속에서 발전해 왔다. 그러나 19세기 전까지는 이러한 비영리단체에 대한 법은 일정한 개념규정을 가지고 있지는 않았다. 19세기 중반에 이르러 비로소 영리단체와 확연히 구별되는 법제를 가지게 되었으며, 조직적 실체로서 근거규정이 생겨났을 뿐 아니라 조세감면, 집단거래, 사회보장, 실업보험, 최저임금, 불공정거래 등 수많은 영역에서 특혜를 부여받았다. 심지어 19세기 말에 들어와서는 기존 보통법에서 발견할 수 없었던, 손해배상으로부터의 '자선 면책특권'(charitable immunity) 원칙까지 생겨났다.[62]

Rationale?," *Case Western Reserve Law Review* vol. 39, 1988~1989, pp. 728~29.

60) 미국의 비영리단체 결성은 역사적 연고를 가지고 있는 것으로 보이는데, 이미 19세기 말에 미국을 방문하며 그 느낌을 적은 토크빌은 이렇게 말한다. "연령과 조건, 성격을 불문하고 미국인들은 끊임없이 모임(associations)을 만든다. 그들은 단지 상업적이고 제조회사들을 만들 뿐만 아니라 종교적이고 도덕적이거나, 심각하거나 별 소용없는 것이거나, 또는 일반적이거나 특정하거나, 거대하거나 자그마한 종류의 수천 개의 모임도 만든다…."

61) H. L. Oleck, 앞의 글, p. 228.

62) H. Hansmann, "The Evolving Law of Nonprofit Organization: Do Current Trends Make

그러나 1950년대 이후 종래 영리단체들과는 판연히 구별되던 비영리단체들은 이제 GNP에서 차지하는 비율이 절대적으로 높아지고 또한 '상업적 비영리단체'(commercial nonprofits)들이 생겨나면서 보다 치밀한 규제들이 필요하게 되었다. 특히 영리조직과 비영리조직이 상호 혼재하는 양상이 심각해졌는데, 영리조직에서도 비영리적 활동을 벌이는가 하면 비영리단체들도 자신들의 목적을 보다 효율적으로 달성하기 위하여 영리활동을 일상적으로 수행하게 되었다.[63]

이러한 시대상황과 더불어 과거 비영리단체에 무조건 우호적이던 태도에서 벗어나 손해배상의 면책특권이 사라지는가 하면,[64] 사회보장세의 납부의무, 고용관련 규정에서의 특혜 철회 등의 조치들이 속속 취해졌다. 특히 1950년 자선을 포함하여 모든 비영리단체의 상업적 활동에 관하여 취해지던 면세혜택을 철회하는 이른바 '자선 무관 사업에 관한 소득세 조항'(unrelated business income tax)이 신설되었다. 또 1986년의 조세개혁법(Tax Reform Act of 1986)은 생명보험회사의 면세조항을 폐지하였다. 오늘날 미국에서 비영리단체의 영리활동은 가장 활발한 논쟁거리의 하나가 되었으며 미국세청의 정밀한 조사결과 이러한 활동에 대한 자유와 면세지위는 점점 더 위협받게 될 것이다.[65] 그러나 이러한 후퇴와 변화에도 불구하고 비영리단체에 대한 기본적 세금감면혜택은 확고히 주어지고 있으며 그것은 오히려 합리적 조정이었다고 해야 할 것이다

Good Policy?," *Case Western Reserve Law Review* vol. 39, 1988~1989, pp. 808~11.

63) 이런 사례는 부지기수로 생겨났다. 예컨대 자원봉사자가 만든 뮤직비디오를 비영리병원이 판매하는 일, 비영리보건단체가 그 회원들에게 컴퓨터화된 재정프로그램을 판매하는 일, 공익방송이 유료광고를 내보내는 일, 박물관이 복제예술품을 판매하는 일 등이 바로 비영리단체가 영리활동을 하는 사례들이다. 동시에 영리를 목적으로 하는 회사가 무료 어린이병원을 운영함으로써 간접적으로 회사수익을 높이는 일은 그 반대의 경우이다 (자세한 것은 H. L. Oleck, 앞의 글, pp. 230~31 참조).

64) 1940년대의 President & Directors of Georgetown College v. Hughes 사건(130 F. 2d 810 D. C. Cir. 1942)에서 보여준 Rutledge판사의 판결에 의해 이 원칙은 무너지기 시작했다 (H. Hansmann, 앞의 글, p. 817).

65) H. L. Oleck, 앞의 글, p. 248.

한편 이러한 조세면제조항을 남용한 사례도 가끔 있었는데, 저 유명한 짐 베커 사건[66]이나 유나이티드 웨이 회장의 구속사건[67] 등이 바로 그러한 예들이다. 물론 지금도 미국의 관련법들은 조세면제 단체들에 대한 재정자료의 공개와 심사절차를 요구하고 있으며, 이들 단체는 일정한 정보를 담은 상세한 보고서를 매년 관련기관에 제출해야 한다.[68] 하지만 제한된 인력 때문에 미국의 국세청은 충분한 검증을 수행하지 못하고 있다고 하는데,[69] 다만 앞의 사건들 이후 보다 더 엄격한 규율들을 제안하여 모든 청구자에 대하여 최신의 보고서[70]와 세금감면요청서, 부속서류들의 사본 3매씩을 제공할 것, 웹사이트에 올리는 것과 같이 널리 관련 재정정보가 알려지도록 만들 것, 그러한 공개요구에 의도적으로 불응하는 행위에 대한 벌금의 대폭인상[71]하는 것을 포함하고 있다.[72] 이로써 조세면제

---

66) 텔레비전을 통한 설교전도사인 Jim Bakker는 자신의 종교집단 신도들이 기부한 거액의 재산을 낭비함으로써 45년형의 선고를 받았다(Klott, "PTL's Ledgers: Missing Records and Rising Debt," *New York Times* 1987. 6. 6, A8; Harris, "Jim Bakker Gets 45 Year Sentence: Telveangelist Fined $500,000," *Washington Post* 1989. 10. 25, A1 참조).

67) 미국의 가장 유명한 사회복지전문 모금단체인 United Way의 사무총장이 몇몇 산하단체의 이익을 챙기고 친척과 친구들을 신설조직의 자리에 앉히는 등의 직권남용으로 인하여 체포되어 재판을 받고 실형을 선고받은 사건이다(Barringer, "Charity Boards Learn to be Skeptical," *New York Times* 1992. 4. 19, A10).

68) 이른바 Form 990이라고 불리는 이 보고서 양식은 전체수입, 회원과 부설조직으로부터의 수수료와 부과금, 해당 연도의 경비, 그 단체의 자산·부채·순수익을 보여주는 대차대조표, 헌금과 기부금, 보조금(grant), 기타 수령한 모든 수입금과 실제 기부자의 주소와 성명, 그 단체의 모든 직원, 책임자, 관재인의 주소와 성명, 직접 또는 간접의 이전 및 거래, 다른 조세면제단체들과의 관계에 관한 정보, 당해 회계기간 동안 이루어진, 보고되어야 할 개인의 총소득에 포함될 수 있는 월급과 지불의 스케줄, 그 단체 및 그 단체의 관리자에 부과된 조세 등을 소상히 기록하게 되어 있다(Code §6033(a)). 그외에도 501(c)(3)로 분류된 단체들은 그 단체에서 연간 5만 달러 이상을 받는 최상위 급여자 5인의 이름과 주소, 역시 그 단체와 거래하면서 연간 5만 달러 이상을 받는 최상위 계약자 5인의 이름과 주소를 기재하도록 하고 있다(Code §6033(b); Treas. Reg. §1.6033-2(a)(2), Form 990).

69) 1986년 현재 세금면제단체들의 약 40만 건의 재정보고가 접수되었지만 미국국세청은 그 가운데 불과 5%만 검토할 수 있었다고 한다. 뿐만 아니라 어느 연방기관도 과연 예산에서 사라져버린 그 돈을 정당화시켜 줄 수 있는 혜택을 일반국민이 받았는지에 대해 제대로 평가한 적이 없었다고 한다(S. R. McDowell, 앞의 글, p. 729).

70) Form 990을 말한다.

71) 종래의 1천 달러에서 5천 달러로 인상한다는 내용이다.

단체들의 재정상황은 일반대중에게 자세하게 알려지고 그만큼 검증을 받게 되는 것이다.

이처럼 비영리단체에 관한 법률은 아직도 변화 속에 있다고 해야 마땅하다. 이미 여러 차례 변천을 거듭해 온 미국의 조세감면제도[73]는 여전히 개정움직임에 직면해 있으며, 미국변호사협회 역시 1988년 모델법안 (The Revised Model Nonprofit Corporation Act)을 마련해 놓고 있을 정도이다.[74] 지금의 비영리단체에 관한 법률은 수십 년 전의 것과는 몰라보게 달라져 있지만,[75] 비영리단체의 성장속도가 하도 빨라서 오히려 법률이 못 쫓아가고 있을 뿐 아니라 여전히 비영리단체가 무엇인가, 어떻게 분류할 수 있는가, 누가 감독해야 하는가를 되물어야 하는 지경이라고들 한다.[76] 그만큼 미국의 비영리단체는 끊임없는 성장을 거듭하고 있으며 법률 역시 이를 뒤따라가는 데 안간힘을 쓰고 있다.

일본

① 일본 NPO법 성립의 배경과 경과

일본은 오래 전부터 지역마다 왕성한 지역운동과 시민활동이 있어왔다. 그러나 정부와 일반국민들이 가장 인상적으로 시민운동을 확인한 것

---

72) 자세한 것은 A. Keller Young, "Public Disclosure of Records: Changes to Come"(27-Feb Colo. Law. 41) 참조.

73) 미국의 비영리단체관련 법률은 The Revenue Act of 1950, Tax Reform Act of 1969, Miscellaneous Revenue Act of 1980, The Deficit Reduction Act of 1984, The Tax Reform Act of 1986, The Revenue Act of 1987, The Miscellaneous Revenue Act of 1988 등으로 계속 변화되어 왔다(자세한 것은 S. R. McDowell, 앞의 글 참조).

74) M. C. Hone, 앞의 글 참조. 이 법안은 미국변호사협회산하 비영리법인위원회(Committee on Nonprofit Corporations)에서 10여 년 동안 수천 시간의 자원봉사활동에 의해 성안된 것으로서 종래의 비영리법에 대한 비판적 검토와 그 동안의 발전을 담은 기념비적인 법안이라고 일컬어진다(L. A. Moody, "The Who, What, and How of the Revised Model Nonprofit Corporation Act," *Northern Kentucky Law Review* vol. 16, 1989, p. 251).

75) H. Hansmann, "The Evolving Law of Nonprofit Organizations: Do Current Trends Make a Good Policy?," *Case Western Reserve Law Review* vol. 39, 1988~1989, p. 807.

76) D. E. Tobergte, "Regulating the Nonprofit Corporation," *Northern Kentucky Law Review* vol. 16, p. 328.

은 고베 대지진 때였다. 정부의 공조직보다 훨씬 신속하고 효과적인 지원활동을 수행해 낸 시민단체들에 대해 일본 정부와 국민들은 제도적 지원책을 강구하는 데 쉽게 합의해 낼 수 있었다. 일본정부의 시민단체 지원은 두 가지 방향에서 논의되었는데, 첫째는 시민단체가 간편한 방식으로 법인격을 취득하도록 법인제도를 개혁하는 일이고, 둘째는 시민단체에 대한 기부금이 손금(損金)으로서 인정되어 소득공제가 가능하도록 공익기부금에 대한 세제를 개혁하는 일이었다.

일본정부는 1995년 2월 경제기획청을 중심으로 '볼런티어문제에관한 관계성청(省廳)연락회의'를 설치하고 이른바 NPO법의 제정에 착수하였다. 동시에 여3당(자민당, 사민당, 사키가게)은 여당NPO프로젝트팀을 구성하였으며 신진당은 그해 3월에 'NPO파트너'라고 하는 위원회를 결성하여 NPO법 제정을 검토하기 시작하였다. 정부의 연락회의는 여3당이 의원입법을 결의함에 따라 자동적으로 해소되었고 신진당은 그해 11월 7일 '시민공익활동을행하는단체에대한법인격부여등에관한법률안'을 중의원에 제출하여 선수를 쳤다. 여당3당은 1996년 2월 16일 중의원에 '시민활동촉진법안'을 제출하였으며, 이에 대해 민주당은 1997년 2월 여당안에 대한 수정안을 추진하였고, 공산당도 97년 3월 '비영리단체에대한법인격부여등에관한법률안'을 국회에 제출하였다. 마침내 일부 수정을 거쳐 '특정비영리활동촉진법'(흔히 NPO법이라고 한다)이라는 이름으로 중의원·참의원을 모두 통과하여 1998년 3월 25일 공포되었다.

② 일본NPO법의 내용과 한계
가. NPO법인제도의 부여
이렇게 해서 통과된 NPO법은 일단 법인자격을 용이하게 취득할 수 있도록 하는 것이 골자였다. 원래 법인격을 취득하는 것은 한국이나 일본 모두 엄격한 법절차를 거치도록 되어 있어 이를 완화해 주기 위한 것이다. NPO단체가 법인격을 취득하면 건물의 임대차계약이나 공공서비스

의 계약, 은행구좌의 개설, 부동산의 등기 등 일체의 법률행위에 있어서
권리의 주체가 될 수 있고 동시에 사회적 신용을 얻음으로써 공공단체로
부터의 위탁사업의 수탁, 기부금의 요청에 있어서 유리한 위치를 차지하
게 된다.[77] 이 법률의 특징을 정리해 보면 다음과 같다.[78]

1. 이 법률은 일본민법 34조의 특별법으로서 만들어진 것이다.
   NPO법은 법인제도로서 민법 34조의 특별법이라는 위치를 가지고 있다.
   따라서 기본적으로는 공익법인의 일종이다.
2. 법인설립의 방법은 '인증'이라는 방법을 채용하고 있다.
   법인설립의 법학적인 방법으로는 허가주의, 인가주의, 준칙주의 등이 있지
   만 이 법은 인증주의를 채택하고 있다. 원칙적으로 서류심사에 의해 인증
   하는 것으로서 준칙주의에 가깝다고 할 수 있다.
3. 법인의 주무관청에 관해서 단체위임사무로 하고 있다.
   이 법률에는 법인의 소관청은 법인의 사무소가 하나의 지방정부 관할 내
   에 있을 때는 그 지방정부의 지사, 두 군데 이상 걸쳐 있을 때는 경제기획
   청장관이 주무관청이 됨으로써 단체위임사무로 규정하고 있다.
4. 이 법률은 의원입법[79]으로 제정되었다.
   이 법률은 자민당, 사민당 등 여당3당이 제안하고 여기에 중의원 심의단계
   에서 민주당, 참의원 단계에서 공명당 등이 공동 수정한 법률이다.

이러한 NPO법인으로 인가받기 위해서는 다음과 같은 요건을 갖추어

---

77) 齊藤力夫・田中義行 編『NPO法人のすべて』, 稅務經理協會, 1999, 18~19쪽. 그러나
    불리한 점이 없는 것도 아니다. 민법 등 법령이나 정관을 준수할 법적 의무가 생겨나고,
    회계장부의 기재와 관리 그리고 일정 서류의 공개의무도 지게 된다(NPO법 27 내지 30
    조).
78) シーズ=市民活動を支える制度をつくる會, 『NPO法人ハンドブック』, 2000, 21~22쪽.
79) 동시에 의원들만의 입법이라기보다는 시민단체들의 의견이 적극적으로 반영된 입법에
    서 일종의 시민입법이라고도 할 수 있다. 즉 "법안의 입안이나 국회에서의 심의・수정
    협의의 과정에서 제출자인 의원들이 시민단체가 주최하는 회의에 적극적으로 참가・토
    론하고, 거기서 표출된 시민단체측의 법안에 대한 요구나 불만을 국회의 논의에 피드백
    시켜 나간 것"이다(橘幸信, 『NPO法』, 大藏省印刷局, 1999, 21쪽).

야 한다.

1. 별표(아래)의 12개 활동의 어딘가(하나 또는 둘 이상)에 해당되는 활동을 하는 단체로서 다수의 이익의 증진에 기여하는 것을 목적으로 할 것

　① 보건, 의료 또는 복지의 증진을 위한 활동

　② 사회교육의 추진을 위한 활동

　③ '마을만들기'의 추진을 위한 활동

　④ 문화, 예술 또는 스포츠의 진흥을 위한 활동

　⑤ 환경보전을 위한 활동

　⑥ 재해구원활동

　⑦ 지역안전활동

　⑧ 인권의 옹호 또는 평화의 추진을 위한 활동

　⑨ 국제협력활동

　⑩ 남녀평등사회의 형성의 촉진을 위한 활동

　⑪ 어린이의 건전육성을 위한 활동

　⑫ 앞에 기재한 활동을 하는 단체의 운영 또는 활동에 관한 연락, 조언 또는 지원활동[80]

2. 다음과 같은 각 호의 어디에 해당하는 단체로서 이 법률이 정하는 절차에 의해 설립된 법인일 것

　① 다음의 어디에 해당하는 단체로서 영리를 목적으로 하지 않을 것

　가. 사원의 자격의 득실에 관하여 부당한 조건을 부과하지 않을 것[81]

　나. 임원 가운데 보수를 받는 자가 임원 총수의 3분의 1 이하일 것

　② 그 행하는 활동이 다음 어딘가에 해당하는 단체일 것

　가. 종교의 교의를 넓히고, 의식행사를 행하고 또한 신자를 교화·육성하

---

80) 일본에서 흔히 발견할 수 있는 NPO지원단체를 말한다. 개별 NPO들의 창립과 발전을 위해 다양한 형태의 조언과 지원을 하는 단체들이 일본에서는 많이 생겨나고 있다.

81) 여기서 사원(社員)이라 함은 의결권을 가는 회원을 말하며 이들에 대한 자의적인 입회 자격을 정해서는 안 된다는 것을 정하고 있는 것이다. 다만 그 제한이 합당한 것일 때는 용납될 수 있다. 예컨대 해외에서 의료구활동을 하고자 하는 단체가 의사나 간호원에 한해서 사원을 모집하는 경우에는 합리적 제한이라고 할 수 있다.

는 것을 주된 목적으로 하지 않을 것

나. 정치상의 주의를 추진하고, 지지하고, 또는 이것에 반대하는 것을 주된 목적으로 하지 않을 것

다. 특정의 공직(공직선거법 제3조가 규정하는 공직을 말한다)의 후보자(당해 후보자가 되려는 사람도 포함한다) 또는 공직에 있는 자 혹은 정당을 추천하고 지지하고 또는 이것에 반대하는 것을 목적으로 하지 않을 것

위 규정에 따르면 종교적이거나 정치적 또는 선거운동을 주된 목적으로 하지 않을 것을 조건으로 하고 있다. 그러나 정치상의 '주의'가 아니라 '시책'의 추진은 무관하므로 정책제언형 NPO(이른바 애드보커시형 시민단체)도 문제없이 등록될 수가 있다. 더구나 이들 목적상의 제한은 그러한 활동을 '주된 목적'으로 하는 경우에만 제한될 수 있고 부수적이고 종적인 활동은 상관이 없다고 해석되고 있다.

이 법이 통과된 후 1년 반 만에 전국에서 2천 개가 넘는 단체들이 NPO법인자격을 신청하여 자격을 획득한 점으로 보아 당초의 NPO법인제도의 도입취지는 성공하였다고 볼 수 있다. 그리고 실제로 NPO법인으로 전화한 단체들은 그러한 도입취지에 백분 공감하고 이를 활용하기 위하여 신청하였음을 증언하고 있다.[82]

나. 재정상의 세금감면지원체제

NPO법인에게 세금감면 혜택을 어떻게 주어야 할 것인지는 가장 논란이 많았던 부분이다. NPO에 대한 세금감면은 NPO가 벌이는 수익사업의 소득에 대한 세금감면을 해줄 것인가 하는 문제와 NPO에 대한 기부

---

82) 일본정부의 조사에 따르면 법인격취득의 이유로서 대외적인 신용이 높아지기 때문에(81.4%), 영리목적이 아니라는 점을 이해받기 위하여(61.7%), 위탁사업을 수임받기 쉽기 때문에(52.0%), 회원이나 협력자를 구하기 쉽게 되기 때문에(50.1%), 계약이 단체명의로 가능하므로(49.0%), 기부금이나 원조가 받기 쉽게 되기 때문에(48.7%), 권리·의무가 명확히 되고 책임 있는 체제가 되기 때문에(44.8%)의 순으로 들고 있다(經濟企劃廳國民生活局, 『特定非營利活動法人の活動·運營の實態に關する調査』, 30쪽).

금 등에 대한 증여세 등의 세금감면을 해줄 것인가라는 두 가지 문제로 귀결된다. NPO에 내는 기부금에 대한 세금감면은 하나의 인센티브로서 세계 어느 나라에서나 적극 권장되고 있는데,[83] 최근에 들어 일본에서도 NPO의 수익사업이 활발히 전개됨에 따라[84] 세금감면의 필요성이 높아 짐과 동시에 그것이 다른 기업 등의 영리활동과 경쟁관계를 가지고 형평 성을 깨뜨릴 가능성이 함께 지적되고 있었다. 따라서 세금감면 조치를 취하더라도 그 공익성에 대한 엄격한 심사와 판단이 전제되지 않으면 안 되었다.[85]

그러던 중 2001년 NPO법과 관련세법의 개정을 통해 NPO법인에 대해 세금감면의 혜택을 주기 시작했다. '조세특별조치법 등의 일부를 개정하 는 법률안'과 '조세특별조치법시행령의 일부를 개정하는 정령'에 의해 이 개정안이 시행되는 2001년 10월부터 그러한 혜택이 보장되며, 국세청장 관의 인정을 받은 NPO법인에 대하여 기부를 행한 개인 또는 법인과 관 련하여 소득세, 법인세 및 상속세의 특례조치가 창설되었다. 이 개정법률 안의 주요 내용은 다음과 같다.[86]

① 내국법인(공익법인 제외)이 기부한 경우(법인세)

법인이 각 사업연도에 있어서 지출한 기부금액 가운데 NPO법인에 대하여 그 사업에 관련한 기부금의 경우에는 일반 기부금의 손금 산입한도액과는 별도로 NPO법인에 대한 기부금의 액과 합한 산금산입한도액의 범위 내에 서 손금산입된다.

---

83) 山內直人, 『NPO入門』, 日經文庫, 日本經濟新聞社, 1999, 136쪽.
84) 대학이 병원을 경영한다거나, 미술관이 식당이나 기프트숍을 운영하는 일은 이제 비일 비재하게 되었다. 그것은 전세계적인 현상이기도 하다.
85) 山內直人, 앞의 책, 148쪽.
86) http://www.npoweb.gr.jp(NPO支援税制の動き租税特別措置法等の一部を改正する法律 案) 및 內閣府國民生活局, 認定特定非營利活動法人に係る税制上の特例措置の槪要 참 조.

② 개인이 기부한 경우(소득세, 상속세)

　1. 개인이 행한 NPO법인에 대한 기부

　개인이 NPO법인에 대하여 그 사업과 관련하여 기부한 경우에는 그 기부금은 특정기부금으로 간주하여 기부금공제 적용이 인정된다

　2. 상속인 등의 NPO법인에 대한 상속재산 등의 기부

　상속 또는 유증에 의하여 재산을 취득한 자가 NPO법인에 대하여 특정 비영리활동과 관련하여 증여로서 취득한 재산을 증여한 경우에는 그 증여를 한 자 또는 그 친족 등의 상속세 또는 증여세의 부담이 부당하게 감소시키는 결과가 된 경우를 제외하고는 그 증여를 한 재산의 가격은 상속 또는 유증에 따른 상속세의 과세가격의 계산의 기초에 산입되지 않는다.

　물론 이와 같은 세금감면을 받기 위해서는 일정한 요건과 절차가 필요한데, 특히 해당 NPO법인의 사업보고서, 재산목록, 대차대조표, 수지계산서, 임원명부, 임원보수 또는 종업원급여의 지급에 관한 규정 등을 모두 비치・열람・공개하고, 국세청직원들이 필요한 조사를 할 수 있는 등 적지 않은 부담과 의무를 지게 된다.

　이와 동시에 지방자치체 차원에서의 세금감면혜택은 보편화되고 있다. 야마가타현의 지방세감면제도가 전국화되어 있는데, NPO법이 아무런 세제혜택을 주지 못하자 지자체가 먼저 나선 것이다. 물론 감면금액은 단체당 수십만 원에 불과하지만 그 상징적인 효과는 결코 작다고 할 수 없다.[87]

시민단체 세금감면의 시행방안

비영리민간단체지원법의 제정과정

시민단체에 대한 재정지원을 골자로 하는 민간단체지원에 관한 법안의

---

87) 山內直人, 앞의 책, 149쪽.

구상은 이미 오래 전에 잉태되었다. 1994년 5월 30일 당시 민자당은 민간단체에 대한 형평지원을 내용으로 하는 입법방침을 발표하였으며 같은 해 11월과 12월 사이에 민자당과 민주당이 각각 독립법안을 국회에 제출하기에 이르렀다.[88] 그리고 1995년 2월 21일에는 국회 내무위 주관으로 입법공청회까지 열렸으나 이 법안은 제14대 국회의 회기종료로 폐기되고 말았다.

이러한 입법동향을 기초로 하여 1997년에 시민·사회단체들이 '시민사회발전기본법'안을 성안하였고[89] 국민회의 역시 같은 해 10월 이기문 의원 외 76인 발의로 '민간운동지원에관한법률'이 국회에 제출되었으나 이 역시 법안심의가 계속 보류되고 있었다. 이 두 가지 법률안은 명칭은 다르지만 시민사회발전위원회(국민회의안에서는 민간운동지원위원회)가 설치되고 시민사회발전기금(국민회의안에서는 민간운동진흥재단)이 마련된 점은 유사하였다.

그러나 몇 차례에 걸친 공청회의 결과 이 두 법안에 대한 반대가 제기되었는데, 무엇보다 시민운동 전반을 관장하는 시민사회발전위원회의 설치는 시민단체의 자율성을 해칠 우려가 많다는 것이었고 동시에 시민사회발전기금의 설치 역시 개별 시민단체의 모금활동을 위축시킬 우려가 많다는 비판이었다. 1998년 11월 18일 76개 시민단체들은 '민간운동지원에관한법률(안)에 대한 의견'을 정리하여 정부측에 전달하였고, 여기서 정부여당이 제출한 민간운동지원에관한법률(안)이 "민간단체의 자율성을 제약하고 활동을 위축시킬 수 있는 결정적 흠결을 갖고 있다"고 주장하면서 향후 민간운동지원법의 올바른 입법방향에 대해서 다음과 같이 의견을 밝혔다.

---

88) 민자당안은 이영창 의원, 민주당안은 박상천 의원을 대표의원으로 하고 있었다.
89) 한국시민단체협의회(시민협) 산하 민간단체활동관련법률특별위원회의 주도로 1988년 2월 12일에 성안된 것이다.

1. 민간운동에 대한 법인격부여 등 결사의 자유 확대

민간단체의 비영리 공익법인격 취득을 용이하도록 하는 것은 선진국을 비롯한 세계적 추세입니다. 세계은행도 지난 10여 년 동안 특별사업단을 구성하여 비영리단체의 법인격부여를 쉽게 투명한 절차를 통해, 저소속비용으로 부여해 줄 것을 권고하고 있습니다. 그러나 우리나라 현실은 이 같은 세계적 추세와 국제기구의 권고와 정반대에 서 있습니다. 민법 제32조의 비영리 공익법인 허가는 절차는 어렵고, 인허가과정이 투명하지 못하며, 비용이 많이 드는 관례로 되어 있습니다. 이는 결과적으로 민간단체의 결사의 자유를 제약하는 주된 요인이 되고 있습니다.

2. 간접지원 방식의 제도화

(1) 세금감면대상의 확대

그 동안 법인세법, 소득세법 등에 기부금에 관한 손금산입, 경비산입 해당 단체를 명시, 열거하던 것을 세금공제혜택을 악용한 단체 등 세금공제혜택을 줄 수 없는 단체를 명시, 열거하는 이른바 네거티브 시스템으로 바꾸어야 할 것입니다. 일반적으로 승인할만한 조건과 활동을 벌이고 있는 모든 민간단체에게는 모금의 자유와 그에 따른 최소한의 보고 및 사후통제체제하에 세금공제혜택을 주어야 할 것입니다.

(2) 세금공제비율의 확대

현재 기부금에 대한 세제상의 공제혜택의 범위는 대단히 적습니다. 사회복지·자선 등에 기부한 경우 당해연도 소득액 100분의 5를 곱해 산출한 금액, 그리고 당해 과세기간의 매월 말 현재의 합계액의 100분의 1을 곱해 산출한 금액의 범위에 한하여 원금을 손금산입하도록 하고 있습니다. 일본의 경우만 해도 공동모금에 기여할 경우 소득의 25%를 면제하고 있어 우리나라에 비해 감면의 폭이 훨씬 큰 편입니다. 또한 소득세법, 법인세법상의 공제뿐만 아니라 더 나아가 상속세, 증여세에 대한 공제도 이루어져야 합니다.

(3) 세금공제제도의 도입

더 나아가 우리도 미국의 UNITED WAY와 같이 아예 일반국민이 세금을 납부할 때 일정 액수 범위 내에서 지정하는 민간단체에 바로 납부하고 그

대신 그 액수만큼 세금납부를 면제받는 방법을 도입할 방안도 모색할 필요가 있습니다. 사실상 정부가 예산의 일부를 민간단체에 지원하는 일이나 처음부터 시민이 자신이 옳다고 생각하는 단체에 회비 또는 기부금을 납부하고 그만큼 세금을 덜 내는 일이나 결과에 있어서 큰 차이가 없을 것입니다.

(4) 우편·통신 요금 등 공공요금의 할인

우편 및 통신 요금은 많은 회원을 갖고 있으며 광범한 대중을 캠페인 대상으로 하는 민간단체로서는 참으로 큰 재정부담이 되고 있습니다. 많은 단체들이 운영비의 상당 부분을 우편·통신 요금에 지출하고 있으며, 그 부담은 갈수록 커지고 있습니다. 공익을 추구하는 단체들에게는 일정한 요건 아래, 우편·통신 요금을 할인해 줌으로써 운영비의 부담을 덜어주는 지원이 필요한 것입니다.

한편 이 논의과정에서 정부의 직접적인 지원이 바람직한가에 대한 논쟁이 벌어졌다. 일부 단체에서는 직접적인 지원보다는 간접적인 지원책이 시민사회 발전과 자율성을 위하여 바람직하다는 주장을 폈고 당시 서경석 시민협 집행위원장은 "간접적인 지원만으로는 빈사상태에 빠진 시민단체에 대한 수혈작업을 제대로 해낼 수가 없다"고 주장하였다.[90]

1998년에 들어서서 정부 역시 큰 관심을 보이면서 법안의 작성과 통과에 힘이 실리기 시작하였다. 같은 해 8월 행자부는 시민단체의 법안과 국민회의 법안을 검토하여 청와대에 보고하고 법제정자문위원회를 구성하였으며, 여기서 시민단체들이 비판한 민간운동지원위원회와 민간운동진흥재단의 아이디어는 철회되었다. 이러한 정부여당의 노력과 야당의

---

90) 서경석 위원장은 "특별히 실업극복의 문제를 생각할 때 더욱 그러하다. 내년이 되면 실업문제는 정말로 심각한 과제가 된다. 이 경우 정부예산만으로는 안 되고 각 지역에서 교회, 각 종교기관, 경찰, 병원, 약국, 새마을운동, 시민단체, 지방자치단체 등 각계가 힘을 합해 긴급구호를 감당해야 하고 그래도 안 되는 것만 정부가 지원하도록 해야 한다"고 주장하면서 간접지원만으로는 안 된다고 단언하였다(서경석, 앞의 글). 그러나 이러한 견해는 정부의 기능을 과소평가, 시민단체의 기능을 과대평가한 것이 아닐까 싶다. 실업극복의 비용을 정부로부터 받아 정부대신 시민단체가 수행해야 한다는 것은 실업극복의 기본 책임이 정부에 있다는 점을 경시한 것이다.

협조로 마침내 2000년 1월 12일 비영리민간단체지원법이 제정·공포되었다.

비영리민간단체지원법의 지원내용
① 비영리민간단체 지원의 법적 근거 규정

비영리민간단체지원법의 가장 핵심 조항은 정부의 민간단체에 대한 보조금의 지원과 조세감면이다. 현재 이 법은 제10조에서 "등록 비영리민간단체에 대해서는 조세특례제한법 및 기타 조세에 관한 법령이 정하는 바에 의하여 조세를 감면할 수 있다"고 규정함으로써 비영리민간단체에 대해 조세감면을 할 수 있는 법적 근거를 마련하였다. 그러나 실제로 그 시행을 위해서는 아무런 법적 조치를 취하지 않음으로써 실제 이 법 아래서 변화된 것은 아무것도 없다. 시행령에서도 이에 대한 아무런 규정이 없고 관련된 세법에도 이 법규정을 실현하기 위한 구체적 조치가 반영되어 있지 않다. 따라서 향후 소득세법, 법인세법 등에 비영리민간단체에 대한 조세감면의 근거·범위·감면세율 등이 자세히 규정되어야 할 것이다.

② 조세감면의 근거와 요건

앞으로 관련세법에 보다 정확한 조세감면의 근거·요건·감면범위·감면세율 등이 정해질 것이다. 그러나 현행 비영리민간단체지원법이 조세감면의 기본 근거규정이 될 것이다. 조세감면에 관한 비영리민간단체지원법 제10조를 보면 무엇보다 먼저 일단 등록 비영리민간단체에 대해서만 조세가 감면된다.

동법 제4조에 따르면 "이 법이 정한 지원을 받고자 하는 비영리민간단체는 그의 주된 공익활동을 주관하는 장관(이하 주무장관이라 한다), 특별시장, 광역시장 또는 도지사(이하 시도지사라 한다)에게 등록을 신청하여야 하며, 등록신청을 받은 주무장관 또는 시·도지사는 그 등록을 수리하여야" 하며 동시에 "주무장관 또는 시·도지사는 비영리민간단체가 제1항의 규정에 의하여 등록된 경우에는 관보 또는 공보에 이를 게재함과 동시에 행정자치부장관에게 통지하여야 한다. 등록을 변경한 경우에도 또한 같다." 이에 따르면 동법에 따른 지원을 받기 위해서는 등록을 의무적으로 하게 하되 신청된 등록이 형식적으로 요건을 갖춘 것인 한 이를 거부할 수는 없다.

비영리민간단체로서 등록되기 위해서는 "영리가 아닌 공익활동을 수행하는 것을 주된 목적으로 하는 민간단체"로서 다음과 같은 요건을 갖추어야 한다(동법 제2조). 이러한 민간단체가 이러한 요건 외에 별도의 법인격을 갖출 필요가 없다는 점에서 과거 지나치게 법인격을 요구함으로써 사실상 결사의 자유를 침해하였던 과거로부터 크게 진전한 것이라고 볼 수 있다. 그러나 일본처럼 NGO법인을 쉽게 등록할 수 있도록 좀더 개혁되지 않으면 안 된다.

1. 사업의 직접 수혜자가 불특정다수일 것
2. 구성원 상호간에 이익분배를 하지 아니할 것
3. 사실상 특정정당 또는 선출직 후보를 지지·지원할 것을 주된 목적으로 하거나, 특정 종교의 교리전파를 주된 목적으로 설립·운영되지 아니할 것
4. 상시 구성원수가 100인 이상일 것
5. 최근 1년 이상 공익활동 실적이 있을 것
6. 법인이 아닌 단체일 경우에는 대표자 또는 관리인이 있을 것

③ 기타 지원책

비영리단체의 재정지원은 단지 직접적 금전급부로만 이루어지지는 않는다. 비영리민간단체지원법 제11조는 "등록 비영리민간단체의 공익활동에 필요한 우편물에 대해서는 우편요금의 일부를 감액할 수 있으며 그 내용과 범위에 관해서는 대통령령에 정하도록"하고 있고 시행령은 현재 일반 우편요금의 25%를 감액하도록 하고 있다(시행령 제14조).[91] 그러나

이것이 별로 실효성이 없음은 뒤에서 보는 바와 같다.

향후의 세금감면 방안

현재 시행되고 있는 세법상의 공익단체에 대한 세금감면 방안은 대단히 복잡하고 혼란스러우며 제한적이다. 현재의 기부금과 관련한 문제점이 적지 않지만 가장 중요한 것은 두 가지다. 하나는 세법에서 사용되는 공익의 개념이 정립되어 있지 않음에 따라 발생하는 것이고, 둘째는 법인세법상 기부금의 손금인정 단체와 상속세법상 공익법인의 범위가 일치하지 않아 납세자에게 혼란을 주고 있다는 점이다.[92]

그러나 더욱 중요한 것은 당장 대부분의 시민단체에게 주어지지 않는 세금감면의 확대조치이다. 일본조차도 NPO법을 개정하여 최근 NPO법인에게 세금감면지위를 부여함으로써 NPO의 발전을 국가적으로 지원하기 시작하였다. 적어도 일본 정도의 세금감면혜택이 조속히 주어져야 한다. 현재의 비영리민간단체지원법이나 세법에 구체적인 조항이 들어가야 한다.

4. 기업에 의한 시민단체지원 문제

기업의 사회공헌과 시민단체지원

기업은 영리를 목적으로 한 조직체로서 한 사회에서 가장 많은 이익을 창출하고 그 기업의 구성원과 소비자 더 나아가 사회에 환원하게 된다. 비영리단체인 시민단체는 일반시민들을 상대로 회비를 징수하고 정부로

---

91) 물론 정보통신부장관의 고시로 정한 감액률이 25%를 상회하는 경우에는 그 기준을 적용한다.
92) 자세한 점은 김진수, 『기업의 기부행위와 조세정책방향』(한국조세연구원, 1997, 85쪽 이하) 참조.

부터 보조를 받고 있지만 가장 풍부한 자금력을 지닌 기업으로부터의 지원 역시 고려하지 않을 수 없다.

기업의 사회적 책임에 대해서는 다음 네 가지의 모형이 있다고 한다.[93] 첫째, 생산성우선주의(productivism)로서 기업의 사회적 역할에 대한 보수적 견해로서 기업의 사회적 역할은 궁극적으로 경제가치의 생산에 있으며 이것이야말로 기업이 맡아야 할 사회적 책임의 전부라는 견해이다. 둘째, 사회봉사주의(philanthropy)로서 주주들에게 돌아가는 경제적 이윤을 차원을 넘어 사회 전체에 이익이 돌아가도록 넓은 의미의 사회적 책임을 다해야 한다는 견해이다. 셋째, 진보주의(progressivism)로서 주주 이외에 다양한 이해당사자, 즉 종업원·채권자·협력업체 등의 이익을 고려해야 하며 환경보전·자원절약 등과 같은 비생산활동에도 적극 참여해야 한다는 주장이다. 넷째, 윤리적 이상주의(ethical idealism)로서 기업주의 이익을 극대화시키는 이기주의적이고 단기적인 경제행위를 추구하기보다는 노사관계의 혁신, 사회개혁운동 등에 적극적이고 이타적으로 참여해야 한다는 견해이다.

생산성우선주의와 윤리적 이상주의는 모두 극단적 견해라 하더라도, 적어도 사회봉사주의와 진보주의적 입장은 오늘날 기업윤리가 강조되는 시대배경 아래서 승인될 수 있는 이론이다. 이러한 기업의 사회공헌활동은 전세계적으로 보편화되고 있으며, 더욱이 이러한 활동이 효과적으로 이루어지기 위해서는 투명하고 바른 사회를 위해 전문적인 활동을 벌이고 있는 시민단체와의 결합이 필수적이다. 다만 애드보커시 시민단체가 사회변화의 선두에 서 있는 만큼 기업으로서는 조심스런 부분이 없는 것은 아니지만 전체적으로 보면 기업과 시민단체의 파트너십은 불가피하다고 할 수 있겠다.

---

93) 정구현, 「정보지식시대의 기업과 사회: 기업사회공헌활동의 새로운 방향」, 『1999 기업·기업재단 사회공헌백서』, 전국경제인연합회, 18~22쪽.

일본의 사례

일본경제단체인 경단련의 1998년 사회공헌활동실적 조사결과에 의하면, 이 해 기업 평균 사회공헌활동 지출액은 3억 8200만 엔으로 전해보다 약간 감소하였지만(97년의 92.3%), 우리나라에 비하면 엄청나게 많은 편이다. 더구나 일본의 경기침체 현실과 1994년 이후 지출액이 거의 일정한 수준을 유지하는 점을 고려하면 사회공헌활동이 정착된 것으로 볼 수 있다. 그중에 NPO에 대한 기부상황의 경우 기업 평균 960만 엔으로서 전년대비 120% 증가했으며 이것이 전체 지출액에서 차지하는 비율은 2.5%이다.[94] 이는 일본기업의 전체 사회공헌분야에서 NPO에 대한 지원이 아직은 미미한 수준임을 말해 주지만, 이와 더불어 기부 이외의 방법으로 NPO에 대해 다양한 지원을 하고 있는 것도 사실이다. NEC나 오오사카 GAS 등이 지역사회에 대한 볼런티어 활동을 벌이고 있는 것은 익히 알고 있는 사실이다.[95]

경단련은 한국의 전경련과 마찬가지로 대기업을 회원사로 하고 있기 때문에 일본기업 전체의 상황을 보여주고 있는 것이라고는 할 수는 없지만, 그 액수가 한국의 기업에 비하면 훨씬 많은 것은 사실이다. 일본의 경우에도 국제화와 다국적기업 활동에 따라 구미국가들의 사회공헌을 보고 배우면서 사회공헌과 NPO에 대한 재정지원을 확대해 왔다. 우리 역시 구미와 일본의 사례를 보면서 NPO에 대한 기업들의 지원을 늘려야 할 때가 왔다고 본다.

---

94) 加藤種男, 「企業によるNPO支援の現狀と課題」, 日本NPO學會 第2回年次大會 報告槪要集, 2000, 118쪽.
95) 자세한 것은 박원순, 『박원순 변호사의 일본시민사회기행: 가와리모노를 찾아서』(아르케, 2001) 참조.

한국기업의 시민단체 지원현황

우리나라의 기업들은 NGO에 대해 어느 정도 지원활동을 하고 있을까? 먼저 사회공헌활동 일반에 대한 조사결과를 보면, 147개 기업에 대한 1998년도 사회공헌활동 조사결과 총지출액은 3327억 1천만 원, 기업당 평균 집행액은 22억 6300만 원인 것으로 나왔다. 이는 1996년에 비하면 32.1%감소한 것으로서, IMF를 거치면서 우리나라 기업의 사회공헌활동이 크게 위축되었음을 알 수 있다.[96] 다음은 1998년도 우리나라 기업들의 기부처별 기부현황이다.

기부처별 기부금액

(단위: 백만원)

기부처	기부금액		기부건수		건당 기부금액
	총액	기업평균	총건수	기업평균	
특정공익법인	166,145	1288	441	3.4	377
(자사출연재단)	(112,941)	(882)	(48)	(0.4)	(2,353)
지정기부금	34,186	265	1,428	11.1	24
국가·지방자치단체	17,348	134	438	3.4	40
시민단체 등 NGO	2,283	18	142	1.1	16
기 타	77,525	601	543	4.2	143
계	297,487	2,306	2,992	23.2	600
	(410,428)	(3,188)	(3,040)	(23.6)	(2,953)

* 해당항목 무응답 기업을 제외한 129개사 기준임.

〈표〉에 따르면, 특정 공익법인에 대한 기부가 1661억 4500만원으로 총기부액의 55.8%이고 이어서 지정기부금이 11.5%, 국가·지방자치단체에 5.8%, 그리고 시민단체 등 NGO에 대해서는 0.5%인 총 22억 8300만원에 불과하다.[97] 특정 공익법인에 대한 기부의 경우에도 자사 공익재단

---

96) 전국경제인연합회, 『1999 기업·기업재단 사회공헌백서』, 2000, 34쪽.
97) 같은 책, 46쪽.

에 기부한 금액이 총기부의 38.0%를 차지하여 이것이 공익을 위해 최종적으로 지출된다고 볼 수 있지만 사실상 세금감면의 혜택을 받기 위한 '내부거래'에 지나지 않음을 알 수 있다.

그 동안 한국기업들은 정경유착, 분식결산, 족벌경영 등 부정적인 모습을 보여왔기 때문에 스스로 사회공헌에 대한 인식을 가지기 어려웠고, 경제개혁과 민주화를 주장해 온 시민단체 등에게 재정적인 지원을 할 가능성이 적었다. 더구나 한국의 NGO들은 과거 민주화운동의 전통과 저항적·정치적 성향 때문에, 정부의 눈치를 볼 수밖에 없는 기업들이 NGO에 재정지원을 한다는 것이 쉽지 않은 일이다. 더구나 정부에서 지원을 받는 것과 마찬가지로 에드보커시 기능을 가진 NGO들이 기업으로부터 큰 재정지원을 받는 것을 꺼리는 경우조차 있다.[98]

그러나 IMF 이후 기업들의 경영행태가 서서히 바뀌고 투명하고 공정한 경영관행이 정착됨에 따라 시민단체와의 파트너십도 장차 생겨나게 될 것이다. 앞의 전경련 조사결과, 98년 말 현재 전체 응답기업의 16.9%가 사회공헌활동에 관한 기본 방침을 명문화하였으며 사회공헌 전담부서의 설치 또는 전담자를 설치한 기업이 22.3%라고 한다. 또한 사회봉사활동을 장려하여 우수볼런티어표창제도를 도입한 기업이 12.8%, 볼런티어 활동을 희망하는 직원들을 등록시켜 관련정보를 제공하는 등록제도를 채택한 기업이 10.1%, 시민단체·복지시설 등에 대한 직원들의 기부금에 대해 기업에서 같은 금액 또는 일정 비율의 금액을 기부하는 제도인 매칭기프트제도를 도입한 기업이 8.1%나 되었다.[99] 이러한 다양한 사회공헌활동의 증대는 궁극적으로 시민사회를 풍성하게 하는 흐름이 될 것이다.[100]

---

98) 참여연대의 경우 소액주주운동을 벌이고 있는 대상기업들로부터는 일체의 재정적인 지원을 받지 않고 있는 것이 그 예이다.
99) 전국경제인연합회, 앞의 책, 55쪽.
100) 기업의 사회공헌활동에 대해서 일찍이 눈뜨고 다양한 사회공헌활동을 벌여온 기업은 삼성이다. 삼성은 투자한 금액뿐 아니라 그 집행과정 면에서 가장 효율적이며, 지속적

5. 시민·사회단체의 제3의 재정지원 방안: 공익적 재단들의 창립과 강화

외국에는 모금만을 전문으로 하는 기관들이 있어 이들이 기금을 모아 수많은 시민단체들에게 그 활동 성적과 가능성을 검토하여 기금을 분배하기도 하는데, 영국의 CHRISTIAN AID[101] 등이 그런 기관이다. 이렇게 되면 일반 시민단체들은 열심히 사업을 벌이고 그 사업의 성적에 따라 그 다음해의 재정이 마련되므로 안심하고 사업에만 열중할 수 있다.

한편 미국에서는 록펠러재단, 포드재단, 카네기재단 등 유명 기업가들이 기부한 공익재단들이 여러 공익단체들의 재정해결에 큰 역할을 하고 있다. 우리나라와 달리, 기부자가 일단 기부하여 재단이 형성되고 나면 완전히 사회에 공여한 것이 되어 기부자의 개인적인 친소관계나 의지에 관계없이 사회공익의 판단기준에 따라 분배된다.[102]

우리나라에도 대기업들이 세운 공익법인들이 부분적으로 시민·사회단체들의 공익활동을 지원해 왔지만, 이러한 공익법인들은 그 태생에서 세금면탈을 목적으로 한 경우가 있었고 그 지원내용도 주로 사회복지에 치우친 감이 없지 않았다.[103] 그러다 보니 시민·사회단체들에게 지원을

인 활동의 측면에서도 다른 기업보다 앞서왔다. "단순한 시혜차원에서 경영노하우 및 임직원의 전문지식 등 기업경영자원을 투여하는 방식" "삼성 각사의 공헌활동을 해당 사의 대표공헌활동 위주로 집행하면서 단발적인 지원보다 지속적으로 전개" "시민의 자발적인 참여가 중요하다는 판단 아래 시민단체의 전문성과 기업자원의 효과적인 결합이 이루어지도록 시민단체와의 파트너십을 강조하는 방향"으로 이루어져 왔다(삼성, 『삼성사회공헌활동백서』, 1998, 22쪽). 그러나 집행실적이 1997년 1164억 원에서 1998년 445억 원으로 줄어든 데서 볼 수 있듯이, 아직도 이러한 사회공헌의지가 확고히 정착되어 있다고 보기는 어렵다.

101) CHRISTIAN AID는 영국교회협의회의 부서로서 그 이사들은 바로 이 협의회에서 임명된다. 이 단체로부터 기금을 받는 대상에는 아프리카의 반체제무장혁명조직까지 포함되어 있어 정치적 조직이라는 비난까지 받기도 한다(B. Smith, "Christian Aid: The Politics of Charity," *Journal of Social, Political and Economic Studies* vol. 11/no. 1, 1986/Spring, Washington D. C, p. 73ff 참조).

102) 우리나라 공익법인의 조세문제에 관해서는 오연천, 「공익법인활동촉진을 위한 조세지출제도의 전개방향에 관한 연구」(『행정논총』 제30권 제1호, 336쪽 이하) 참조.

회피해 왔고 동시에 시민단체 쪽에서도 이러한 지원을 받기를 꺼려함으로써 대기업 설립 재단의 돈은 '그림의 떡'에 지나지 않았다. 그 밖에 사회복지공동모금회는 법률상 공동으로 모금하여 사회복지활동을 지원하는 것을 목적으로 설립되었으며, 시민운동지원기금은 중소기업들이 자발적으로 시민단체들을 돕기 위해 탄생된 기금으로서 가장 유효하게 시민운동을 지원해 왔다. 최근에는 여성기금, 인권재단, 아름다운재단 등 대중적 모금을 목표로 하여 생겨난 새로운 형태의 재단들이 있는데, 이러한 재단들이 더욱 생겨나고 번성함으로써 시민단체들의 활동에 커다란 재정적 울타리가 되어줄 것이다.

시민운동지원기금과 공동모금회

시민운동지원기금

1994년 11월 창립된 시민운동지원기금은 1년에 2회(4월과 10월) 전국의 모든 시민단체를 대상으로 사업을 공모하여 창의적이고 헌신적인 사업[104]에 재정지원을 하고 있다. 시민운동지원기금이 출범한 지 다섯 돌이 된 1999년에도 상·하반기 2회에 걸쳐 지원사업을 공모하고 응모한 프로젝트 가운데 39건을 선정하여 지원하였다.[105] 이렇게 하여 5년 동안 이

---

103) 삼성그룹의 사회공헌의 기부금 지출내역을 보면 잘 알 수 있다. 1998년의 집행내역을 보면 사회복지분야에 42%가 집중되었고, 학술교육이 19%, 문화예술이 17% 등으로 분배되고 있다(삼성, 『삼성사회공헌활동백서』, 1998, 23쪽).
104) 시민운동지원기금의 지원사업의 선정기준은 다음과 같다.
   1. 공신력이 있는 단체인가?
   2. 프로젝트 수행능력을 갖추고 있는가?
   3. 사업의 내용은 창의적인가?
   4. 신청한 사업의 사회발전 기여도는 어떠한가?
   5. 신청한 사업의 사회적 파급효과는 어떠한가?
   6. 연례행사, 일회성 행사에 대한 지원은 피한다.
   7. 그간 지원받은 정도를 참고하여 한 단체에 대한 과도한 빈도 선정은 피한다.
105) 지원한 자세한 내역은 (사)시민운동지원기금, 「1999년 상·하반기 시민단체지원사업」 참조.

기금은 시민단체가 신청한 188개의 프로젝트에 대하여 약 10억 원을 지원금으로 제공하였다.

이 기금은 시민단체의 활동을 지원하기 위한 최초의 민간기금이라는 점[106] 뿐 아니라 이 기금에 출연하고 활동하고 있는 기업인들이 주로 중소기업가들이라는 점에서도 의미가 크다.[107] 그러나 아직도 기금액수가 적어 시민단체에 배분하는 지원금의 액수도 500만 원 가량이어서 적어 충분한 도움을 주고 있지는 못한데다, 지원 또한 일회적이어서 지속적인 사업을 하기에 적절치 않은 실정이다. 다만 최근 1회 사업지원금액을 1천만 원으로 인상하는 등 변화를 보이고 있어 고무적이다.[108]

또한 이 기금은 "사회개혁과 민주발전, 시민사회의 활성화 등 당면한 사회적 과제를 추진하는 시민단체의 활동을 격려하고자" 한국시민운동상을 제정하여 시상해 오고 있다. 매년 이 기금의 창립기념일을 맞아 "탁월한 활동으로 시민사회 발전에 기여한 단체나 개인에게 주어지며, 그 공로를 인정하고 감사함으로써 시민운동의 중요성을 사회에 널리 알리고 또한 시민운동의 귀감을 축적"해 가고 있다.[109] 그외에도 차세대시민운동 지도자연수, 포럼시민사회 등의 활동을 벌이고 있다.

---

106) 명칭은 기금이지만 재단법인이 아니라 사단법인의 형태이다. 성격으로 보아 당연히 재단법인의 형태를 취해야 하지만 재단법인의 지위를 취득하기 어려운 상황에서 연유한 것으로 보인다.

107) 이사회에 참여하고 있는 기업인은 강영중(대교그룹회장), 김원길(코스모스벽지 대표이사), 김항용(삼안단열건업 대표이사), 라경렬(팔방건설 대표이사), 박길훈(길훈건설 회장), 우경선(신안건설 대표이사), 유봉옥(용금유리 대표이사), 유제완(동해진흥건설 대표이사), 이순국(신호그룹 회장), 이중근(부영 회장), 임건호(보해양조 대표이사) 등이다.

108) 지원사업에 대한 지원금액을 1천만 원으로 올리는 것은 물론 다년도에 걸친 사업이라거나 특별한 연대사업 등 규모가 있는 기획사업에는 2천만 원까지 지원을 확대할 것으로 알려졌다.

109) 시민운동지원기금, 「시민단체지원은 시민의 손으로」, 창립5주년기념 및 2000 한국시민운동시상식 자료집 참조.

공동모금회

공동모금제도는 1860년대 민간자선단체들이 상호경쟁에 의해 이중구호, 수혜누락 등의 폐해가 심각해지자 이를 개선·극복하기 위해 자선기관협회(Charity Organization Society)를 결성하고 자선업무를 보다 체계적으로 실시하고자 한 데서 비롯되었다고 한다.[110] 미국에서도 유나이티드 웨이를 중심으로 이러한 공동모금제도가 확고히 자리를 잡았다.

우리나라에서는 매년 이루어지고 있던 연말연시 이웃돕기성금을 1975년 사회복지사업기금으로 적립하기 시작하였는데, 이것은 보건사회부 훈령 제226호 사회복지기탁금관리규정에 따라 제도화되었다. 연말연시 이웃돕기운동을 본격적으로 추진하기 위해 '이웃돕기운동추진협의회'가 구성되었고 이 단체의 계획과 언론사의 협력 아래 매년 모금을 해서 중앙에서 모금된 것은 사회복지사업기금으로, 지방에서 모금된 것은 각 지방자치단체의 이웃돕기금고에 편입되어 사용되었다.[111]

그러나 이러한 모금운동은 주로 기업을 대상으로 하였기 때문에 일반시민의 참여가 저조하였고 기금사용의 투명성이 확보되지 못하였으며 모금활동이 체계적·일상적이지 못하였다. 이러한 문제점에 대한 반성적 고려에서 사회복지공동모금법이 제정되어 1998년 7월 1일부터 시행되었는데, 이 사회복지공동모금법은 사회복지사업을 지원하기 위해 전국에 중앙공동모금회와 지역공동모금회를 두고 그 운영비를 정부가 지원할 수 있도록 규정하고 있다.

그러나 이 공동모금제도 또한 여러 가지 문제점을 내포하고 있다. 첫째, 공동모금이 개별모금을 억제할 소지가 있기 때문에 전체적으로 기부문화를 확산하는 데 조화로운 관계설정이 필요하다. 둘째, 사회복지사업에만 사용될 수 있도록 하고 있는데 실제로는 사회복지사업법 제2조에 정한 기관 외에도 민법이나 공익법인설립운영에관한법률에 따라 설립된

---

110) 정무성, 앞의 글, 46쪽.
111) 자세한 것은 정무성, 앞의 글(46쪽) 참조.

기관가운데서도 활발한 사회복지사업을 하고 있기 때문에 지나치게 한정적으로 해석되어서는 안 된다. 셋째, 공동모금회의 모금경비를 여전히 2%로 해놓고 있기 때문에 적극적인 모금활동이 불가능하게 되어 있다는 점이다.

기존 공익재단들과 외국재단의 지원

기존재단들의 시민단체 지원현황

재벌기업들이 주로 설립한 공익재단은 미술·공연 등 예술분야, 노인·청소년·빈민 등 사회복지분야, 언론분야 등 많은 분야에서 공익활동에 대한 지원을 해왔다. 그 동안 정부의 재정빈약 때문에 충분히 배려할 수 없었던 소외된 분야에 대해서 이러한 공익재단들의 지원은 커다란 역할을 해온 것도 사실이다. 그러나 공익재단은 그 설립목적에 있어서 상속세를 면탈하기 위해 출연된 측면[112]이 있을 뿐 아니라 그 재단의 운영에서도 출연자의 자의적인 의지에 따라 움직여져[113] 출연기업이나 그 기업주의 계열사와 별반 다를 게 없을 정도이다. 나아가 사회변화와 개혁을 주된 목표로 삼고 있는 시민단체에 대한 지원을 기피할 것임은 불을 보듯 뻔하다.

---

112) "공익재단들이 상속·증여세의 회피수단으로 이용되는 이유는 공익재단법인에 재산을 출연하면 현행 상속세법상 상속·증여세가 면제(정확하게는 과세가액불산입)되기 때문이다. 물론 일단 재산을 출연하면 공익재단의 재산이 되기 때문에 그 재산을 출연자가 마음대로 처분할 수가 없게 되지만 실질적으로는 공익재단의 이사회를 장악하여 각종 권리를 행사하는 것이 가능하다. 또한 이렇게 출연한 재산에 대한 국세청과 주무관청의 사후관리가 부실하고 공익재단법인의 재산변동사항은 영리법인과 달리 전혀 공시되지 않기 때문에 자의적인 재산운영을 한다고 해도 외부에서는 알 방법이 없다는 점도 매력적이다."(참여연대 경제민주회위원회, 『공익재단법인 백서』, 지정, 1998, 50쪽)

113) 재벌계열 공익재단법인의 이사장은 철저히 재벌총수와 특수관계에 있는 사람으로 구성되어 있다. 참여연대의 조사에 따르면, 재벌계열 공익재단법인의 이사장의 54.55%가 재벌총수의 친인척이고 계열사의 전·현직 임직원도 20.45%에 달했다. 결국 친인척과 계열사 임직원을 합치면 그 비율이 75%나 된다(자세한 것은 같은 책, 59쪽 참조).

그러나 최근 들어 일부 공익재단들이 시민사회에 관심을 가지며 지원을 시작하는 경향을 볼 수 있다. 민간기업이 설립한 재단으로는 최초로 교보생명교육문화재단이 환경관련 사업을 공모해 지원하기 시작하였는데, 1998년 한 해 동안 연구분야 16명, 사업분야 10개 단체를 선정해서 총 1억 6천만 원을 지원하였다.[114]

그리고 사단법인 기독교사회발전협의회는 독일 EZE재단의 지원과 교회를 대상으로 자체 모금한 기금으로 사회운동단체를 지원하고 있다. 정기적·공개적 공모는 이루어지고 있지 않지만 지원을 요청한 단체의 사업을 매년 3월에 심사하여 최고 3년까지 지원하고 있다.[115]

외국의 경우에는 기업들이 설립한 재단들이 시민운동과 시민단체를 지원하는 사례가 보편화되어 있다. 일본의 경우만 하더라도 도요타자동차가 설립한 도요타재단의 경우 '시민사회프로젝트'를 시행하여 여러 시민단체들에게 직접 활동자금을 배분하고 있는데,[116] 1999년에만도 30건의 프로젝트에 대하여 약 3080만 엔을 지원하였다.

외국재단들의 시민단체 지원현황

한국에 주재하고 있는 외국재단들이 한국의 시민단체에 활발한 지원을 하고 있다. 이들 재단들은 소리 없이 국내의 많은 시민·사회단체들에 꾸준한 지원을 하고 있어 우리 정부와 기업들의 요란하지만 실속이 없는 지원과는 대조를 이룬다.

그러나 이러한 재단들의 지원도 한국정부의 OECD가입에 따라 그 규

---

114) 『시민의 신문』 1998. 6. 22.
115) 같은 곳.
116) 시민사회프로젝트는 시민활동지원과 시민사회프로젝트 두 가지로 다시 나누어 지원하고 있다. 시민활동지원은 지역이나 사회 전체와 관련하여 다양한 문제의 해결을 위해 적극적으로 활동하는 시민활동단체나 NPO의 지원을 목적으로 하고, 시민사회프로젝트는 시민활동단체와 전문가와의 협동체제에 의해 이뤄지는 조사·연구, 그 성과를 다년간에 걸쳐 실험하는 업무를 지원하고 있다. 후자는 비공모·기획적인 지원방식을 채택하고 있다. 자세한 것은 『トヨタ財團1999年度年次報告』(52쪽 이하) 참조.

모를 지속적으로 줄이고 있는데, 이 때문에 외국재단의 지원금에 크게 의존하였던 여성단체연합, 여성의 전화, 성폭력상담소 등 여성단체들에 비상이 걸렸다. 외국재단들은 각자 독자적 영역을 구축하여 특화된 지원을 해온 것이 인상적이다. 이러한 외국재단들의 지원을 간략하게 살펴보면 다음과 같다.

종 류	지원 분야	신청 시기
한스자이델재단(독일)	지역개발	항시접수
나우만재단(독일) [1]	지방자치 · 민주주의	〃
아데나워재단(독일) [2]	시민교육	〃
EZE재단(독일)	일반	〃
에버트재단(독일) [3]	노동	〃
아시아재단(미국)	민주주의	〃
유엔개발계획(UNDP) [4]	개발 · 과학기술 · 여성 · 환경 · 정보	〃

* 자료: 『시민의 신문』 1998. 6. 22.
1) 독일 자민련계의 재단으로서 지방자치발전에 특별한 관심을 보여왔다.
2) 독일 기민당계열의 재단으로서 한국의 여성계를 오랫동안 지원해 왔고 최근에는 시민단체들이 운영하는 시민교육에 관심을 표명하고 있다.
3) 독일 사민당계열의 재단으로서 다른 재단과 달리 노동문제에 관련된 단체와 활동을 지원함으로써 그 특색을 가지고 있다.
4) 유엔개발계획에 대한 한국정부의 지원의 축소에 따라 유엔개발계획의 폐지 또는 축소가 논의됨으로써 그 시민단체에 대한 지원 역시 폐지 또는 축소될 가능성이 높아졌다.

새로운 공익재단들의 등장[117]: 여성재단, 인권재단, 아름다운재단, 미래와아이들

종래 개인 또는 특정 기업이 큰 기금을 출연하고 그에 따라 만들어진

---

117) 한국의 새로운 공익재단들은 국제적으로도 소개되고 있다("Asia Pacific Philanthropy Consortium: Strenthening Philanthropy in the Asia Pacific: An Agenda for Action," Background Paper, Korea, 2001).

법인에서 그 개인 또는 기업이 그 의지대로 운영되는 형태가 일반적이었으며, 심지어 기업이 출연한 재단은 마치 그 기업의 계열사처럼 되고 말았다. 그러나 이제 공익적 목적을 앞세우고 대중을 향해 모금운동을 벌이는 새로운 재단들이 탄생하기 시작했다.

그 가운데 여성재단은 가장 선두에 서 있다. 2000년 6월 20일 현재 모금된 기금총액이 21억 9330만 4887원이며, 또 한국여성기금추진위원회를 100만 명까지 늘림으로써 각종 서비스를 포함하여 한국여성기금국민카드 발급사업을 벌이고 있으며, 바자회·컨서트 등의 이벤트를 통한 모금, 여행업계의 희망의 동전 모으기, 미용실에 모금함설치 등의 각종 모금캠페인을 활발하게 진행하고 있다.[118]

아름다운재단 역시 새로운 기부문화를 뿌리내리기 위한 실험을 시작하고 있는데, 미국의 커뮤니티파운데이션을 본떠 만든 이 재단은 시민사회의 공익적 활동의 지원을 다짐하며 출발하였다. 짧은 기간 안에 1%나눔운동, 다양한 공익펀드의 개발 등을 통하여 27억여 원을 모금함으로써 한국사회 모금운동의 가능성을 열어주었다.

여성기금과 아름다운재단 외에도 미래와아이들, 인권재단이 활동을 개시한바, 미래와아이들은 주로 벤처기업들로부터의 지원으로 기금을 확보하고 있으며 인권활동가들이 중심이 되어 성립된 인권재단은 지원대상을 주로 인권분야에서 찾고 있다. 그리고 최근에는 환경운동연합이 환경재단을 준비하고 있다. 이처럼 최근 1~2년 사이에 일어나고 있는 민간단체 또는 대중적 차원에서의 이러한 공익재단설립운동은 한국사회에서도 기부문화의 시작과 정착, 확산이 임박하였음을 의미한다.

---

118) 자세한 것은 한국여성기금추진위원회가 발간하는 한국여성기금소식 참조.

6. 회원확대와 후원금 확보

회원과 회비 확대의 중요성

각 NGO들은 자생력과 경쟁력을 회원 확대를 통해 획득하려고 한다. 거의 대부분의 NGO가 회원조직이기 때문에 회원모집과 확대, 그리고 지속적 관계 유지는 필수적이라 할 수 있다. 그러나 모든 NGO가 회원모집에 모든 역량을 투여해야만 하겠는가에 대해서는 한번 비판적이고 전향적인 사고가 필요하다. …그러므로 모든 조직이 이러한 사업(회원확대사업)을 벌이는 것은 조직의 역량과 전문성 확대라는 측면에서 그리 바람직하지 않다 할 수 있다.[119]

미국, 영국 등 선진국에서는 앞의 주장과 같이 회원조직을 가지지 않고 단지 연구·조사를 하거나 캠페인을 열심히 벌이고 그 성과를 바탕으로 다른 재정지원기관에 지원을 받고 그 다음해 사업을 꾸려나가는 방식을 취하는 NGO들이 적지 않다. 우리의 경우, 많은 시민단체들이 소수의 상근인력을 가지고 캠페인도 벌이고 재정사업도 해야 하는 업무하중에 시달리고 있다. 회원배가운동을 벌이고 주변친지들을 강제로 끌어들여도 별반의 성과를 내지 못하는 것도 현실이다. 이런 상황에서 시민단체는 캠페인만 전문적으로 벌이고 모금전문조직들이 대중으로부터 돈을 기부받아 시민단체들을 돕는다면 역할의 분담이나 전문성 강화에 큰 도움이 될 것이다.

그러나 이것은 시민단체를 지원하는 재단이나 기관들이 충분히 존재해 있을 때 가능한 일이다. 우리나라의 경우 정부지원과 일부 공익재단의 지원을 제외하고는 시민단체를 지원할 의지와 태세를 갖추고 있는 지원기구가 별반 없는 실정이다. 향후 대중으로부터 모금하여 공익활동을 지원하는 진정한 의미에서의 공익재단이 늘어날 것임은 앞에서 본 바와 같

---

119) 차명제, 앞의 글, 31쪽.

다. 그러나 적어도 현재로서는 상당한 시일이 요구될 재단의 성장과 기금의 축적을 기다리며 앉아 있을 수는 없는 노릇이다. 이런 상황에서 국가나 기업으로부터 기부금을 받아 중립적인 재단을 설립하고 이를 통해 NGO를 지원하게 하자는 제안이 있다.[120] 이렇게 되면 독자성과 자율성을 유지하면서 국가 등의 기부자들의 간섭을 최대한 피하며 활동할 수 있게 된다는 것이다. 그 재단의 운영에 있어 기부자인 정부나 기업의 간섭이나 영향력을 완전히 배제할 수 있다면 생각해 볼 수 있는 일이다.[121] 하지만 한때 이러한 제안이 구체적인 법률안의 형태로 성안되었으나[122] 중립성과 정부영향력에 대한 의구심과 비판이 제기되어[123] 철회되었다. 아무튼 정부 스스로 직접배분을 통해 시민단체들에게 생색내기를 꾀할

---

120) 같은 글, 34쪽.
121) 시민단체에서 활동하는 간사들도 이러한 생각을 선호하고 있다. 시민운동단체의 재정난을 해결하기 위해 필요한 지원체계에 대한 질문에서 정부와 기업의 지원으로 공공기금을 조성하는 것에 69.6%가 동의하고 있다(양용희, 「시민단체의 모금 및 회원관리 방안의 개선방안」, 『시민단체의 안정적 재정확보 및 활성화 방안』, 아시아시민사회운동연구원, 1987, 79쪽).
122) 실제로 1997년 10월 22일 제출된 국민회의의 민간운동지원에관한법률(안)에는 기금설치에 관한 규정이 있었다. 그 법안 중 기금과 민간운동진흥재단에 관련된 조항을 살펴본다.
제6조(민간운동진흥재단) ② 진흥재단은 법인으로 한다
⑤ 진흥재단에 이사장 1인 및 실무를 관장할 상임이사 1인을 포함한 9인 이내의 이사와 감사 1인을 둔다
⑥ 이사장 및 상임이사는 민간운동에 관하여 학식과 경험이 풍부한 자 중에서 국회에서 선출하고 이사는 민간운동에 관하여 학식과 경험이 풍부한 민간인 중에서 이사장이 임명하며, 감사는 이사장의 제청으로 주무장관이 임명한다
제7조(기금) ① 민간운동단체에 지원금을 교부하기 위하여 진흥재단에 민간운동진흥기금을 설치한다.
② 기금은 다음 각호의 재원으로 조성한다.
  1. 국가 및 지방자치단체의 출연금
  2. 국내외 단체·법인 또는 개인의 출연금 또는 기부금
  3. 기금의 운용으로 발생하는 수익금
123) 1998년 11월 18일 자 76개 시민단체들의 '시민운동지원에관한법률(안)에 대한 의견'이라는 문서에 자세히 언급되어 있다. 정부가 기금을 마련하여 직접 시민운동을 지원하는 것은 민간단체의 재정자립성을 흔들 우려가 크다는 사실, 역으로 민간단체의 활동을 통제·위축시킬 가능성이 있다는 점, 그리고 민간단체에 대한 지원을 일원화시키고 다양한 정부부처들의 지원을 차단하는 결과를 가져올 수 있다는 이유를 내세워 이 제안에 대해 반대한 것이다.

뿐 진정으로 이런 기금을 만들 생각은 별로 없어 보인다.

따라서 이런 경우 시민단체들은 불가피하게 회원을 늘려 재정을 자립하는 방향으로 갈 수밖에 없다.[124] 서구 선진국들의 NGO들도 재단으로부터의 지원을 받기 위하여 안간힘을 쓰면서도 동시에 자신의 회원 확대를 위하여 발벗고 나서고 있다. 이것은 힘겹고 싫은 일이지만 선택의 여지가 없는 운명의 길이다. 어찌하겠는가?

회비와 후원금 확대의 방안들

앞에서 본 바와 마찬가지로 시민단체의 재정이 획기적으로 증대될 수 없는 제도적 이유와 일반시민들의 낮은 사회의식이 자리하고 있는 것은 사실이다. 아직도 시민운동에 대해서는 무관심할 뿐 아니라 심지어 부정적이거나 적대적이기조차 하다. 또한 대부분의 시민들은 시민운동이 좋은 운동이라고 생각은 하지만 막상 참여하는 데까지 나아가지 못하고 있다. 어디 그것뿐인가? 모금프로그램개발, 모금전략수립이니 하지만 모금업무 또는 회원관리업무에 간사 한 명도 배치하기가 어려운 실정에서 사치스런 이야기로 들릴 수밖에 없다.

그러나 그렇다고 열악한 재정상황을 모두 외부와 상황 탓으로 돌릴 수는 없다. 이제 시민단체들은 스스로에게 물어야 한다. 과연 우리는 최선을 다해 왔는가? 미국의 시민들은 매일 자선·교육·종교 단체로부터 기부금을 내라는 우편물, 전화, 텔레비전 광고의 홍수 속에 산다고 한다.[125] 한국의 시민단체들은 그 동안 회원을 늘리고 회비와 기부금을 내

---

124) 이런 점에서 참여연대의 행로가 특기할 만하다. 창립 후 3년차 무렵 참여연대는 미국의 싱크탱크처럼 정책집단으로 남을 것인가 아니면 대중조직으로 갈 것인지 심각하게 토론한 적이 있었다. 그 당시 정부에 비판적인 시각과 정부와는 다른 대안을 가지고 정부의 정책변화를 압박하는 참여연대가 정부나 기업 또는 제3의 재단에 재정을 의존한다는 것 자체가 불가능하다는 판단에서 대중조직으로 가기로 결정하고 이후 회원확대사업에 매진하였던 것이다.

125) H. L. Oleck, 앞의 글, 228쪽.

도록 일반시민들을 괴롭히지 않아왔다. 회원이 되어주면 좋고 회비를 내주면 반가웠을 뿐이다. 좀 더 적극적으로 비영리시장과 모금영역으로 나아가 자신의 조직과 사업을 홍보하고 회원과 헌금을 늘리기 위한 노력을 다했다고는 볼 수 없다.[126]

현재 시민단체들이 회비와 후원금을 제대로 내도록 하기 위하여 체계적이고 과학적인 방안이 개발되고 시행되어 있지 못하다. 유력한 시민단체들을 상대로 한 조사에서 모금전담자가 있는 단체는 26.1%에 불과하고, 이들에게 교육을 실시하는 단체는 13%에 불과하였다. 뿐만 아니라 잠재적 후원자에 대한 시장조사는 21.8%에 불과해 모금에 관한 노력과 여력이 없음을 증명해 주고 있다.[127]

적극적인 모금은 물론 단순한 회원관리조차 쉽지 않다. 후원자의 관리방법으로 정기간행물을 보내는 단순한 것과 전화(조사된 단체 가운데 52.2%가 사용), 초청(조사대상단체 가운데 34.8%가 활용) 등의 방식이 주로 사용되고 있고 그외에 다양한 방법이 시행되고 있지 않음을 알 수 있다. 또 모금활동의 어려움으로 시민단체 활동가들은 시민들의 이해부족과 모금기술의 부족을 들고 있는데,[128] 시민들의 이해부족은 하루아침에 개선할 수는 없는 노릇이다. 시민단체가 공익을 위해 꾸준히 일하고 있는 가운데 해소될 수 있는 일이다. 그러나 동시에 각 시민단체가 나름대로 자신의 업무를 적극적으로 홍보할 필요가 있다. 모금기술 역시 모금전문가와 전문단체들이 많이 양성되어 시민단체 모금담당자들을 교육시키고 모금방안을 널리 보편화시켜야 하는데 아직 이런 여건이 마련되

---

126) 물론 이것은 개별 시민단체와 그 활동가들의 탓으로 모두 돌릴 수는 없다. 영세한 시민단체들은 회원과 회비를 증대하기 위해 단 한 명의 인원도 배치할 수 없고 단 한푼의 홍보비용을 할애할 수 없는 경우가 많다. 미국의 경우 전문적인 모금전문가와 모금컨설턴트들의 존재가 열악한 상황에 처한 비영리단체들에게 모금의 가능성을 현실화시켜 주고 있는 것이다.

127) 양용희, 앞의 글, 62쪽. 위에서 조사된 대상은 우리나라에서 대표적인 시민단체들이라는 점을 고려하면 시민단체 전반을 놓고 보면 상황은 훨씬 어렵다고 보아야 한다.

128) 양용희의 위 조사에 따르면 모금의 어려움이 사람들의 이해부족이라고 응답한 사람이 47.8%, 모금관리기술의 부족이 39.1%로 나타났다고 한다(같은 글, 63쪽).

어 있지 않다. 전문가들은 모금에 있어서 마케팅개념의 도입, 전략적 계획 수립, 모금프로그램개발, 후원자관리를 위한 후원자서비스정신의 도입, 후원자 정보관리와 서비스체계의 구축, 후원자 전산화 프로그램개발, 시민단체의 공동모금 실시 등을 권고하고 있다.[129] 최근 이러한 분야에 대한 전문컨설팅회사까지 만들어지고 있어 어려운 재정여건과 상황타개를 위한 좋은 조건이 형성되고 있다.

7. 다양한 재정 경감 및 확보 방안의 마련

우편요금 할인문제

우편요금은 수많은 회원을 보유하고 광범한 대중을 캠페인의 대상으로 하는 시민·사회단체로서는 참으로 큰 재정부담이 되고 있다. 많은 단체들이 우편요금 때문에 자료발송을 늦추어 한꺼번에 우송하거나 아예 자료우송을 포기하는 경우조차 있다. 사익이 아니라 공익을 추구하는 단체들에게는 일정한 요건 아래 우편요금의 할인이 이루어질 필요가 있다. 미국의 경우와 같이 원래 요금의 반 정도를 인하해 주는 것이 바람직하다고 본다. 우편요금의 할인은 반드시 공익단체에 대해서만 주어지는 것은 아니며 다량우편물의 경우이거나[130] 정기간행물의 경우에는 이미 이루어지고 있다.[131]

---

129) 같은 글, 63~75쪽.

130) 다량우편물의 업무는 일반우편물 취급업무에 비해 38%의 인건비 절감효과를 가져와 요금할인율을 20% 이상 높일 수 있으나 통신개발연구원 우정정책연구실 김정민 연구원이 최근 발표한 「다량우편 요금할인제도의 타당성분석」이라는 연구논문에 따르면 우리나라 다량우편 할인율은 5~15%로 우편체계가 비슷한 18~30%보다 15%가, 영국·미국 등에 비해서도 2% 이상 낮은 것으로 나타났다(『한겨레신문』 1992. 10. 29).

131) 정기간행물의 경우에도 광고가 절반이 넘는 때는 할인대상에서 제외된다. 다만 시사문제에 대한 보도·논평을 다루는 일간신문과 잡지는 이 기준에서 제외하여 형평성의 문제가 있다(『동아일보』 1998. 12. 17).

ARS · CMS 제도의 효율화와 확산

ARS와 CMS는 최근 들어 활용되기 시작한 제도들인데, ARS는 원래 수재민돕기모금 등에서 발전해 온 것이고 CMS(Cash Management System)는 은행간 자금거래이체를 공동으로 이용하는 시스템으로서 개발된 것이다. CMS는 "주거래은행 또는 금융결제원 등의 전산망과 접속, 일시에 여러 거래처와의 자금거래를 할 수 있게 해주는 전자금융시스템이다. 금융결제원 전산망에 시중·특수·지방 등 30개 은행이 연결돼 있어 거래처가 다른 은행에 계좌를 갖고 있더라도 아무런 문제가 없다."[132] 이런 CMS를 이용하면 집금, 예금거래, 자금이체, 급여이체, 일괄자금이체 등의 서비스가 가능해지는데,[133] 사립대의 발전기금 모금에도 이용되기 시작하였다.[134] 이른바 '큰손'보다는 '개미군단'에 의한 모금이 가능해지는 것이다.

ARS는 정당·시민단체·복지기관 등이 활용하고 있는 제도로서, 각 정당·단체 들이 보유한 고유번호로 전화를 걸면 그것으로 일정한 금액이 기부되고 그 기부금은 그 달치 전화요금에 부가하여 납부되는 방식이다. 그러나 ARS번호가 특정 방송의 캠페인과 관련하여 그 방송에 소개될 때 다수 대중이 호응하여 거액의 모금이 가능한 것이고 통상적 매체 소개만으로는 효과는커녕 존속비용조차 거두기 어려운 것이 현실이다.

은행공동망이라고 일컬어지는 CMS제도는 회비자동납부가 가능해짐으로써 시민단체의 재정해결에 단단히 한몫하고 있다. 현금이체나 지로용지를 이용한 회비납부는 전산시스템의 발전에 따라 점점 줄어드는 반면 CMS 이용률은 대폭 확대되었다.[135] 이러한 사회변화와 생활방식의 변화

---

132) 『세계일보』 1996. 8. 26.
133) 『세계일보』 1994. 11. 19.
134) 『경향신문』 1999. 10. 19.
135) 『한국일보』 2001. 8. 4. 한국은행이 내놓은 2000년 3분기중 지급결제동향을 보면 은행공동망을 이용해 자금을 이체하는 자금관리서비스(CMS)가 1160억 원으로 123.1% 증

와 함께 시민운동의 회비확보도 변하지 않을 수 없게 된 것이다. CMS제도는 이렇게 시민단체에도 확산되고 있으나[136] 금융결제원이 최근 법인에 한정하여 이용이 가능하게 제약하는 등 문제도 있다. 그러나 현재까지 CMS계약이 불가능하였던 지역단체들이나 작은 단체들을 위하여 시민운동지원기금이 일괄적으로 처리할 계획을 세우고 있다.

다양한 재정충원방안의 아이디어

목구멍이 포도청인 시민단체들로서는 재정을 확보하기 위한 다양한 아이디어들을 생각해 내고 이를 실험해 보게 되었다. 콘서트, 그림전시회, 기부물품전시회, 캐리커처전시회는 말할 것도 없고 일일호프, 명절을 이용한 물품 공동판매 등의 노력이 그러한 실험 중의 하나였다. 전교조 전남지부 영광지회가 주축이 되어 1994년 설과 추석에 벌였던 영광굴비사업은 '짭짤한' 수익을 올려 성공적인 수익사업으로 알려졌는데, 상품의 선택도 좋았지만 참교육선생들이 판매하는 것이라 믿을 수 있다며 전교조 회원들뿐 아니라 일반교사들과 학부모까지 참여해 성황을 이루었다.[137]

그리고 회원들을 상대로 한 보험사업과 카드사업, 생협운동 등도 수익사업의 한 형태로 분류할 수 있을 것이다. 회원을 상대로 한 사업이 가능하려면 일정 정도의 회원이 존재해야 하며, 최근에는 보다 지속적인 수입원으로서 카페, 식당, 재활용가게를 여는 경우가 많아졌다. 참여연대와 환경연합의 철학마당느티나무 카페 경영, 여성단체연합의 '어머니의 뜰' 운영 그리고 경실련의 알뜰가게와 YMCA의 녹색가게 등이 바로 그러한 예이다. '시민기업'이라 할 만한 이러한 업소의 운영은 단순히 재정사업 측면에만 그치지 않고 성실납세운동의 모범도 되고 환경·검소의 모습

가했다고 한다(『한겨레신문』 2000. 11. 2).

136) 『동아일보』 2001. 1. 10; 『한겨레신문』 2001. 1. 30.

137) 정지환, 앞의 글, 78쪽.

을 실천하는 동시에 시민·사회단체와 활동가들에게 모임장소를 제공하는 등 다양한 기능을 행사하고 있다고 볼 수 있다. 영리단체와 비영리단체의 수렴현상이라는 세계적 현상에 비추어본다면 이러한 사례는 더욱 늘어날 것으로 전망된다.

8. 투명성 확보, 공정한 감사 그리고 재정윤리 가이드라인

아무리 우수한 모금기술과 모금 인력을 확보하고 있다고 하더라도 그렇게 모금된 돈이 어떻게 쓰여지는지를 기부자와 회원들이 알 수 없다면 그 단체의 재정사업은 실패하게 될 것이다. 투명한 재정은 그 단체에 대한 신뢰를 확보하는 지름길이다. 재정이 투명하지 못한 단체에서는 그만큼 사고가 날 가능성이 많다. 수입과 지출을 투명하게 공개하고 그 운용의 원칙을 천명하고 그 어려움을 회원과 국민에게 호소한다면 함께 해소해 나가는 데 큰 도움이 될 것이다. 참여연대는 「유리지갑 참여연대: 살림살이 한눈에 보기」를 발행하고 동시에 웹페이지에도 올려놓고 있다.[138] 수입과 지출 항목들을 상세하게 공개하고[139] 모금과 지출의 원칙을 천명하며 동시에 회원과 시민의 참여를 촉구하고 있다.

시민단체들이 사전에 모금과 지출에 관한 가이드라인을 사전에 정해놓는다면 구성원들이 거기에 따라 행동하게 되어 재정과 관련된 부정이나 실수를 사전에 방지하게 되고 나아가 회원이나 일반시민들이 훨씬 깊

---

138) 이것은 웹페이지에서 매달 업데이트 되고 있다(참여연대 웹페이지 주소는 www. people power21.org이다).

139) 내부적으로 '투명성 프로젝트'로 명명된 이 소책자와 웹페이지 프로그램에는 "참여연대 한 달 살림살이" "재정은 어떻게 마련될까요?" "회비 외에는 어떤 재원이 있을까요" "아름다운 원칙: 참여연대 후원금 모금에는 원칙이 있습니다" "상근자들의 급여는 얼마나 될까?" "희망을 만들어가고 있습니다" "여러분의 참여를 기다립니다" 등으로 구성되어 있다. 자세한 것은 「유리지갑 참여연대 살림살이 한눈에 보기」(『월간 참여사회』 2001년 2월호 부록) 참조.

은 신뢰를 가지게 될 것이다. 참고로 참여연대는 대외적으로 공포된 몇 가지 원칙과 내부규정을 두고 있는데, 그 원칙은 다음과 같다.

원칙 1 회원들의 회비로 운영합니다.

회원들의 회비만으로 단체를 운영하는 것이 참여연대 재정운영의 목표입니다. 현재 85% 내외의 경비를 회비로 충당하고 있습니다. 좀더 많은 회원들이 참여한다면 이 목표는 곧 달성될 수 있습니다.

원칙 2 정부로부터 일체의 재정지원을 받지 않고 있습니다.

세금으로 조성된 민간단체 지원금을 수령해 공익사업을 전개하는 것이 시민단체의 도덕성을 가늠하는 기준은 아니지만 정부비판과 감시에 집중하는 참여연대로서는 자칫 불필요한 논란의 소지가 있다는 생각에 정부로부터 어떠한 재정지원도 받지 않고 있습니다.

원칙 3 다양한 수익사업은 시민의 참여 속에 이루어지고 있습니다.

카페 철학마당 느티나무 운영, 보험수익사업, 기념품 판매사업, 사무실내 자판기 운영, ARS후원전화 등 부족한 재원을 마련하기 위해 회원들과 다각적인 노력을 진행하고 있습니다.

원칙 4 부서간 독립채산을 실시하고 있습니다.

각 활동기구의 독자적인 발전을 도모하기 위해 회원가입 때부터 각 활동기구별 지원을 원하는 분들은 그 회비의 70%를 해당 부서에 배정하여 각 부서의 독립적인 재정운영을 시행하고 있습니다.[140]

회원들이 낸 회비는 가장 소중한 곳에 가장 효율적으로 사용되지 않으면 안 된다. 특히 시민단체에 회원이 되고 회비를 내주는 사람들이 희소한 만큼 오히려 더욱 그 돈의 가치를 높이 생각하지 않으면 안 되는 것이다.[141]

---

140) 이것은 그만큼 각 부서에서 각자 회원확대 등의 수입증대를 위해 노력하도록 큰 자극을 줌으로써 재정자립의 중요한 계기를 마련하고 있기도 하다.

141) 회원이 되어주거나 회비를 낸 회원들에게 감사를 반드시 표시하는 감사표시제, 그 회비에 의해 사용한 용도·결과 등에 대해 알려주는 사용내역공지제, 더 나아가 연말에 전

재정이 열악한 시민단체에서는 회비가 주로 인건비 등 고정비용과 사무실 운영비용으로 사용되게 마련이다. 그만큼 사업비에 투자할 여력을 갖기 어렵다. 그러나 회비를 받아서 겨우 인건비와 사무실 운영비용으로 주로 쓴다는 것은 그만큼 회원들의 요구를 받아들이지 못하는 셈이다. 따라서 인건비와 사무실 운영비용은 최소한도로 줄이고[142] 캠페인을 포함한 사업비용에 쓰도록 노력해야 할 것이다.

체 회비내역과 그 회비에 대해 세금공제제도를 알려주는 회비내역통지제 등이 회원들에게 더욱 회비를 내게 하는 중요한 수단이 될 것이다.

142) 예컨대 회식비용은 참석자가 분배하여 거출하거나 상대적으로 사정이 괜찮은 임원이 내는 방식이다. 대부분의 시민단체들에서 이렇게 시행하고 있는 것으로 보인다. 그러나 이 경우에도 특정 임원에게 그러한 부담이 가중되는 것은 바람직하지 않다.

한국 시민운동의 미래를 위한 고민과 대안
실무적 활동가의 고민과 개선과제를 중심으로

1. 머리말

한국 시민·사회운동의 발전

한국사회는 전통적으로 권위가 한곳으로 집중되어 있었다. 권위의 배분이란 있을 수 없었다. 이것이 민주주의 발전의 큰 장애가 되어왔고 되고 있는 것이 현실이다. 대통령에의 권력집중, 지방분권의 미성숙, 언론의 권력화, 노동조합의 미발달 등이 바로 이러한 권력집중현상의 예이다. 시민·사회단체의 발전과 장애 역시 이 문제와 맞닿아 있다. 정부와 권위를 배분하며 사회적 역할을 수행하는 비정부단체의 개념은 있을 수 없었다. 단지 정부의 허용 아래 일방적으로 정부활동을 지지·지원하는 이른바 관변단체만이 존립할 수 있었던 것이다.

이러한 시대 아래서 시민·사회단체는 규제의 대상이었다. 사회단체[1]

---

1) 사회단체등록에관한법률이 바로 그 근거법이었다. 그러나 이 법은 1994년 1월 7일 법률 제4736호로 전면 개정되어 사회단체신고에관한법률로 그 잔영을 남기다가 최종적으로는

는 등록되고 그 활동의 상당 부분은 인·허가, 신고의 대상이 되어야 했으며, 나아가 눈에 보이지 않는 감시와 통제를 받아야 했다. 헌법상으로는 보장된 결사의 자유가 하위법이나 행정권력의 행사에 있어서는 완전히 유린되고 있었던 것이다. 이러한 법제적 억압뿐 아니라 둘만 모여도 불온하게 생각하는 국민들의 뿌리깊은 피해의식이 시민·사회단체의 발전을 가로막는 주요한 요인이었다.

민주화는 이러한 시민·사회단체 활동의 제약을 푸는 데 계기가 되었다. 노동조합을 비롯한 많은 이익단체들이 자신의 목소리를 내기 시작하였고 공익을 대변하는 단체들이 조직화되기 시작하였다.[2] 거의 모든 영역에 걸쳐 시민·사회단체들이 우후죽순처럼 생겨난 것이다. 한마디로 거대한 다양성의 물결이 이 사회를 넘실거렸다. 시민·사회단체의 목소리는 거세지고 그 영향력은 확대되기 시작하였다. 1987년의 6월항쟁 이후 10년은 바로 시민·사회단체 성장의 역사이기도 하였다.[3]

새로운 도약의 조건과 과제

그러나 이렇게 우후죽순처럼 생겨난 시민·사회단체들이 곧바로 시민사회의 성장을 의미하는 것은 아니었다. 아직 한국 시민·사회단체들은

폐지됨으로써 이제 시민·사회단체의 설립은 완전히 자유로워졌다.

2) 한국민간단체총람에 수록된 비정부단체의 숫자는 9467개에 이르고 그 가운데 56%가 최근 10년 사이에 생겨난 것이라 한다(『시민의 신문』 1996. 12. 7). 그러나 이 정도로는 선진국의 NGO수준에는 훨씬 못 미친다. 예컨대 캐나다의 경우 1995년 4월 현재 7만 2029개의 각종 NGO가 있으며 전체 취업인구의 약 9%에 해당하는 130여만 명을 고용하고 있고 GNP의 12%에 이르는 예산을 사용하고 있다(공보처, 『민주공동체시민운동의 새로운 지평』, 1997, 47쪽).

3) 정수복은 민주화과정을 3단계로 나누어 권위주의적이고 억압적인 정부와 구세력이 퇴진하고 국민의 직접선거에 의해 지도자를 선출하는 첫단계, 억압적인 제도가 사라지고 민주적인 법·제도가 만들어지는 두번째단계, 그 틀 안에서 시민들의 적극적 참여가 이루어지는 세번째 단계로 설명하고 있다. 그 이동과정을 또한 민주화의 공고화 또는 심화라고 부른다(정수복, 「공동체의식 실천을 위한 시민운동의 활성화방안」, '97공동체시민운동세미나, 공보처, 1997, 7~8쪽 참조).

성장의 요람기에 있으며 이들 자신에게나 정부 혹은 사회에 있어서나 아직은 미답의 길을 가는 경험의 도정에 있다. 시민·사회단체 스스로와 정부·사회와의 관계 설정과 진전은 앞으로의 과제로 남아 있다. 뿐만 아니라 이러한 단체들이 존립할 사회적 토대는 형성되지 못하여 그 과정에서 엄청난 시련을 겪고 있다. 그러한 상황과 조건을 정리해 보면 다음과 같다.

첫째, 일반국민들의 미약한 의식이다. 아직 우리 국민들은 시민·사회단체들의 존재의미와 역할에 대하여 주지하고 있지 못하며 따라서 이들의 시민·사회단체에의 관여가 지극히 미약한 현실이다. 최근 들어 이러한 상황은 조금씩 개선되고 있고 일부 단체들의 경우 자립적 구조를 이룩하고는 있으나 전반적으로는 '시민 없는 시민단체'를 면치 못하고 있는 이유가 여기에 있다.

둘째, 재정의 열악함이다. 거의 대부분의 시민·사회단체들은 저조한 회비의존율과 대외적 지원의 부족으로 고통받고 있다. 이러한 어려움은 급기야 정부의 재정지원 여부를 둘러싼 논쟁으로 이어지고 또 시민단체의 도덕성을 가늠하는 스캔들로 이어지기도 한다.

셋째, 상근활동가의 생존조건의 미확보와 전문성의 부족이다. 어려운 재정여건으로 말미암아 이들 시민·사회단체에 근무하는 상근활동가들은 최저한의 생활비를 지급받지 못하고 의료보험, 국민연금 등의 혜택 또한 못 받고 있다. 간사들의 훈련과 재충전을 위한 재원과 프로그램은 일부 큰 단체를 제외하고는 거의 발견하기 어렵다. 이런 상황에서 활동가들이 자신의 전문성을 강화하며 운동의 질적 성장을 꾀하기는 대단히 어려운 실정이다.

넷째, 자원봉사자들의 부족이다. 많은 시민·사회단체들이 상근활동가들의 역량에 의존하고 있으며 비상근 자원봉사자들의 지원은 턱없이 부족한 실정이다. 서구 여러 나라가 대부분의 시민·사회단체 활동을 자원봉사자들에 의존하는 데 비하여 우리의 경우는 크게 다르다.

다섯째, 시민·사회단체들이 그 역할을 수행하는 데 필요한 효과적인 활동수단을 확보하고 있지 못하다. 각 단체들이 부여받은 임무를 수행하고 정부와 의회, 사법의 절차에 개입하기 위해서는 유효적절한 무기가 제공되어야 한다. 그러나 정보공개법, 행정절차법, 공익소송법 등 시민·사회단체의 활동에 필수적인 법제들이 대단히 미약한 실정이다.

여섯째, 아직도 시민·사회단체에 대한 억압적인 법제가 상당히 남아 있다. 시민운동을 억압하고 감시하는 것을 목적으로 존재하거나 운용되는 법제가 적지 않으며[4] 사법부의 보수적 해석에 따라 시민운동의 제약을 초래한 경우도 많다. 이러한 제도와 관행, 해석의 개선 없이 시민사회의 발전이나 성숙은 있을 수 없다.

일곱째, 시민·사회단체의 설립이 자유로워지고 그 지도자와 활동가의 검증장치가 없다 보니 시민·사회단체 지도자들 가운데 윤리적·도덕적 해이와 실수가 가끔 생겨나고 있다. 언론과 일반국민들은 시민단체간의 차별성을 주목하지 않고 있으며 한 단체, 한 사람의 실수에 대해 모든 시민단체를 한꺼번에 매도하기 일쑤이다. 어떤 방식으로든 시민·사회단체의 지도자들이 높은 수준의 도덕적·윤리적 태도와 자세를 견지하도록 할 필요가 있다.

이상과 같은 문제들은 시민단체가 오랫동안 주장하고 고민해 온 숙원사업이고 과제이기도 하다.[5] 그만큼 조기에 해결되기 어렵기 때문에 오

---

4) 김윤환, 「민주성과 자주성에 기초한 시민운동을」, 『희망은 여기에: 각계인사 31인이 본 참여연대와 한국의 시민운동』, 참여연대, 1987, 20쪽.
5) 이러한 시민사회의 과제를 검토하는 데 1998년 및 1999년 전국시민단체대회에서 결의한 내용도 참고할 필요가 있다(2회 전국시민단체대회, 「새로운 연대로 새천년을 열자」, 1999, 23~24쪽 참조).
① 기부금품모집규제법 철폐와 대체입법의 실현 ② 민간운동지원법 제정을 통한 시민단체 정부지원 ③ 시민사회가 더 잘할 수 있는 정부업무의 과감한 민영화 ④ 정부규제개혁위원회 반수를 민간인으로 구성 ⑤ 정부 및 지방자치단체의 주요 결정과정에의 시민단체 대표의 심의과정 참여 ⑥ 정부 및 지방자치단체의 각급 정책결정과정에 대한 시민단체의 감시 및 평가의 제도화 ⑦ 관변단체육성법 폐지 ⑧ 민간대북지원활동의 활성화를 위한 정부지원 ⑨ 민간운동을 통한 ODA자금의 사용 ⑩ 시민단체의 용이한 법인격취득 ⑪ 정부수주 프로젝트에 단체 운영과 인건비 포함 ⑫ 시민사회발전위원회 구성 ⑬ 사회단체의

랜 세월에 걸쳐 하나하나씩 해결하지 않으면 안 된다. 한국의 시민운동
은 이제 그 발전과정의 초기단계에 있으며 사회적 조건과 환경의 성숙에
따라 해결될 가능성이 많다. 그러나 현단계에서 시민·사회단체들의 발
전을 위해 해결해야 할 과제가 없는 것이 아니다. 제도적 개혁에 의해
시민단체의 발전을 획기적으로 이룰 수 있는 것이다. 서구사회에서는 이
미 제도적으로 확보되어 있는 것으로서 우리가 도입할 요소가 많다. 오
히려 시민사회의 정착을 늦추어온 법제의 질곡을 깨고 더 나아가 시민사
회의 성숙과 발전을 앞당기기 위해 당연히 도입하여야 할 제도들을 더
이상 늦추어서는 안 된다.

2. 시민·사회단체의 억압 법제와 그 해방

결사·설립의 자유 등 조직관련 자유의 제약

과거 등록을 요건으로 하던 사회단체등록에관한법률[6]이 1994년 개정
되어 신고제를 골간으로 대폭 개선되고 이어서 1997년경 완전히 폐지됨
으로써 이제 사회단체 설립이 완전히 자유로워진 것은 사실이지만, 그렇
다고 해서 시민·사회단체의 결성과 활동의 자유가 완전히 보장되고 있
는 것은 아니다. 각급 경찰·안기부·검찰 등 수사·공안기관들은 시
민·사회단체를 주요한 정보수집 및 동향감시처로 삼고 있으며, 특히 재
야성향이 강한 사회단체일수록 이러한 사찰의 대상이 되고 있다.

정치활동 자유 보장 ⑭ 행정정보공개법의 강화 ⑮ 입법실명제 및 정책실명제의 실시 ⑯
참여민주주의의 확대를 위한 제도의 도입 ⑰ 집회 및 시위에 대한 법률 개정 ⑱ 생활협동
조합법의 제정 ⑲ '민주시민교육'에 대한 긍정적 검토 ⑳ 자원봉사활동지원법 제정
6) 이 법률에 따라 사회단체등록이 거부된 단체들이 등록거부처분 소송을 제기하기도 했다.
자세한 것은 박종보, 「사회단체등록거부처분과 소의 이익」(『인권과 정의』제167호, 대한
변호사협회, 1990, 105쪽 이하) 참조.

한편 시민단체들이 주로 개설하고 있는 시민교육운동은 현실적 제약요
건으로 말미암아 지지부진을 면치 못하고 있다. 다양한 시민사회의 지도
력을 배출하고 일반시민을 상대로 정치적 의식을 고취하는 시민교육은
대부분의 시민단체들의 절박한 요구임에도 불구하고 언론, 백화점, 대학
등에서 제공하는 프로그램에 뒤지고 있다. 현행 사회교육법을 개정하여
이러한 시민교육기관에 대한 지원을 강화하고 교육기관의 설립을 제약하
고 있는 학원의설립·운영에관한법률을 개정할 필요가 있으며,[7] 그외에
도 설립의 인허가제도, 운영과정의 간섭을 제도화하고 있는 협동조합관
련법률들[8]도 공동체운동을 벌이고 있는 시민·사회단체들에게는 장애
요소가 아닐 수 없다.[9]

표현의 자유 등 정치적 의사표현의 제약

표현의 자유는 확장되었는가?

지난 군사독재정권하에서 정당이나 관변단체를 제외하고는 정치적 의
사를 표현하는 것이 사실상 불가능하였다. 그러나 1987년 6월항쟁 이후
정치적 의사표현의 자유는 계속 확장되어 온 것은 사실이나 아직도 잔존
하는 제약이 적지 않다.

진보적 의견조차 언제 탄압이 대상이 될지 모르는 국가보안법, 여전히
행정적 규제의 여지를 남기고 있는 집회및시위에관한법률(집시법),[10] 특

---

7) 신동필, 「시민단체의 선거과정참여 활성화방안연구」, 연세대학교 행정대학원석사학위논
　문, 1994, 60쪽.
8) 농어민과 노동자를 포함하여 서민대중을 위한 농·수·축협, 신용협동조합, 새마을금고,
　소비자협동조합, 중소기업협동조합 등이 대부분 원래의 목적과는 달리 협동조합의 기능
　을 위축시키고 조직의 확대·심화를 저해해 왔던 것이 현실이다. 이러한 현실을 개선하
　고 활발한 협동조합운동을 위해 단일한 협동조합기본법의 통합정비를 주장하는 견해도
　있다(같은 글, 59쪽).
9) 김광식, 「국가의 시민사회에 대한 특혜와 통제에 관한 조사연구」, 국가와 시민사회의 새
　로운 관계 정립을 위한 세미나 자료집, 20쪽.
10) 집회시위법의 문제점은 경찰서장의 자의적인 판단에 따라 이루어지는 금지통고제도, 그

정 후보에 대한 선거운동 또는 낙선운동의 금지를 규정하고 있는 통합선거법 등이 대표적인 것이다. 뿐만 아니라 최근 인터넷의 발전에 따라 확산된 사이버공간에서의 각종 제한과 통제, 심지어 행정법규에 따른 시민활동의 억압 등도 무시할 수 없다. 이러한 표현상의 제약은 간접적으로 시민운동의 활동과 활력을 제약할 가능성이 적지 않은 것이 오늘의 현실이다.

특히 시민·사회단체가 정부나 언론[11]의 종속변수에 머물고 있는데다, 이들의 활동을 공정하고 객관적으로 다루어주어야 할 언론이 애써 무시하거나 편파적으로 보도하고 있는 상태에서 시민·사회단체가 일반대중과 직접 만날 수 있는 독자적인 채널이란 집회·시위라든가 플래카드·벽보의 게재, 인터넷의 활용일 수밖에 없다. 그런데 이러한 직접적인 매체마저도 제약받는다면 시민·사회단체의 존립과 그 활동 역시 심각하게 위협받을 수밖에 없다.

집회·시위의 자유와 그 제한

집시법은 그 자체로서도 시민단체의 의사표현의 자유를 제약하고 있는 조항이 적지 않다. 과거 일제시대와 독재시대에 국민의 기본권을 억압하기 위한 치안형법으로서 시작된 이 법은 그만큼 집회 및 시위의 자유를 제한할 가능성이 많다.[12] 과거보다는 많이 개선되었으나 여전히 논란이 될만한 조항들이 적지 않다.

것을 다투는 쟁송절차의 장기성, 야간시위의 원칙적 금지 등이다. 자세한 것은 신동필, 앞의 글(63쪽) 참조.

11) "언론의 영향력 확대는 의사소통의 합리성을 확대하는 방향이 아니라 역으로 권력과 화폐의 논리가 확장되는 경향"을 보여왔다(이기호, 「한국의 민주화과정과 사회운동네트워크: 1987~1996」, 연세대학교대학원 정치학과박사학위논문, 1996, 86쪽). 이러한 언론이 체제개혁적인 시민·사회운동단체들에게 호의적일 리 만무하다.

12) 자세한 것은 차용석, 「집회 및 시위의 권리와 그 법적 규제」(『대한변호사협회지』 제135호, 1987. 11, 9쪽 이하); 홍성우, 「집회 및 시위에 관한 법률의 제문제」(『대한변호사협회지』 제132호, 1987. 8, 37쪽 이하); 박병옥, 「시민의 안전을 위함인가 권리박탈의 수단인가」(『경제정의』 1990년 9/10월호, 87쪽 이하) 참조.

하물며 집회·시위가 허용되지 않는 성역이 존재하는가 하면 이 법의 적용 밖인 1인시위조차 규제되고 있다. 청와대 앞 분수대 부근은 합법적 시위가 가능한 지역임에도 경찰에 의해 이 지역 1인시위마저 금지되었으며,[13] 외국공관 앞의 시위도 금지되기 때문에 외국공관을 유치함으로써 집회와 시위로부터 자유로운 공간을 만드는 경우도 생겨났다.[14]

1인시위[15]는 집시법의 적용을 피하기 위해 시도되었는데,[16] 특히 최초의 1인시위로 알려져 있는 삼성SDS의 변칙상속에 따른 탈세사건에 대한 항의와 과세를 주장하기 위해 시작된 참여연대의 시위는 당시 국세청이 입주해 있던 건물에 대사관이 입주해 있었기 때문에 그 주변 100미터 안에서는 시위가 불가능한 점을 피하기 위해 고안된 것이었다. 그러나 이 시위는 수십 명 또는 수백 명이 구호를 외치거나 행진하는 시위 못지않게 시민의 호응과 언론의 관심을 모았다.[17] 이어 국가보안법폐지를 위한 국회 앞 시위, SOFA개정을 위한 미국대사관 앞 시위, 전철역 장애인 추락사고에 항의하는 장애인단체의 세종로 정부청사 앞 시위 등 한때는 하루에도 서울의 수십 군데서 동시에 벌어지기도 하여 어느새 전국적으로 새로운 시위문화로 자리잡았다.[18] 뿐만 아니라 수분 만에 시위자를 교체하면서 실제로 수십 명이 시위에 참가하는 릴레이시위나 20미터 이상 떨어진 장소는 동일 장소로 보지 않는다는 현행 집시법의 틈새를 이용해 수

---

13) 『경향신문』 2001. 6. 27.
14) 『국민일보』 200. 5. 22.
15) 1인시위는 흔히 '나홀로시위'로 불리기도 한다.
16) 집회및시위에관한법률에 따르면 "시위라 함은 다수인이 공동목적을 가지고 도로·광장·공원 등 공중이 자유로이 통행할 수 있는 장소를 진행하거나 위력 또는 기세를 보여 불특정다수인의 의견에 영향을 주거나 제압을 가하는 행위를 말한다"(제2조 제2호)고 되어 있어 1인이 하는 시위는 이 법의 적용이 되지 않는다. 또한 같은 법 제11조는 '국내주재 외국의 외교기관'의 청사 또는 주택의 경계지점으로부터 100미터 이내의 장소에서는 옥외집회 또는 시위가 금지되어 있다. 따라서 외교기관의 청사나 외교기관이 세들어 있는 건물 앞 100미터 앞에서는 시위를 할 수 없는 금지 역시 1인시위에는 해당되지 않는다.
17) 『한겨레신문』 2001. 3. 12.
18) 『문화일보』 2001. 5. 1.

십 명이 간격을 두고 시위를 벌이는 이른바 '변형된 1인시위'도 빈발했다. 그러나 경찰은 "동일한 장소의 같은 내용의 시위"라는 이유로 이를 막는 시도가 벌어졌고,[19] 그러던 중 법원에 의해 다음과 같은 충격적 판결이 선고되었다.

　　서울지법 형사14단독 신광렬 판사는 서울 종로 일대에서 해골 마스크에 온몸을 붕대로 감은 미라 분장을 하고 레미콘노조 설립을 요구하는 1인시위를 벌인 김모씨에게 경범죄처벌법(1조 24호 불안감조성)을 적용, 벌금 3만원을 선고했다. 신판사는 '레미콘노동자들이 죽은 것이나 다름없다는 현실을 상징적으로 표현한 것이라지만 많은 사람이 통행하는 인도에서 시체를 연상시키는 분장으로 시위를 한 것은 타인에게 불안감과 불쾌감을 주는 행동으로 볼 수 있다'고 밝혔다. 신판사는 그러나 '1인시위의 적법성 여부를 따진 것이 아니라 도심에서 미라 분장을 한 것이 경범죄처벌법 위반이 되는지를 판단한 것'이라고 말했다.[20]

　그러나 원래 시위라는 것 자체가 특이하게 보여서 시민들의 관심을 모으고 영향을 주기 위한 것이므로 때로는 시민들에게 불안감과 불쾌감을 줄 수밖에 없는 것이고 경범죄처벌법에 따른 처벌이 결국 집회·시위의 자유라는 헌법적 기본권을 침해하는 것인데 어떻게 그것을 분리할 수 있다는 것인지 판사의 헌법적 감각과 양식이 의심스럽다.

다양한 행정법규에 의한 억압

　뿐만 아니라 플래카드 게시조차 사전승인을 받도록 하고 있는 광고물단속법 역시 악법 중의 하나이다. 도시미관을 해치는 수많은 시설물들은 그대로 두고 시민·사회단체의 광고물을 주로 단속하는 것은 납득하기 어려운 일이다.[21] 플래카드는 시민·사회단체가 비교적 싼값으로 자신의

---

19) 『한겨레신문』 2001. 3. 6; 『경향신문』 2001. 5. 12.
20) 『중앙일보』 2001. 8. 20.
21) 참여연대 작은권리찾기운동본부에서는 이동통신요금 인하운동을 널리 홍보하기 위하여

주장을 내세울 수 있는 홍보방법이다. 그외에도 공연법, 방송법, 영화법, 음반법 등도 시민·사회단체에 호의적이지 않다.

인터넷 규제와 억압

또한 최근 논쟁의 대상이 되고 있는 정부의 인터넷 내용규제 역시 시민단체의 다양한 의사표현의 자유를 제약할 가능성이 높다. 특히 우리나라의 인터넷인구는 이미 2382만 명이나 되고, 낮은 비용과 제작의 용이성 때문에 시민운동에서는 필수적이고 가장 효과적인 수단이 되었다.[22] 그러나 최근 김인규 교사 홈페이지 일부 삭제, 아이노스쿨의 폐쇄, 백두청년회 명의의 북한체제 찬양 게시판 글 삭제 등의 사건이 일어났을 뿐 아니라 진보넷 등 8개 사회단체 홈페이지의 자유게시판에 올려진 '구국의 소리'를 불건전 정보로 심의 결정해, 전기통신사업자에게 해당 정보의 삭제를 요구해와 잠시 폐쇄될 위기에 처하는 사태도 발생했다.[23]

어느 날 들어가 보니 자기가 정성껏 가꾸어 온 홈페이지나 참여해 온 커뮤니티가 갑자기 이유도 모르고 닫히는 황당한 경험을 해보신 적이 있습니까? 불온하다는 납득할 수 없는 이유로, 단 몇 개의 게시물 때문에, 항변할 기회도 없이, 구제절차도 없이, 정보통신윤리위원회에 의해 무조건 홈페이지나 커뮤니티가 폐쇄되는 일 …이 땅의 노동자·시민·사회단체 할 것 없이 모두가 겪어왔습니다. 이런 것이 검열이 아니고 무엇이겠습니까?[24]

"컴퓨터통신이라는 새로운 매체의 등장과 함께 국가권력을 이를 통제하기 위해 여러 가지 논리와 수단을 개발했다. 국가가 인터넷 규제를 위

신촌일대에 플래카드를 일제히 내걸었다가 모두 수거당한 일이 있다.
22) 이재권, 「온라인신문의 오늘, 평가와 과제」, 인터넷 미디어와 시민사회-인터넷미디어연구보고서, 언론개혁시민연대, 2001, 13쪽.
23) 『인권하루소식』 2001. 8. 4.
24) 정보통신검열반대공동행동 홈페이지(http://freeonline.or.kr).

해 내세운 이데올로기 중 가장 설득력 있게 다가온 것이 청소년보호였다."[25] 이에 따라 2001년 7월 1일 청소년 유해매체물에 대해 인터넷등급제가 실시된다. 물론 표현의 자유가 절대적인 것이 아니며 청소년보호가 중요한 과제가 아닐 수 없지만, 여기서 문제는 이러한 규제와 삭제의 기준과 절차이다. 현재 정보통신윤리위원회는 전기통신사업법 제53조의 2 제4항 및 전기통신사업법 시행령 제16조의 2 및 제16조의 3에 의해 전화, PC통신, 인터넷 등 전기통신회선을 통하여 일반에게 공개적으로 유통되고 있는 정보에 대해 대통령이 정하는 정보를 심의 및 시정요구를 할 수 있는데,[26] 심의규정 가운데 국가질서 유지와 선량한 풍속 보호를 위해 제한할 수 있는 사유는 지나치게 추상적이거나 애매하여 표현의 자유를 제한할 가능성이 매우 높다.[27] 이런 점에서 앞의 법률들은 '통신국가보안법'

---

25) 이상희, 「정보통신윤리위원회의 인터넷 검열 및 법적 대응에 대하여」, 『정부 인터넷 내용규제와 표현의 자유, 무엇이 문제인가?』, 정보통신검열반대 공동행동, 청소년보호법폐지와 표현의 자유수호를 위한 공동대책위원회 자료집, 2001, 2쪽.
26) 이 법들 외에도 정보통신망이용촉진및정보보호등에관한법률 등이 표현의 자유를 침해할 가능성이 있는 법률들로 꼽힌다.
27) 심의규정의 문제되는 구체적 내용은 다음과 같다.
제13조(국가의 질서유지)
  1. 국가의 이념과 국가의 존엄성을 훼손할 우려가 있는 내용
  2. 헌정질서를 부정하거나 비방하는 내용
  3. 국가원수를 모독하는 내용
  4. 좌익사상이나 활동을 미화하거나 선전·선동하는 내용
  5. 국제간의 우의를 훼손할 우려가 있는 내용
제15조(선량한 풍속등의 보호)
  1. 성적인 욕구를 지나치게 자극하거나 혐오감을 주는 음란한 내용
  2. 음란·폭력물을 판매할 목적으로 선전하는 내용
  3. 성폭력·마약복용 등 퇴폐적인 행위를 자극하거나 미화하는 내용
  4. 부녀자 및 어린이 학대 등 폭력행위를 미화하는 내용
  5. 심한 육체적·정신적 고통을 상세하게 표현하여 혐오감을 주는 행위
  6. 욕설 또는 언어폭력 등의 저속한 표현으로 타인의 인격을 모독하거나 불쾌감 또는 혐오감을 불러일으키는 내용
  7. 타인 또는 타단체의 권리를 침해하거나 명예를 훼손하는 내용
  8. 사회적 혼란을 야기시키는 허위사실인 내용
  9. 개인의 사생활을 침해하는 내용
  10. 타인의 권리에 속하는 저작권·상표권·의장권 등을 무단으로 침해하는 내용
  11. 도박 등의 사행심을 조장하는 내용

이라고도 불린다.[28) 그만큼 규제와 검열의 가능성이 높은 것이다.

시민단체의 활동과 캠페인의 제약: 최근 마이클 잭슨 내한공연사건과 관련된 불매운동의 위법성 판단

1인시위에 대한 제약과 더불어 최근 사법부의 시민단체 활동과 캠페인에 대한 견제의 움직임이 뚜렷해졌다.[29) 그중에 대표적인 것이 '마이클 잭슨 내한공연 판결'이다.

대법원 2부는 17일 미국의 가수 마이클 잭슨 내한공연을 주관한 태원예능 (주)이 공연반대운동을 벌인 정모씨 등 공연반대 공동대책위원회 간부 3명을 상대로 낸 5억 5천만 원의 손해배상청구소송 상고심에서 원심을 깨고 피고의 배상책임이 인정된다며 사건을 서울고법으로 돌려보냈다. … 재판부는 판결문에서 '피고가 홍보와 설득 등을 통해 공연반대운동을 벌이는 것 자체는 시민단체의 정당한 활동이며 이로 인한 원고의 영업피해는 감수할 수밖에 없는 측면이 있다'며 '그러나 불매운동 등 경제적 압박수단을 예고해 은행이 원고와 맺은 입장권 판매대행계약을 깨뜨렸다면 이는 원고의 재산권 침해로 위법하다'고 밝혔다. 재판부는 이어 '외화낭비와 청소년의 과소비 조장 및 아동성추행 전력 등 도덕적 악영향을 이유로 피고측이 공익성을 주장하지만 합법적 계약에 의한 재

---

12. 미신 또는 비과학적인 생활태도를 조장하는 내용
13. 의료・기구・약품・건강보조식품 등을 과장되게 소개하여 오용 또는 남용을 조장하는 내용
14. 장애인・노약자 등 사회적으로 소외받은 사람들을 비하시키는 표현의 내용
28) 장여경, 「통신질서확립법, 표현의 자유에 대한 도전」, www.freeonline.or.kr/examin2.html.
29) 대법원은 최근 우리 사회의 우경화현상과 더불어 시민운동 등 사회운동의 발목을 잡는 판결을 거듭해 왔다. 과거 노동운동이 활발해지자 노동운동의 부산물로 발생한 손해를 노조지도자 개인에게 묻는 손해배상을 수용한 바 있다. 즉 파업・태업 등 노동운동 자체를 불법화할 수 없는 시대 상황에서 노조지도자에 대한 민사배상을 인정하여 노동운동을 간접적으로 제약하는 결과를 초래하였던 것이다(자세한 것은 조국, 「불매운동의 불법화와 마이클 잭슨 내한공연 판결」, 참여연대 사법감시센터 판결평석회 발제문 초안, 2001).

산권을 침해하는 행위까지 정당화할 수는 없다'고 덧붙였다.[30)]

향후 이 판결이 확정된다면 소비자단체나 일반 시민단체들이 불매운동을 운동의 수단으로 사용하는 것은 법률적 송사에 휩싸이게 될 가능성이 많다. 왜냐하면 불매운동은 원심이 지적한 대로 "통상 시민단체가 취할 수 있는 전형적 운동방법의 하나"이고 "근본적으로 시민들이 향유하는 상품선택권의 소극적 행사를 촉구하는 행위에 지나지 않는 만큼 특별한 사정이 없는 한 어떤 불법성이 있다고 보기 어려운" 것이기 때문이다.[31)] 시민운동이 시민에게 불매를 강제할 수 없으며, 실제 불매운동이 전개되더라도 모든 소비자가 불매를 선택한 것도 아니다. 우리 사회에서는 영업의 자유도 있지만 표현의 자유도 있으며 양자가 충돌할 때는 후자가 우선한다는 것이 헌법의 원리이기도 하다.[32)] 이제 시민운동은 자신의 운동을 보다 정교하고 세련되게 수행함으로써 시비에 휘말리지 않음과 동시에 보수적 사법부와 싸워 시민운동을 제약하는 논리를 극복해야 하는 과제도 함께 떠안게 되었다.

기부금품모집규제법 등 재정적 제약

기부금품모집규제법의 내용과 문제점

기부금품모집규제법은 1951년 11월 7일 공포되어 시행되기 시작한 이래 1962년과 1970년 두 차례 개정되었다. 이 법이 제정되던 당시는 한국전쟁이 한창이던 시기였고 사회적 궁핍과 혼란 속에서 무질서하게 난립하였던 기부금품의 강요로부터 국민의 재산권을 보호하고 생활안정에 기

---

30) 『한국일보』 2001. 7. 18. 자세한 판결내용은 대법원 98다51091 손해배상(기) 판결문 참조.

31) 서울고등법원 98나 18225 손해배상(기) 판결문 참조.

32) 조국, 「'불매운동을 불법화한 마이클 잭슨 내한공연 판결'」, 참여연대 사법감시센터 판례평석회 발표문, 2001. 9.

여하기 위한 필요성이 높았다. 민생보호와 치안유지 차원에서 규제적 입법이 탄생한 것이다.[33]

두 차례의 개정은 모금허용의 범위를 확장하기는 하였으나 그후 기부금모집의 사회적 요구는 날로 증대하였음에도 이 법은 개정되지 않은 채 그대로 유지되어 사회발전에 걸림돌로 간주되었다. 기본적으로 수많은 단체들은 후원회비 또는 회비라는 이름 아래 모금을 해왔기 때문에 이 법은 사실상 사문화되었지만, 그럼에도 내무장관의 허가라는 조항을 내세워 정부에 비판적인 단체의 모금행위를 문제삼아 고발하는 등의 조치를 취해 왔다.[34]

게다가 이 법은 1970년 개정 이래 모금된 액수의 5% 이상을 모금경비에 충당하지 못하도록 하고 있는데 이것은 비현실적이다. 모금실무자들의 견해에 따르면 최소한 15~20%는 비용으로 처리되어야 한다는 것이다.[35] 이런 지나친 모금경비제한은 사실상 모금을 불가능하게 만든다. 아무튼 이러한 여론에 따라 그후 몇 차례 개정안이 제안되었지만 여전히 관변적 입장만 부각하고 있을 뿐 모금업계와 시민·사회단체의 요구는 무시되어 왔다. 1999년에는 월드비전 등을 중심으로 한 87개 단체가 '기부금품모집규제법폐지추진위원회'를 구성하고 이 법의 전면개정 또는 폐지를 주장하면서 규제개혁청원, 일간지를 통한 광고 등 다양한 운동을 벌였으나 2001년 행자부의 개정안은 여전히 이를 수렴하지 않고 있다.

---

33) 성민선, 「개별모금, 정부모금, 공동모금」, 민간복지관련입법청원을 위한 범시민공청회자료집, 59쪽.
34) 예컨대 전교조의 모금에 관하여 대검공안부가 수사에 나서는가 하면(『조선일보』 1991. 11. 5) 민주노총 권영길 위원장에 대하여 과거의 모금을 문제삼아 이 법으로 기소하였다. 권씨는 이 법의 위헌제청신청을 내었고 담당법관은 이를 받아들여 제청신청을 하였다.
35) 참고로 세계적인 NGO들의 모집비용은 다음과 같다(1998년 연말 통계보고서).
    United Way   15.7%
    Care International   34%
    Oxfam International 20%
    World Vision, US   20%
    국경없는의사회(MSF)   19%
    Save the Children, US 22%

몇 차례의 기부금품모집규제법 개정안

① 1994년도 개정안[36]과 그 한계

이 법에 대한 비판과 폐지 압력이 가중되자 1994년 11월 민자당은 개정안을 제출하였으며, 그 주요 골자는 다음과 같다.

· 기부금품모집허가 대상을 천재·지변 등으로 인한 구휼사업, 불우이웃돕기 등 자선사업 및 국민의 참여가 필요한 사업의 3종으로 축소하되 기부금품모집 허가요건을 강화한다.
· 기부금품의 모집 및 사용의 투명성을 높이기 위해 기부금품의 모집자가 모집을 완료하였거나 모집된 기부금품을 사용한 때에는 공개를 의무화한다.
· 모집비용을 모금액의 2%를 초과하지 않는 범위 내에서 충당할 수 있다.
· 국가 또는 지방자치단체 및 그 소속기관과 공무원은 여하한 명목으로도 기부금품의 모집을 할 수 없도록 하고 용도가 지정된 자발적 기탁금품은 기부심사위원회의 심의를 거쳐 접수하도록 한다.

그러나 이 개정안은 현행법을 별로 개선시키지 못하고 있는데, 여전히 강력한 허가제의 존속, 비현실적인 모금비용한도 등이 바로 그러하다. 현재 이 법은 폐지하자는 쪽이 대세인바, 현행법의 어느 규정을 보더라도 살려두어야 할 것이 없다. 다만 사기적 방법에 의한 기부금품 모집에 대한 처벌 등 사후적 통제의 필요성은 있다고 할 것이나 이것은 이미 형법 등 법률적 제재가 가능한 것이다.[37] 모금계획과 추진과정에서 행정관청이 개입하여야 할 내용은 뒤에서 보듯이 민간운동지원법, 공동모금법 또

---

36) 이 개정안은 1994년 11월 남평우·백남치·황윤기 의원 외 21인의 이름으로 제안된 것이다.
37) 기부금품모집규제법을 폐지 또는 완화할 경우 각종 단체에서 공익사업을 명분으로 무분별한 기부금품모집이 성행하여 국민이나 기업이 각종 준조세 부담에서 시달리게 되는 등 폐해가 예상된다는 우려가 있으나(남평우 민자당 의원의 민간복지관련법안입법청원을 위한 범시민공청회에서의 발언) 이것은 대체로 형법상의 사기죄, 업무방해죄 등에 해당될 가능성이 있으므로 사후처벌 및 통제에 의해 예방될 수 있다고 본다.

는 시민사회발전기본법 등에 포함시킬 수 있을 것이다.

② 2001년 행정자치부의 개정안[38]

"정부의 준조세 정리방침에 따라 국민과 기업에게 부담이 되어온 준조세 성격의 무분별한 기부금품을 일소하여 IMF체제 경제의 어려움을 극복하고, 모집된 기부금품의 관리 및 집행의 투명성 제고 등 건전한 기부문화를 조성하고 각종 단체의 사회활동을 보호·지원"[39]한다는 명분 아래 개정안이 제출되었으나 역시 제정당시의 입장을 견지하고 있다. 이 개정안의 주요 골자는 다음과 같다.

· 기부금품 모집규제법 적용을 배제하는 결핵예방법, 보훈기금법, 문화예술진흥법, 한국국제교류재단법의 근거를 삭제함.
· 기부금품 모집자 또는 모집종사자 및 공무원은 타인에게 본인의 의사에 반하여 기부금품의 출연을 강요하지 못하도록 함.
· 모집자는 모집기간이 만료되었거나 모집을 중단 또는 종료한 때에는 허가권자에게 모집상황 및 그 결과를 신고토록 하고, 정기간행물 또는 방송을 통하여 모집광고를 하는 경우에는 모집의 허가일자, 허가번호 및 허가권자를 나타내도록 함.
· 기부금품 모집의 비용을 상향조정함.
· 기부금품의 출연을 강요한 자와 법령을 위반한 공무원의 처벌규정을 신설함.
· 모집자가 모집상황 및 결과를 신고하지 않을 경우 과태료를 부과할 수 있도록 함.

이에 대해 사회복지관련단체와 시민단체들은 '기부금품모집규제법개정관련공동대책위원회'를 꾸리고 즉각 반대운동에 나섰는데,[40] 이들이 마

---

38) 행정자치부 공고 제2001-42호로 입법예고되었다.
39) 2001년 3월 17일 행정자치부장관이 입법예고한 '기부금품모집규제법 중 개정법률 및 동법시행령 중 개정령(안)' 개정이유.

련한 의견서의 요지는 다음과 같다.[41]

① 국민이나 기업들이 건전하고 자발적으로 기부활동에 참여할 수 있는 분위기를 조성하여 민간사회자원 총량의 강화, 시민사회단체의 활동지원 및 저소득층의 자활지원, 취약계층 및 소외계층의 복지강화 등 정부의 사회복지에 대한 책임역할을 민간단체와 공동으로 추진하는 것이 민간의 시민사회활동 활성화와 사회복지증진에 이바지할 수 있다고 판단됨.

② 이번 개정내용에서 모집비용에 대한 정의가 제시되는 것이 기부금품의 사용에 있어 어려움과 혼란을 최소화시킬 수 있는 방안으로서, 제2조 제5호에 '모집비용'에 대한 정의가 내려져야 함.[42]

③ 현행법 제4조(기부금품의 모집허가)에서 기부금품 모집에 대한 허가조항을 신고의무조항으로 수정하고[43] 대신 모집과 수지결산에 대한 회계감사를 의무조항으로 하여 관리 및 집행과정의 투명성을 제고하는 것이 바람직하다고 판단됨.

④ 현행법 제12조(기부금품의 사용) 제3호의 기부금품모집의 비용을 현 100분의 2에서 100분의 5로 상향조정하는 개정은 …모집과 관리 및 운영에 필요한 비용을 감안할 때 지켜질 수 없는 비현실적 성격을 내포하고 있다고 판단됨.[44]

---

40) 참여연대(김창국), 한국사회복지협의회(문태준), 월드비젼(오재식)이 공동대표이다.
41) 기부금품모집규제법 개정관련 의견서, 2001. 4. 6.
42) 이 의견서는 "모집비용이라 함은 모금활동에 필요한 광고홍보비·인쇄비·후원자개발비·관리운영비·회계감사비용 등을 말한다"고 그 정의규정을 삽입할 것을 제안하고 있다.
43) 기부금품의 제공 여부에 대한 결정권은 전적으로 국민의 자유에 의사에 달려 있으며 기부를 통하여 만족을 얻을 권리가 있다. 그런데 그것을 사전허가로써 규제함은 헌법상의 행복추구권을 침해하는 것으로서 지난 1998년 5월 28일 민주노총 전 위원장 권영길씨에 의해 제기된 위헌법률제청신청에서 헌법재판소 역시 이러한 입장을 받아들여 위헌판결을 받았다. 그럼에도 기부금품모집금지법을 기부금품모집규제법이라는 명칭만 바뀐 채 그 내용은 고스란히 유지되고 있는 실정이다.
44) 이 의견서는 국제적으로 통용되는 모집총액 대비 모집비용 15.7%~34% 수준을 고려하여 최소한 100분의 20으로 상향조정하는 것이 바람직하다고 주장하고 있다.

기부금품규제에 관한 몇 가지 쟁점과 개혁방향

① 허가제와 신고제

행정자치부는 헌법재판소의 판결에도 불구하고 '준조세 부담경감 차원'에서 허가제의 기본 골격을 그대로 유지하면서 몇 가지 개선방안을 내놓고 있다. 즉 "건전한 시민단체의 활동을 제약하지 않도록 모금대상사업의 확대·세분화"와 동시에 "허가신청사업에 대하여 하자가 없는 한 최대한 허용"하고 허가권을 기속재량행위로 운용하겠다는 것이다.[45] 그러나 기부금품모집규제법폐지추진위원회측은 행정자치부의 견해에 정면으로 반론을 제기하고 있는데, 무엇보다 기부금을 '준조세'로 보는 시각 자체를 문제삼고 있다.

'조세'라 함은 국민이 국가에 납부해야 할 의무금품이며 '준조세'라 함은 '조세'에 준하는 금품이라고 해석할 수 있는데, 이 법에서 규정하는 '기부금'은 의무가 아닌 국민들의 자발적인 선택에 의한 금품이며, 강압 또는 강권에 의한 금품은 더군다나 아니므로 '기부금'을 '준조세'로 정의하고 이를 근거로 허가제의 기본 골격을 유지한다는 것은 타당하지 않다.[46] 그러나 현실적으로 국민들에게 부담을 주는 '준조세' 성격의 기부금이 있으며, 그 좋은 예로 동사무소를 통해 각 가정으로 직접 지로용지를 통해 권유되는 '적십자회비', 재해가 일어났을 때 방송, 신문, 기업 등에 반강권적으로 부담시키는 재해·수재 의연금 등을 들 수 있다. 이들은 특별법으로 보호받거나, 정부수도하에 기부금모집이 이루어진다는 공통점이 있다. 그러므로 법적 또는 정부의 지원이 전혀 없는 시민·사회단체들의 기부금모집과 특별법 보호 또는 정부주도하의 기부금모집을 동일선상에 올려놓

---

45) 행정자치부 재정 133300 "기부금품모집규제법개정에 따른 의견수렴"(2000. 1) 제하의 문건 참조.
46) 이러한 주장과는 달리 실제 시민단체들이 관련 기업이나 단체에 기부를 사실상 강제하는 경우가 생길 수 있다. 이러한 경우는 미국의 비영리단체들의 행태에서도 발견할 수 있다. 그러나 기부금을 걷기 위한 과도한 요구에 대해서는 마땅한 처벌규정이 없다고 한다. 자세한 것은 R. Steinberg, "Economic Perspectives on Regulation of Charitable Solicitation"(*Case Western Reserve Law Review* vol. 39, 1998~1999, p. 775) 참조.

고 일괄 규정한다는 것은 형평성에 크게 어긋난다고 보여진다.[47]

또 이들은 법안의 취지를 '불법적 기부금품모집의 규제'에서 '건전한 기부금품모집의 활성화 지원'으로 전환하고 그 차원에서 기부금품모집을 할 수 있는 단체들의 자격을 설정하고 그들로 하여금 신고의 의무를 다음과 같이 규정할 것을 제안하고 있다.

〈자격〉 1. 비영리민간단체로서 그의 주된 공익활동을 주관하는 주무부처에 법인으로 등록한 자
2. 비영리활동을 하는 기관 및 시설로서 주관하는 주무부처에 등록된 기관이나 시설
3. 비영리민간단체지원법 제2조에 정의된 요건을 갖춘 비영리단체

〈의무〉 1. 모집자가 기부금품을 모집하고자 할 때 모든 자료 등에 법인 등의 등록 또는 신고번호를 명시·고지
2. 연간 모집 및 사업계획을 매년 1월 행정자치부장관 또는 시·도지사에게 신고

즉 기부금품모집규제법폐지추진위원회의 의견은 허가제 대신 신고제로 전환하고 그 대신 기부금품모집자의 자격을 제한하여 일정한 사항을 신고하도록 의무화한다는 것이다.

기부금품모집을 허가제로 할 것인가 아니면 신고제로 할 것인가 하는 문제는 결국 한 사회의 기부문화의 현실과 국민의식의 수준에 달려 있다. 국민소득이 1만 달러에 이르고 시민사회의 성장이 눈부시게 이루어지고 있는 현실에서 언제까지나 기부허가제를 고수할 수는 없다. 오히려 허가제를 신고제로 바꾸면서 그 대신 모집의 과정과 내역에 대해 철저하게 신고하도록 하고 회계검사를 강화하는 것이 바람직하다고 할 수 있

---

47) 기부금품모집규제법폐지위원회, 기부금품모집규제법 개정에 따른 의견서.

다. 구더기가 무서워 된장을 담그지 않을 수는 없는 것이다. 구더기가 생기지 않거나 생기더라도 효과적으로 퇴치하는 방안을 강구할 일이다. 사전통제로서 모집의 신고의무 부과, 모집내역에 관한 장부의 비치, 관계서류의 제출의무 그리고 모집결과의 공개 및 공인회계사에 의한 회계검사와 그 결과의 주무관청에의 신고 등이 허가제 폐지를 대비하는 제도적 방안이 될 것이다.

② 모집비용의 인정한도

현행 2%의 모집비용제한 규정이 불합리하므로 이를 완화해야 한다는 취지에 대해서는 정부와 민간단체들 모두 동의하고 있다. 적어도 2%규정은 모든 시민·사회단체들이 지키기 불가능한 비현실적인 규정이기 때문에 국제적 통상기준과 국내단체들의 현실적인 비용사용을 감안하여 개정되어야 한다는 것이다.

구체적으로 "모집금품의 100분의 10을 초과하지 아니하는 범위 안에서 모집비용에 충당하고 단 모집 및 모집목적을 수행하기 위하여 발생되는 인건비 및 조직운영비는 모집목적과 유사한 용도로 간주하여 100분의 10에 포함시키지 않는 방안"과 "모집금품의 100분의 20을 초과하지 아니하는 범위 안에서 모집 및 조직운영비에 충당하는 방안"이 제기되고 있다.[48] 결국 전체 모금액의 약 20%를 비용으로 쓸 수 있도록 하자는 취지이다.

모집비용의 인정 정도에 대해서는 서로 의견이 다를 수 있는데, 이는 기부에 관한 일반의 인식 정도, 기부의 난이도, 기부의 실태, 모집단체들의 일반적 현실 등을 참고하여 정할 수밖에 없을 것이다. 아무튼 모집비용을 무조건 줄일 것이 아니라 현실적으로 인정해 주고 그 대신 그 범위를 충실하게 지킬 것을 요구하여야 건전한 기부문화가 성장할 수 있다.

---

48) 같은 곳.

③ 회계검사의 강화

기부금품의 모집과 사용내역에 관한 정밀한 회계검사가 이루어져야 한다는 점에 이론의 여지가 있을 수 없다. 무자격 단체들이 불법적으로 하는 기부금품모집을 방지하고 동시에 기부금품의 모집과 사용을 투명하게 함으로써 기부문화의 확산을 기할 필요가 있다. 이를 위해서는 무엇보다 엄격한 회계검사가 이루어져야 하는바, 모집자가 기부금품 수입·지출 결산서를 작성하여 공인회계사의 회계검사를 받아 행정자치부장관 및 시·도지사에게 제출하도록 하는 것도 한 가지 방안이다.[49]

④ 기부금품의 접수장소의 제한

기부금품의 모집이 무분별하게 이루어지는 것을 막기 위해 현행법처럼 공개된 장소로 제한해야 한다는 견해가 있다.[50] 현행법에 따르면 기부금품을 국가기관, 지방자치단체, 언론기관, 금융기관, 기타 공개된 장소에서 접수하도록 되어 있으며, 모집자의 주소지가 공개된 장소인 경우에는 현행법의 해석상으로도 접수장소로 사용할 수 있다.

그러나 기부금품의 접수장소 제한이 무분별한 기부모집을 막는다는 취지에는 동의할 수 없다. 왜냐하면 공공기관에서 모집된 기부금품조차 불투명하고 불공정하게 사용된다는 보도도 있었고 실제로 투명성과 책임성이 보장되지 않으면 아무리 공공기관의 장소에서 모집된 기부금품이라 해도 얼마든지 남용될 수 있기 때문이다. 더구나 '공개된 장소'라는 용어 자체가 애매모호하다. 오히려 앞에서 본 것처럼 모집과 사용 면에서 엄격한 검사와 투명성을 확보한다면 그 목적이 달성될 수 있기 때문에 장소를 제한하는 것은 바람직하지 않다.

---

49) 국회사무처 법제1 제31호 "기부금품모집규제법 중 개정법률안 입안송부"(2000. 2. 7), 기부금품모집규제법 중 개정법률안 검토사항, 5쪽.

50) 국회사무처 법제1 제31호 "기부금품모집규제법중 개정법률안 입안송부"(2000. 2. 7), 기부금품모집규제법중 개정법률안 검토사항, 2쪽.

3. 시민·사회단체의 인적 측면의 해결과제

상근활동가 문제

상근활동가의 상황

한국의 시민·사회운동은 소수의 헌신적인 활동가에 절대적으로 의존하고 있지만, 이들 대부분은 최소한의 생존조건도 보장받지 못하거니와 시민사회의 발전에 따라 갖추어야 할 전문적 지식과 소양을 쌓을 기회조차 박탈당하고 있다. 한 조사에서는 상근활동가들이 느끼는 개인적인 문제점들을 다음과 같이 지적하고 있다.[51]

설문 내용	응답자
생활이 보장되지 않는다	100
재충전의 기회를 제공받지 못한다	63
사회적 기여도를 인정받지 못한다	33
가정에 대해 불충실하게 된다	30
대중과 정서적·지적 동화가 어렵다	26
규칙적 생활이 어렵다	7
회원확보가 어렵다	11
운동내부 세대갈 등의 문제	11
고정관념의 탈피가 어렵다	11

이 설문결과에서 으뜸가는 고민은 저보수, 장시간근무, 전망부재로 인한 생활의 불안정, 가정에의 불충실 등임을 알 수 있다. 재충전기회의 박탈 역시 그 다음 중요한 사항으로 꼽히고 있다. 생활이 보장되지 않는다는 등의 문제는 결국 시민·사회단체의 재정적 열악성에서 비롯되는 것이므로 여기서 따로 다루지 않고 다만 재충전의 기회, 사회적 기여도에

---

51) 강선미·이기호, 『한국사회운동의 과제와 전망』, 123쪽 〈표 3-2-1〉 참조. 이 조사에서는 사회운동전문가 27인을 상대로 문항 중 세 가지를 선택하게 한 것이다.

대한 열망과 관련하여 전문성을 어떤 방법으로 고양·확보할 것인지 생각해 본다.

상근활동가 삶의 안정과 전문성 확보방안

상근활동가들의 재충전과 전문성 확보방안에 관하여 사회운동 전문가들이 내놓는 자기 제안들은 다음과 같은 것들이 있다.

- 운동단체는 정기적으로 혹은 근무기간에 따라 실무자들에게 훈련 및 연수의 기회를 제공한다.
- 전문연구자와 현장실무자가 결합하여 연구·훈련하는 프로그램이 확산되어야 한다.
- 안식년제와 유학, 대학원진학 등 재충전기회를 보장한다.
- 자기계발을 위해 실무를 축소하고 새로운 학습의 시간을 할애한다.
- 외부의 전문적·집중적 훈련기관이 있어야 한다.
- 대학이나 운동단체 부설의 훈련프로그램을 다양하게 개설하여 전문성 향상기회 부여
- 실무자들을 위한 연수·토론 문화를 중점적으로 연구할 필요가 있다.

그러나 이러한 제안들 역시 시민·사회단체들이 열악한 재정상태에서 개별적으로 현실화시키기는 불가능하다. 당장 지나친 업무하중에 불철주야 일해야 하는 간사들에게는 모두 꿈같은 이야기들이 아닐 수 없다. 어느 조직이나 상근자훈련과 재충전의 필요성에 대한 책임자들의 인식부족이나 재원부족으로 엄두를 내지 못하고 있는 형편이다.[52] 더구나 이러한 연수, 안식년 등의 제도를 규정해 놓고도 유명무실화하고 있는 단체도 적지 않다.

---

52) 다만 한국YMCA, 환경연합, 참여연대 등 몇몇 단체들만이 개별적으로 간사학교, 정기강좌 등을 통해 간사들의 훈련·재충전 프로그램을 꾸리고 있는 상태이다.

간사학교, 재충전프로그램 그리고 활동가대회, NGO EXPO

활동가 개인이나 개별단체가 풀 수 없는 이러한 문제를 집단적으로 풀어갈 필요가 있다. 전국적 조직을 갖추고 있는 시민사회단체연대회의(연대회의)가 이 문제에 관심을 가지고 합동으로 직무교육·연수교육을 추진하는 방안을 생각해 볼 수 있다. 영세한 개별단체들이 자체교육을 꾸릴 수 없는 상황에서 공통된 교과목의 설정, 강사의 교섭, 강의실 확보 등을 통하여 공동교육을 추진할 수 있는 것이다. 최근 연대회의는 이러한 간사학교의 추진을 위해 운영위원회를 꾸렸고 커리큘럼의 확정,[53] 재정지원의 교섭[54]에 돌입하였다.[55] 내년쯤이면 본격적인 간사학교의 출범이 있을 것으로 보인다.

그러나 간사학교만으로 간사들의 훈련과 재충전 욕구가 충족되기는 어렵다. 시민·사회단체들의 업무영역이 다양하고 전문화될수록 훈련과 교육 역시 다양하고 전문화되어야 한다. 이러한 수요를 충족시키기 위해서는 국내외 대학원 진학, 국내외 시민단체 연수와 시찰, 기업체나 언론기관 연수, 자유로운 안식년의 보장 등 다양한 형태의 훈련·연수·교육·안식이 필요하다. 결국 이러한 프로그램을 추진하기 위한 경비나 지원이 문제가 되는데, 그 동안에는 미국 국무성초청 프로그램이나 주한 독일재단들의 지원에 의한 독일연수 프로그램, 과거 정부1장관실·공보처·국무총리실의 해외시찰 프로그램 등이 이러한 수요를 부분적이나마 해결해 주었다. 하지만 개별단체들이 아니라 시민·사회단체 공동의 노력에 의해 교육훈련기금을 확보하고 각 단체의 상근활동가들에게 공정한 방식에 의해 교육의 기회를 마련해 주거나 교육비용을 지원해 줄 수

---

53) 현실적으로 이 간사학교의 수요자가 될 간사들의 희망에 따라 짜여져야 할 것이나 신입간사, 중견간사, 간부 등 다양한 요구에 부응하여 차별화된 프로그램과 커리큘럼이 되어야 할 것이다.
54) 현재로서는 아데나워재단이 사실상 지원을 확정한 상태이다.
55) 이외에도 성공회대학교측에서는 간사학교 수강이 바로 학점으로 연결될 수 있도록 학점공유체제를 제안하기도 하였다.

있다. 이를테면 과거 정무1장관실 등에서 시민운동지도자들의 단기해외시찰을 주선·부담하였던 것을 이런 기금에 출연하게 하는 것이 좋을 것이다. 지도자들의 단기간의 시찰도 중요한 사업 중의 하나이지만 상근활동가들의 중·장기 해외연수는 시민운동의 발전도상에서 핵심적인 문제이다.

전국 활동가들이 한자리에 모여 친목을 도모하고 네트워크를 형성하며 동시에 서로의 활동을 배우는 기회도 필요하다. 과거 시민운동협의회가 주도했던 전국활동가대회를 연대회의가 승계하여 개최하여야 한다. 이 기회에 시민단체들이 각자의 사업과 활동을 소개하는 EXPO를 개최한다면 한곳에서 손쉽게 다른 단체들의 활동내용을 배우고 그 자료를 입수하는 것이 가능해진다. 일단 연대회의는 시민사회단체 축구대회와 더불어 올해 10월경 남해에서 활동가대회를 개최한다. 짧은 시간 안에 이 모든 목적을 달성하기는 어렵겠지만 차츰 내실을 다져간다면 그 뜻이 이루어질 것이라고 믿는다.

자원봉사자체제의 확산과 안정

시민·사회단체와 자원활동가

자원봉사자 또는 자원활동가라는 낯선 개념은 한국사회의 민주화와 더불어 친밀한 용어로 변하였다. 자원봉사란 "사회적 책임의식을 가진 사람이 사회문제해결을 위하여 자신의 시간과 재능, 에너지를 자발적으로 즉각적인 금전의 보상을 바라지 않고 자기의 기본의무(직장과 가정 등)를 다한 후에 제공하는 것"으로서,[56] 이런 자원활동은 기부와 함께 시민사회를 유지·발전시켜 가는 양대 기둥이라고 할 수 있다.[57] 선진적인

---

56) 이강현, 「자원봉사활동, 어떻게 준비할 것인가」, 『세상열기』 1998년 2월호, 청년정보문화센터, 19쪽.
57) 이런 의미에서 미국의 Independent Sector는 Giving and Volunteering Survey를 매년 동시에 진행하여 발표하고 있다.

나라일수록 한 사회는 이러한 자원활동에 의해 촘촘하게 짜여지게 마련이다.[58] 뿐만 아니라 자원활동은 그 활동자 자신에게도 시민의식의 확보, 반사회적 행동의 감소, 정신적 건강, 직업적 성취에도 큰 영향을 준다고 한다.[59] 물론 이것은 자연스런 결과이고 자원활동은 본질적으로 이타적이며 사회공동체에 대한 서비스이다. 재정의 여력이 없고 또 대중을 기반으로 하여 공익적 입장에서 사회문제를 제기하고 여론화시켜 나가는 시민·사회단체는 당연히 이런 자원봉사자들을 기초로 하여 활동을 해나갈 수밖에 없다.

한국의 경우 1994년 4월 자원봉사단체협의회 결성,[60] 같은 해 7월 중앙일보사의 자원봉사캠페인 시작 그리고 10월의 한양대학교 사회봉사과목 정식채택,[61] 12월의 삼성사회봉사단 발족, 중고생 자원봉사 성적반영 등의 과정으로 급속히 뿌리내리기 시작했다. 아직 구호에 그치거나 성적반영 등 강제적 수단에 의해 시행되고 있는 측면도 적지 않지만 선의와 자비, 공익의 정신에 기초한 자원봉사자의 수는 점점 늘고 있다. 그럼에도 전체적인 자원봉사자 수나 비율은 매우 낮을 뿐 아니라[62] 이러한 자원봉

---

58) E. Brown, "The Scope of Volunteer Activity and Public Service," *Law and Contemporary Problems* vol. 62/no. 4, 1999 Autumn, p. 17.

59) J. Wilson & M. Musick, "The Effectiveness of Volunteering on the Volunteer," *Law and Contemporary Problems* vol. 62/no. 4, 1999 Autumn, p. 141ff 참조.

60) 2001년 6월 30일 현재 한국자원봉사단체협의회에는 58개 단체가 참여하고 있다. 이 협의회는 2001년 4월 11일에 창립7주년 기념식을 기행하고 세계자원봉사헌장을 채택하였다. 이 헌장에서 "우리가 개발하고 추구하고자 하는 자원봉사활동은 다음과 같은 것"이라고 선언하고 있다(한국자원봉사단체협의회, 『봉사의 메아리』, 2001, 5쪽 참조).
   · 지역사회의 문제를 발견하고 제시하는 과정에 전체 지역사회의 참여를 끌어내는 자원봉사
   · 자신의 권리를 대변할 수 없는 자들에게 발언권을 제공하는 자원봉사
   · 타인을 자원봉사자로서 참가하게 하는 자원봉사
   · 다른 부문의 책임감 있는 행동이나 유급 직원들의 노력을 대체하는 것이 아니라 보충하는 자원봉사
   · 봉사자들이 새로운 지식이나 기술을 습득하고 개인적인 잠재력, 자기 신뢰감, 창의력을 최대한 개발하게 하는 자원봉사
   · 가족·지역공동체·국가·세계적인 연대를 증진하는 자원봉사
61) 성균관대학은 4년제대학으로서는 처음으로 30시간 이상의 자원봉사활동을 해야 졸업이 가능하도록 졸업필수요건으로 확정하기도 했다(『중앙일보』 1996. 5. 13).

사자들조차 주로 사회복지분야에 몰리고 있을 뿐 일반 시민·사회단체에는 여전히 자원봉사자 기근현상이 높다. 일반시민들의 의식의 문제뿐아니라 이러한 단체들 스스로 자원봉사자를 모집하고 효과적으로 관리하는 프로그램이 부족한 실정이다.[63]

자원봉사활동에관한법률안의 문제: 1994년의 자원봉사자법안에 대한 검토
① 민자당안[64]의 골격과 검토
이 안의 주요골자는 다음과 같다.

· 자원봉사활동의 진흥을 위하여 국무총리실과지방자치단체에 각각 중앙·지역 진흥위원회를 구성·운영한다.
· 자원봉사활동에 관한 국가 및 지방자치단체의 책임을 규정하고 활동수칙을 중앙위원회에서 정한다.
· 자원봉사활동을 지원하기 위하여 국가 또는 지방자치단체는 보조금을 교부할 수 있도록 하고 국·공유 재산의 우선사용 및 대부와 수익사업, 조세감면에 관한 규정을 정하도록 하고 타인의 생명, 신체장애 및 사망 등의 재해에 대해서는 보상금을 지급한다.
· 자원봉사 유공자에 대한 포상과 유사분야에서의 경력인정, 사회적 혜택부여, 자원봉사활동 실비지급에 관하여 규정한다.

---

62) 지난 1999년 한 해 우리나라 성인 자원봉사경험자수는 389만 8564명이며 이들은 주 평균 2.2시간 활동하였고 이들의 총 자원봉사 시간수는 4억 5119만 시간으로 추정된다. 또한 이들 자원활동의 금전가치는 2조 4545억 원으로 평가되며 97년도 GNP의 0.58%에 해당한다. 이 수치는 전세계 22개국 평균 자원봉사 참여율 28% 및 GDP에 미친 효과 1.1%에 비하면 절반밖에 되지 않는 수준이다((사)볼런티어21, 「99한국인의 자원봉사의식 및 활동현황 연구보고서」, 1999, xxi쪽).
63) 자원봉사활동의 문제점은 수많이 지적되어 왔다. 공무원 자원봉사체제의 부재, 기업의 자원봉사 참여와 지원을 격려하는 제도 미비, 프로그램 개발연구 및 보급 노력 부족, 지역 내의 NGO와 네트워크 미수립, 자원봉사의 필요성과 혜택에 대한 홍보와 교육 부족, 전문가와 전문교육기관의 부족 등이 바로 그것이다(이강현, 「자원봉사자의 활동실태 및 추세」, 2000).
64) 1994년 11월 21일자로 남평우·백남치·김기배 의원 등 24명의 의원이 제안한 것이다.

기본적으로 이 법안은 자원봉사를 고무하려고 하는 취지는 이해가 가나 자원봉사자에 대한 지나친 배려로 자원봉사제도 본연의 취지를 훼손하고 있을 뿐 아니라 보조금 교부, 조세감면혜택을 통하여 자원봉사단체를 또 하나의 관변단체로 전락시킬 우려도 없지 않다. 나아가 모든 자원봉사자들은 각급 지방자치단체에 사전등록한 뒤 일정 교육·훈련을 거쳐 자원봉사를 해야 증서를 수여하는 등 공식성을 인정해 주겠다는 것으로서 이것은 전국민을 '민방위대원화'하려는 것과 다름 아니다.[65] 자원봉사는 말 그대로 자신의 시간과 능력을 할애하여 필요한 곳에 제공하겠다는 순수하고도 자발적인 행동이므로 이것을 국가가 일괄하여 통제하겠다고 하는 발상은 무리일 수밖에 없다.[66]

② 민주당안[67]의 골격과 검토

민주당안의 주요 골자는 다음과 같다.

· 국가나 지방자치단체는 자원봉사자와 자원봉사단체를 보호하고 그 협조요청에 대해 특별한 사유가 없는 한 응하도록 한다.

· 자원봉사자가 준수하여야 할 수칙으로 정치활동의 금지, 비밀누설의 금지, 대가수수의 금지 등 3개항을 규정한다.

· 자원봉사활동에 대한 정부의 지원을 효과적으로 수행하기 위하여 정부의 지원창구를 일원화할 필요가 있으므로 국무총리실에 자원봉사활동지원위원회를 설치한다.

· 자원봉사재단을 법인으로 설립하여 자원봉사자의 등록, 교육훈련, 자원봉

---

65) 이창호, 「자원봉사의 혜택과 관리」, 민간복지관련법안 입법청원을 위한 범시민공청회 자료집, 54쪽.

66) "여당안은 공익자원봉사라고 표현, 마치 공공자원봉사인 듯한 인상을 주지만 사실은 말 그대로 국민의 모든 자원봉사를 다 관리하겠다는 배경을 깔고 있다"고 비판받는다(김성수, 「선거자원봉사」, 민간복지관련법안 입법청원을 위한 범시민공청회 자료집, 49쪽 참조).

67) 1994년 12월 1일자로 박상천·한광옥·양문희 의원 등 95인의 이름으로 제안되었다.

사활동경력증명서의 발급, 자금지원 등을 맡도록 한다.

· 선거자원봉사감독을 위해 공명선거추진단체연합회를 구성한다.

· 자원봉사재단에 자원봉사기금을 설치하여 각종 지원업무를 담당한다.

이 법안은 당시 자원봉사제도가 선거에 악용될 것을 우려한 야당의 입장이 강하게 반영되어 있다. 게다가 자원봉사에 대한 이른바 '인센티브'를 지나치게 많이 고려함으로써 사실상 자원봉사가 아니라 유료봉사활동으로 전락하고 있는 측면이 적지 않다.[68]

자원봉사진흥법안

정당들의 자원활동관련 법안에 대하여 시민·사회단체들은 의견제시, 독자적 법안 제출, 로비활동 등 다양한 활동을 벌여왔다. 특히 한국자원봉사단체협의회는 1995년과 2000년 두 차례에 걸쳐 독자적인 '자원활동진흥법'을 제출하고 입법운동을 추진해 왔다.[69] 이 법안의 주요 골자는 다음과 같다.

· 전국단위의 자원봉사활동을 지원·장려하기 위한 자원봉사단체협의회를 설립한다.

· 이 협의회는 단체 및 센터의 지원 및 경영평가, 자원봉사프로그램의 개발·보급, 자원봉사지도자 양성, 자원봉사진흥을 위한 조사·연구·교류, 국제협력활동 등을 수행한다.

· 지역단위의 자원봉사활동을 지원·장려하는 데 필요한 사업을 수행할 지

---

68) 박상천 의원은 물질적 대가 지급은 금하되 공직채용과 기업체취업시의 혜택, 진학혜택 등을 부여하는 것은 자원봉사활동을 청소년시절부터 생활관행이 되도록 하는 데 도움이 된다고 하고 있으나(박상천, 「자원봉사활동이 시대적 의의와 활성화 조건」, 민간복지관련법안 입법청원을 위한 범시민공청회 자료집, 44쪽), 이것은 법으로 정할 것이 아니고 자원봉사의 필요성을 느끼는 기업체, 학교 등이 자율적으로 할 일이다. 실제로 이미 그러한 사례가 늘어나고 있다.

69) 자세한 것은 한국자원봉사단체협의회의 웹사이트 참조(http://user.chollian.net/~kcvo/law1.htm).

역자원봉사센터를 설립한다.

· 각급 교육청과 학교, 직장의 장은 자원봉사활동을 활성화할 책임을 진다.

· 국가 또는 지방자치단체는 자원봉사단체협의회와 자원봉사단체가 소유하는 부동산, 자원봉사활동에 출연한 금전·재산 등에 관해 조세감면을 할 수 있다.

· 자원봉사활동중 발생하는 재해·사망 등에 대비하여 보험에 가입한다.

· 국가와 지방자치단체는 자원봉사활동 및 관련 사업비를 지원할 수 있다.

법안들에 대한 평가

여기서 자원봉사자를 규율하는 법이 필요한가를 자문해 본다. 유럽이나 일본은 아무런 법을 가지고 있지 않다. 다만 미국에서만 60년대의 반전운동을 인한 사회적 동요를 경험하면서 70년대 들어 자원봉사법을 만들어 국가의 개입을 제도화하였다.[70] 그러나 미국의 경우에도 우리와 같이 자율적인 영역을 침해하면서 공·사 영역에 걸친 모든 자원봉사자를 '관리'하고자 하는 내용과는 거리가 먼 것이다. 여야의 두 법안 공히 과잉 의욕에 차 있으며[71] 세계에서 유례를 발견하기 어려운 것이다.[72]

자원봉사자 수칙, 자원봉사자에게 주는 혜택 등은 강요하기보다는 권고할 내용들이다. 법은 강제를 원칙으로 하기 때문에 단순한 권고사항을 법으로 담기는 어렵다. 자원봉사제도의 조기정착을 위해 제도적인 지원책이 필요한 것은 사실이지만 이 정도의 지원과 선언적인 조항은 별도의 입법보다는 비영리민간활동지원법에 몇 개의 조항으로 삽입하는 선에서도 가능하지 않을까 한다. 오히려 중요한 것은 노인정에 머물러 있는 노인인력,[73] 부엌에 갇혀 있는 주부인력을 어떻게 시민사회의 영역으로 끌

---

70) 미국의 경우 60년대에 Peace Corps, VISTA, RSVP 등 다양한 정부 프로그램이 추진되다가 1973년 통합되어 국내자원봉사법(Domestic Volunteer Service Act)에 삽입·통합되었다(이창호, 앞의 글, 56쪽).

71) 박원순, 「공익자원봉사진흥법안과 자원봉사활동기본법안에 관한 의견」, 국회내무위원회 공청회 자료집, 1995, 18쪽.

72) 이창호, 앞의 글, 53쪽.

어들일지 하는 고민과 노력들이다. 이것이 이른바 '시민 없는 시민운동'
을 극복하는 길이기도 하다.

4. 시민·사회단체의 활동적 측면의 개혁과제: 활동무기를 쥐
여주어야 한다

참여의 제도화

우리 사회에 참여민주주의가 새로운 화두로 등장하고 있다. 실질적 민
주주의는 방관과 야유가 아니라 참여에 의해서만 확보될 수 있다는 전제
에서 참여민주주의는 다시금 실천의 주제로 나타나고 있는 것이다.[74] 과
거 1970년대 이후 반독재 민주화투쟁은 군사정부의 붕괴와 새로운 민간
정부의 수립에 그 궁극적인 목적이 있었다. 그러나 80년대 후반 이후 국
민에 의한 대통령선출이 가능해지고 형식적 민주화가 진전되면서 이제
투표만이 주권의 행사수단인 시대는 지나가고 있다. 일상적 국정과정에
시민들의 참여가 이루어지지 않고서는 온전한 민주주의가 꽃필 수 없게
된 것이다. 참여는 국민의 권리일 뿐 아니라 참여를 통해 투명하고 책임
있는 정부가 만들어질 수 있다.[75] 그것은 또한 주인이 주인 되는 길이기
도 하다.

참여란 "사회의 보통 구성원이 의사결정의 과정에 영향을 미치거나 영
향을 미치고자 하는 행동"을 말한다.[76] 이러한 영향력의 확보는 과거에는

---

73) 한국노인문제연구소의 조사결과 우리나라 노인들 대부분이 TV시청이나 장기, 화투 등
   으로 시간을 보내고 있으며 말동무가 아예 없거나 한두 명에 불과한 것으로 나타났다
   (『문화일보』1999. 5. 7).
74) 김대환, 「참여의 철학과 참여민주주의」, 참여사회연구소 편, 『참여민주주의와 한국사
   회』, 창작과비평사, 1997, 15쪽.
75) 김택, 「한국 NGOs의 행정부패감시기능」, 한국행정학회 기획세미나 '정부와 NGO' 발표
   논문, 2000, 11쪽.

투표의 행동이나 집단적인 시위 등의 행동을 통하여 이루어졌다. 그러나 이러한 영향력의 증대가 일상적인 국가권력의 행사과정에서 이루어지기 위해서는 보다 다양하고 체계적인 참여 방법과 수단이 강구되어야 한다.

국민의 국정참여에는 실로 다양한 방안이 있다. 그 가운데 정보공개청구, 행정절차에서의 참여, 공익소송의 제기, 유선방송에서의 시민단체 등 공익수호단체들의 의견발표시간 할당, 시민감사청구제도 등은 시민단체들로서는 지극히 유용하고 효과적인 참여수단들이다. 그외에도 인준청문회에서의 정보제공·의견제시, 의정 리포트와 감시, 공정선거감시 등 정치적 영역에서의 참여, 배심원제도·검찰심사회 등 사법에서의 시민참여,[77] 사외이사제도 및 소수주주권에 기초한 다양한 기업경영과 감시에의 참여, 주민투표·주민발안·주민소환에 기초한 지방자치에 대한 주민참여[78] 등이 모두 시민단체의 중개와 주선에 의해 이루어질 수 있는 시민참여의 영역들이다.

유감스럽게도 아직 우리나라에는 이렇게 시민들이 참여를 구체적으로 보장받을 수 있는 제도적 장치들이 아예 없거나 미완의 상태이다. 실질적 민주주의의 정착과 성숙에는 이러한 참여의 다양한 방식들이 제도화되어야 한다. 더구나 이러한 참여의 제도들을 적극 활용하고 훈련과 교육을 거쳐 시민들을 스스로 참여의 주체로 나서게 만드는 일은 앞으로 시민·사회단체들이 수행해야 할 지극히 중요한 과제라고 하지 않을 수 없다. 여기서는 시민운동의 과정에서 가장 중요한 몇 가지만 정리해 본다.

---

76) 김대환, 앞의 글, 17쪽.
77) 시민의 사법참여에 관한 자세한 것은 박원순, 「시민의 사법참여」(참여연대 사법감시센터, 『국민을 위한 사법개혁』, 박영률출판사, 1996); 박홍규, 「사법과 참여민주의」(『참여민주주의와 한국사회』) 참조.
78) 자세한 것은 김만홈, 「지방자치와 참여민주주의」(『참여민주주의와 한국사회』, 176쪽 이하) 참조.

정보공개법: 햇빛이 스며드는 행정을 위한 병기

　시민·사회단체가 공익에 기초하여 정부를 견제하고 또는 협력하면서 구체적 활동을 하기 위해서는 일단 정부 각 부처가 하고 있는 일에 대한 소상한 정보를 가지지 않으면 안 된다. 투명한 정부는 그 자체로서 부정부패의 소지를 없애는 것이고 정보공개제도는 바로 투명한 정부를 이루기 위한 핵심 도구의 역할을 한다. 그러나 어떤 정부, 어떤 부처, 어떤 공무원도 스스로 내부의 모든 정보를 내놓지 않으려 한다. 따라서 정보공개를 제도화하고 이를 활용하여 일반국민과 시민단체들은 정부의 기밀주의를 타파하고 알 권리를 충족시키며 공공의 이익을 지킬 수 있게 된다.

　우리 정부도 이미 국무총리 훈령으로 '행정정보공개운영지침'을 두고 있었고 이어 정보공개법 제정을 위하여 1994년 7월 정보공개법심의위원회를 설치하였으며 법안마련작업을 벌여 마침내 정보공개법을 제정하는 데 성공하여 1998년 1월부터 시행에 들어갔다. 그러나 정보공개법은 비공개사유를 지나치게 넓게 인정하고 있어 '정보불공개법'이라는 비아냥까지 생겨났다. 그런데다가 공개 여부 결정의 장기간, 비용의 청구인 부담, 정보공개위원회의 지위와 권한의 불명확, 구제절차의 미비 등 수많은 문제를 안고 있어[79] 진정한 행정부의 투명성을 위한 정보공개법으로 기능하기 위해서는 조만간 개정되지 않으면 안 된다.[80] 그 과정에서 정보공개제도의 올바른 정착을 위한 시민단체들의 투쟁이 전개되어야 할 것은 말할 나위가 없다.[81]

---

79) 정보공개법의 문제점은 홍준형, 「정보공개법시안의 문제점과 대안」(경실련·참여연대, 『열린사회를 위한 정보공개법이 제정방향』) 참조.

80) 미국의 경우도 1966년 7월 4일 정보공개법(Freedom of Information Act)을 처음 제정하였으나 정부소유의 정보가 충분히 공개되지 않는다는 비판이 많았으며 워터게이트사건 이후 보다 광범한 정보공개를 위하여 1974년 정보공개법이 개정되었다.

81) 미국의 경우 1980년 한 해 동안 미국정부를 상대로 제기된 정보공개청구소송이 1천 건에 달했다(장호순, 「미국의 정보공개사례: 정보의 자유법」, 미출판원고 참조).

행정절차법: 행정의 오류를 사전에 막는 특효약

행정절차법은 여러 종류의 병을 한꺼번에 고치는 만병통치약이요, 특효약이다. 공정한 행정운영을 기함으로써 국민의 권익을 보호하고 행정의 민주화를 도모하며, 특히 행정의 투명성, 예측 가능성의 확보, 이를 바탕으로 한 이해관계인의 이익대변의 기회 및 참가의 보장, 절차를 통한 정당성과 행정능률의 보장을 위한 중요한 수단으로 이해되어 왔다.[82]

이러한 중요성에 대한 인식이 공유되어 1960년대부터 논의되기 시작한 행정절차법안은 1989년 11월 '국민의 권익보호를 위한 행정절차에 관한 훈령'으로 시행되기 시작하였다가 법률로 제정되어 시행되기 시작한 것은 겨우 1998년 1월부터이다. 그러나 현행 행정절차법이 얼마나 시민참여를 유효하게 이루어내고 그럼으로써 소기의 효과를 달성할 수 있을지는 앞으로 감시와 함께 적절한 시행을 요구하는 데 달려 있다.

공익소송법: 공익확보의 견인차

공익소송의 시대

한국사회는 민주적 이행기에 있다고 말할 수 있다. 과거 주먹으로 해결하지 않으면 안 되던 것이 이제 법적 쟁송에 의해 달성될 가능성이 높아졌다. 여전히 사법의 공정성과 객관성에 관하여 의문이 적지 않지만, 한편으로는 사회적 분쟁에 대한 해결을 사법부에 호소하는 사례가 높아지고 있다.

우리 사회에서도 이제 공익소송의 사례가 늘어나고 그 중요성에 대한 인식이 생겨나고 있는데, 공익소송이란 "시장에서 법적 대표성을 획득하기에는 너무 가난하거나 흩어져 있기 때문에 수많은 중요한 사회영역이

---

82) 신동필, 앞의 글, 65쪽.

법원이나 의회 또는 행정부에서 적절히 대변되지 않고 있다"는 가정 아래 그 가난하거나 분산된 다수를 대표하는 소송의 형태를 말한다.[83] 따라서 이러한 소송은 피해자나 이해관계인이 개별적으로 소송을 내는 것이 불가능하거나 어렵기 때문에 시민단체들이 이들을 대표하여 소송을 제기하는 수밖에 없으며, 그 대신 그 소송의 결과 판결의 효과와 이익은 분산된 다수 모두에게 귀속되므로 공익적 의미를 띨 수밖에 없다. 결국 공익소송은 개인의 이익이라는 차원을 통하여 사회 전체의 이익으로 연결되고 나아가 제도개혁을 이끌어내는 견인차가 된다.

공익소송의 역사

과거 우리 사회에서도 집단적 이익을 수호하기 위하여 법적 수단이 동원된 사례가 적지 않게 있다. 망원동수재사건, 여성조기정년제사건,[84] 백화점사기세일사건 등이 그 대표적 사례이며, 최근의 고름우유광고논쟁에 대한 손배소송, 일산 E마트손배소송 등도 이러한 범주에 속한다. 그러나 다수 피해자가 원고가 된 이러한 집단적 소송 외에도 원고는 한두 명의 소수라도 그것이 잠재적 다수의 이해와 연관되어 있거나 그 소송의 과정에서 제기된 제도의 개폐로 인하여 다수 국민이 이득을 보는 것도 당연히 공익소송의 한 형태가 될 수 있는데, 이러한 소송은 대체로 위헌법률제청신청이나 헌법소원의 형태가 될 가능성이 높다.[85] 예컨대 참여연대

---

83) "공익법(공익소송)이란 소외집단이 사회에서의 차별적이고 불평등한 기회와 권리에서 비롯된 사회적 · 경제적 문제의 해결을 법을 통해 할 수 있도록 하기 위한 소외집단의 그리고 그들을 위한 투쟁의 일부"라고 하는 라지브 다반(Rajeev Dhavan)의 말과 통한다. 자세한 것은 황승흠, 「공익소송법제안」(공익소송법제안설명회, 참여연대 공익소송센터, 4~5쪽) 참조.

84) 망원동수재사건, 여성조기정년제사건은 고 조영래 변호사가 제기한 사건이다. 자세한 것은 『조영래변호사변론선집: 그 인권변론의 발자취』(까치, 1992) 참조.

85) 이석연 변호사 역시 "헌법소원, 그중에서도 공권력작용에 의한 기본권침해의 구제수단인 헌법소원을 공익소송의 한 장으로 자리매김할 필요성"을 강조하고 "헌법소원은 1인이 제기했다 하더라도 위헌결정시 법원, 지방자치단체를 비롯한 모든 국가기관이 따라야 하고 법률의 경우 결정시부터 당해 법률을 폐지하는 효력 등 그 정책 형성적 효과가 막대하다는 점에서 새로운 공익소송의 영역이 될 것"이라고 주장한다(황승흠, 앞의 글, 74쪽

사회복지위원회에서 진행한 노령수당지급대상자선정제외처분취소청구 소송은 원고의 승소에 의해 65세 이후 70세 이하의 노인들에게 노령수당을 모두 지급되게 하는 효과를 낳았다.[86]

참여연대는 1994년 9월 창립 당시부터 이러한 공익소송의 의미와 영향에 주목하여 공익소송센터를 설치하고 수많은 공익소송을 기획·제기·수행해 왔는데, 사회복지와 관련한 앞의 노령수당관련소송 외에도 국민연금과 관련한 공공자금관리기금법 위헌제청, 지역의료보험 보험료부과처분 취소송, 보건복지부장관 및 의료보험연합회장 직권남용 고발 등을 제기하였다. 수도권전철지연에 따른 손해배상청구소송, 교수재임용제도 위헌소송도 이러한 공익소송의 한 형태였다.[87] 그리고 1996년 이후에는 경제민주화위원회에서 수행하고 있는 제일은행 상대의 주주대표소송, 주주총회결의 취소송 등 이른바 소액주주권에 기초한 소송을 제기하면서 사회적 관심의 제고와 제도의 개혁 등의 성과를 가져왔다.

공익소송법 제정의 필요성과 그 주요 내용

그러나 우리나라는 아직도 이러한 공익소송을 제기하기에는 법률적·사실적 장애가 많다. 민사소송체계가 과거 사적 분쟁의 해결이라는 측면에서 발달되어 온 만큼 공익소송의 제기와 수행을 어렵게 만들고 있다.

첫째, 무엇보다도 원고적격과 청구적격의 제한이야말로 공익소송의 첫 번째 관문이 된다. 공익소송의 대상일수록 원고를 특정하기 어렵고 청구의 내용이 구성하기 쉽지 않는데, 미국의 경우 집단소송에서 원고의 범위는 거의 무한정 확대하면서 제약을 걸어내고 있다.[88]

참조).

86) 이 소송의 자세한 경과와 판결문, 판결의 의미에 대해서는 앞의 공익소송법제안설명회 (95쪽 이하) 참조.

87) 이러한 소송의 의미와 경과에 대해서는 원미선, 「지역법률센터에 관한 연구」(광운대학교 법학과석사학위논문, 1996, 70쪽 이하) 참조.

88) 특히 환경보전과 관련된 집단소송의 경우 전국적 범위의 class(집단)이 허용되고 있다. 예컨대 "국가의 관광자원을 이용하고 있는 모든 자, 그리고 이 자원 속에서 호흡하고

둘째, 삼권분립의 형식적 해석 때문에 행정소송상의 급부청구나 이행청구소송의 길이 막혀 있다. 특히 사회복지관련 소송의 경우 행정부의 부작위를 원인으로 하는 소송이 적지 않아 어려움이 많다.[89]

셋째, 아직도 공익소송 내지 공익적 고발사안에 대한 판·검사들의 이해가 부족하고 특히 보수적 성향을 가진 판사들이 새로운 판례를 만들어내야 할 공익소송에서 기존의 관행과 법해석에 매여 시민단체와 이들이 대변하는 원고의 손을 들어주는 경우가 드물다.

따라서 이러한 문제와 난관을 해결하는 공익소송법 제정이 불가피하다. 원고적격과 청구적격을 확대하고, 급부소송 등 소송의 다양한 형태를 과감하게 인정하며, 나아가 비용의 사회부담 등을 규정하는 공익소송법이 제정되어야 한다. IMF가 요구하였고 정부도 소비자보호차원에서 고려하고 있는 집단소송법도 전체 공익소송법의 한 장으로 규정할 수도 있을 것이다.

퍼블릭 엑세스(Public Access)

시민단체들이 자신의 돈을 가지고 방송의 광고를 산다는 것은 불가능한 일이다. 그러나 시민단체들이 하고 있는 일이 공익적이라고 한다면 무료로 광고시간을 내줄 만한 일이 아니겠는가. 특히 우리나라의 경우 국정홍보처가 주관이 되어 공익광고협의회를 만들어 적지 않은 비용을 들여 공익광고를 하고 있는데 이러한 공익광고와 동시에 시민단체들의 캠페인광고를 내준다면 오히려 국민들에게 더욱 설득력 있는 공익광고가

있는 모든 사람" 등이 원고로서 허용되고 있다(이기한, 「미국 공익소송제도의 현황」, 공익소송법제안설명회, 39쪽 참조).

89) "우리나라 행정법은 보통법국가들의 행정법과 대륙법계 국가들의 행정법의 대표적인 두 가지 법체계 사이에서 무수한 시행착오를 반복하여 왔다. 그러한 시행착오를 줄이고 국가의 불법한 행위에 대하여 국민들의 권리를 보호할 수 있는 행정구제법으로서의 역할을 회복하는 것이 우리나라 행정법의 현안"이라는 지적은 그래서 옳다(원미선, 앞의 글, 80~81쪽).

될 것임은 의문의 여지가 없다.

미국의 경우 케이블TV 내에 시민영역을 확보하려는 시도로서 퍼블릭 엑세스 채널이 만들어져 1960년대 말 정착되었다고 한다. 엑세스 채널의 수와 사용 가능한 장비 및 시설 규모는 케이블TV회사와 지방정부 간의 프랜차이즈 협정을 통해 결정되며, 엑세스 채널을 이용하고자 하는 사람은 내용에서 제작·유통에 이르기까지 직접 혹은 공적 도움을 받는다. 이러한 퍼블릭 엑세스가 도입되어 운영되는 나라는 캐나다, 독일, 영국, 스웨덴, 오스트레일리아, 라틴아메리카, 남아공 등이다.

우리나라의 경우에도 지난 1999년 3월 대통령직속 방송개혁위원회가 시청자권리의 보장과 참여구현을 위하여 시청자위원회 강화, 엑세스 프로그램 채널 강제, 미디어교육지원, 시청자의 반론권 및 알 권리의 보장 등을 법에 명문화할 것을 건의하여 이것이 새로운 방송법에 반영되었다.[90] 방송법에 규정된 관련조항은 다음과 같다.

> 제69조(방송프로그램의 편성 등) ⑥ 한국방송공사는 대통령령이 정하는 바에 의하여 시청자가 직접 제작한 시청자 참여프로그램을 편성하여야 한다.
> 제70조(채널의 구성과 운용) ⑦ 종합유선방송사업자 및 위성방송사업자는 위원회 규칙이 정하는 바에 의하여 시청자가 자체 제작한 방송프로그램의 방송을 요청하는 경우에는 특별한 사유가 없는 한 이를 지역채널 또는 공공채널을 통하여 방송하여야 한다.

이에 따라 같은 법 시행령은 한국방송공사는 매월 100분 이상[91] 시청자가 직접 제작한 시청자참여프로그램을 편성하도록 하고 있는데,[92] 이

---

90) 언론개혁시민연대 국민주방송설립추진위원회 정책연구팀, 「다채널시대 시민참여 채널의 구조와 전망」, 2001, 주 1) 참조.
91) 당초 시청자단체·전문가그룹은 주당 60분 이상 공영방송에 시청자제작프로그램을 편성할 것을 요구한 바 있다(같은 글 참조).
92) 방송법 시행령 제51조 제1항 참조.

는 시청자참여프로그램을 의무적으로 방송하도록 하는 이른바 퍼블릭 엑세스제도를 도입한 것으로서 커다란 의미가 있다. 그러나 제작은 시청자가 하는 것이지만 편성책임은 KBS에 있고 운영과 지원 의무는 방송위원회에 있기 때문에 시청자·KBS·방송위원회라는 세 주체가 입법취지를 공유하면서 공동으로 노력하지 않으면 유명무실해질 가능성이 적지 않다. 뿐만 아니라 수준을 갖춘 프로그램을 일반시청자나 시민단체가 만든다는 것이 쉽지 않은 마당이어서[93] 이 제도가 실효성을 갖기 위해서는 프로그램 제작기술 제공, 제작비용 지원, 공동제작 등과 같은 다양한 지원조치[94]가 강구되어야 할 것이다.

기타 법제에서의 시민·사회단체의 역할 보장

통합선거법 81조와 시민·사회단체

통합선거법 81조는 원래 시민·사회단체의 선거운동을 금지하고 있었다. 그러나 국회나 지방의회의 의정을 모니터하고 그 결과에 따라 특정 국회의원 또는 지방의회 의원들의 의정백서를 낸다거나 특정 의원들에 대한 낙선 또는 당선 운동을 벌인다는 것은 유권자운동의 중요한 부분이 된다. 그것은 썩은 정치권을 정화하고 희망의 정치를 유권자의 힘으로 만들어내기 위해 절박하고 양보하기 어려운 운동의 한 형태였다. 이러한 이유 때문에 시민단체들은 오랫동안 이 법조항의 폐지를 청원함과 동시에 헌법소송을 제기기하기도 하였다. 특히 지난 2000년 4·13총선에서 전국의 시민단체들은 총선연대를 조직하여 낙선운동을 대대적으로 벌였고 그 과정에서 이 81조는 사실상 폐지되었다. 그럼에도 여전히 사전선

---

93) 실제로 KBS가 시행중인 '열린 채널'에서는 시민·사회단체들이 만든 프로그램이 여러 차례 불방된 적이 있다고 한다.
94) 교육과 기자재 제공, 시민적 컨텐츠 제작과 보급의 활성화를 위한 지역미디어센터의 설치 아이디어도 그런 예의 하나이다(언론개혁시민연대 국민주방송설립추진위원회 정책연구팀, 앞의 글 참조).

거운동과 선거운동의 방식 등에 있어서 일반 후보들에 대한 금지와 똑같은 제약을 부과하고 있었다. 실제 이 운동은 국민의 광범한 지지를 받아 성공하였음에도 불구하고 그 점에서 사법부는 선거법위반으로 기소된 시민운동지도자들에 대해 위법하다고 선고하였다. 외국에서 유례를 찾아보기 어려운 선거법이 국민의 참정권과 의사표현의 자유를 유린하고 있다고 할 수 있으며, 앞으로 이 법의 개정이 이루어져야 할 것이다.

의회절차와 시민·사회단체

대의민주주의 아래서 국민은 대표를 통하여 입법활동과 국정견제를 하게 되어 있다. 그러나 오늘날 어느 나라에서도 대표인 국회의원에게 모든 것을 맡겨놓고 잠자는 국민은 없다. 어떠한 형태로든 국민의 직접적인 참여가 보장되어, 국민은 국회든 지방의회에 대해서든 자신의 견해를 시민단체 등을 통하여 전달하고 있다. 시민단체들은 입법청원, 입법반대, 공청회 참가와 의견진술, 의정모니터, 국회의원 의정활동 평가와 공개 등의 활동을 벌이고 있다.

이러한 시민단체들의 대의회 로비활동은 보다 더 공식적이고 제도적인 보장책이 필요한바, 시민단체들이 낸 공익적 입장에서의 입법안은 단순한 민원성 입법청원보다는 무게 있게 다루어질 필요가 있다.[95] 상임위원회에서의 심의를 의무화하는 것은 좋은 방안이며, 의정모니터와 의정활동평가를 위해 시민단체 간사들에게는 국회 각종 회의장의 자유로운 출입과 자료입수의 편의가 제공되어야 한다.[96] 특히 의회 속기록이 빠짐없

---

95) 참여연대는 1997년 한 해에 완전히 조문화를 마쳐 완성된 형태의 입법청원을 20여 회한 바 있으나 어느 것 하나 본회의 또는 상임위원회에서 정식으로 채택된 적이 없다.

96) 미국의 경우, 시민그룹이 정부기관의 정책결정과정에 참여하는 기회를 보장할 뿐만 아니라 효과적인 의견개진을 위해 필요로 하는 기술적·법적 정보와 자금까지 제공하고 있다. 환경보호청 등 정부의 여러 기관에서 이미 민간참가자에게 자금지원을 하는 근거를 가지고 있으며 이러한 자금지원은 지출보다 더욱 큰 이득을 가져오는 것으로 평가되고 있다(정연춘, 「한국예산과정에서의 시민참여에 관한 연구」, 단국대학교 박사학위청구논문, 1989, 133쪽 참조).

이 기록되고 신속하게 제공되어야 한다.

정부구성과 시민 · 사회단체: 각종 위원회 단위에서의 참여와 그 한계

참여민주주의의 요구는 정부부처와 그 산하의 각종 위원회에서 시민단체 대표들을 공익의 대변자로 참여시키는 문제와 연결된다. 지금까지 여러 정부위원회에서 전문가 · 관료와 더불어 시민단체의 대표자들을 포함시키는 경우가 적지 않았다. 그러나 정부의 의사결정과정에 시민단체의 대표나 전문가집단을 참여시킨다고 하더라도 시민단체 의견을 정책결정에 충분히 고려하고 반영하기보다는 정부의 결정에 정당성과 면죄부를 부여하는 방식으로 활용될 소지가 있다는 반론도 만만치 않다.[97]

정부주최의 일회적인 공청회나 세미나에 참석하여 시민단체의 입장을 전하고 공정하고 객관적인 정부정책의 결정에 압력을 가하는 일에 반대할 사람은 없지만, 정부산하의 지속적인 위원회에 들어가는 일에 대해서는 이와 같이 반론이 있다. 동시에 정부의 일방적인 결정이 시민의 이익과 공공의 입장을 무시한 채 이루어지는 것을 바깥에서 반대의 목소리만 내기보다는 직접 그 안에 들어가서 반대하고 실질적으로 영향력을 행사하기 위해 노력하는 것을 나쁘다고만 말할 수도 없다. 따라서 그러한 정부의 각종 위원회 구성이 어떤 의도와 동기에서 만들어지고 과연 시민단체 대표들이 참가하여 영향력과 변화의 가능성이 얼마나 있는지에 따라 그 판단이 달라질 수 있다.

시민감사청구제도

시민감사청구는 서울시, 부산시 등 주요 지방자치단체에서 이미 채용하여 실시하고 있으며, 감사원도 감사청구제도를 신설하였다. 최근에는 부패방지법 안에 감사청구제도가 신설되어 앞으로 활용이 기대된다. 그

---

97) 정수복, 「공동체의식과 실천을 위한 시민운동의 활성화방안」, 10쪽.

러나 아직도 여러 가지 측면에서 개선이 시급하다. 감사청구의 대상을 지방자치단체장의 사무처리에 한정하지 말고 지방의회까지 폭넓게 포함시키는 일, 일반주민과 단체들이 부정과 오류에 대해 손쉽게 감사청구할 수 있도록 청구인 숫자를 완화하는 일, 주민감사청구심사위원회의 전문성·합리성·독립성 제고와 조례운영의 전문성, 위원회의 독립성, 위원의 공정한 위촉, 이 과정에서 시민단체의 추천을 보장하는 일 등이 바로 그것이다.[98] 더구나 시민단체들의 활용이나 시민들의 인식이 미비하여 그나마 있는 제도마저 활성화되어 있지 못하다. 이들 기관의 관료주의와 정치적 독립성 여하에 따라 그 효과는 좌우되겠지만 어쨌든 주어진 무기라도 제대로 사용하는 것이 중요하다.

주민소환·주민투표제도

지방자치가 실시되면서 제한적이지만 지방분권의 시대가 열렸다. 그러나 지방자체의 실시는 그만한 후유증과 부작용을 낳기도 하였다. 지방자치단체의 장과 지방의회를 감시할 만한 여건과 세력을 가지지 못한 상태에서 방만하고 부패하고 무능한 장과 의원들의 독무대가 된 것이다. 이러한 부패하고 무능한 지방 정치인들에 대해서는 주민들이 소환권을, 그리고 중요한 지역현안에 대해서는 주민들이 의사를 결정할 수 있는 투표권을 가지지 않으면 안 된다.

5. 시민운동의 시스템 확보: 시민운동의 인프라 구축을 향하여

이상으로 시민운동에 필요한 돈, 사람, 무기, 제거하여야 할 억압법제 등에 대해 살펴보았다. 그러나 이것만으로는 부족하다. 시민단체들이 잘

---

98) 김택, 앞의 글, 15쪽.

굴러갈 수 있는 시스템의 구축이 필요하다. 그것은 하드웨어이자 소프트웨어이기도 하다. 여러 시민단체들이 함께 모여 활동하고 논의하는 공간과 기회가 필요하며, 또 모든 단체들의 활동을 알 수 있는 정보의 수집·제공 그리고 유통, 활동가간의 교류와 토론이 필요하다. 한마디로 시민단체들의 협동공간, 새로운 시민단체들이 탄생할 수 있는 체제, 시민운동이 함께 발전할 수 있는 인프라의 구축에 관한 것이다. NGO의 장기적 발전을 위해서는 NGO의 조직과 활동에 관한 이론적 체계화, 학문적 연구도 필요하다. 시민단체의 활동가와 지도자들이 갖춰야 할 기본적 도덕성에 대한 고민도 이러한 노력과 연관되어 있다.

뿐만 아니라 이러한 고민은 한두 사람의 시민운동 지도자 또는 개별적 단체의 차원에서도 해결하기 힘든 과제이다. 시민단체연대회의가 NGO센터, NGO정보센터, 간사학교, NGO포럼 등을 구상하고 실천하고자 하는 것도 이러한 뜻에서이다. 선진국에서 볼 수 있듯이 NGO를 지원하는 다양한 모금기관과 지원조직의 출현과 성장이 NGO의 발전을 위해서는 필수적이다. 또한 이러한 인프라의 구축은 중앙정부나 지방정부의 지원도 불가피한 요소가 될 것이다. 일본의 경우에는 이러한 NGO발전을 위한 여건마련에 민간과 정부가 함께 파트너십을 형성하고 함께 노력하는 모습이 인상적이다.

NGO센터

한국의 시민단체들이 열악한 재정여건 아래서 살아가고 있다는 것은 이미 주지의 사실이 되었다. 특히 이들은 단체의 기본적 조건이라고 할 수 있는 사무실을 확보하고 운영하는 것조차 여의치 못한 실정이다. 또한 사무실을 간신히 마련하였다고 하더라도 복사기·프린터 등 인쇄시설이나 회의실, 작업실, 강당 등을 갖고 있지 못한 경우가 많다. 경제여건에 따라 사무실 임대보증금이나 임대료를 올리게 되거나 명도를 요청하는 경우 인상에 응해 줄 충분한 자력을 갖지 못한 시민단체들은 곤란에 직면하게 된다.

이런 경우 영세한 시민단체들이 사무실로 이용할 수 있거나 공용의 시설을 마련하여 함께 이용할 수 있다면 이들의 요구에 부응하는 것은 물론이고 한국 시민사회 발전에 큰 기여를 하게 될 것이다. 지금도 관변단체들은 대체로 지방자치단체 소유의 건물에 세들어 있고 관변단체들이 아닌 경우에도 일부 지역의 지방자치체들이 공간을 내주는 경우가 있다. 그러나 아직 이러한 시도는 보편적이지 못하다. 이런 의미에서 연대회의는 최근 NGO센터건립추진위원회를 구성하고 서울시를 상대로 교섭에 들어갔다. 만약 서울지역에서 이것이 성공한다면 다른 지방자치체로 쉽게 확산될 수 있을 것이다.

일본의 예를 보면 미야기현[99]이나 센다이시에서는 시민단체들의 사무실공간과 이에 따른 편의시설, 인쇄시설, 회의시설 등을 제공하고 있다. 이 경우 시민단체들은 완전히 무료로 이들을 사용할 수 있고 그 건물과 공간의 운영은 자율적 운영위원회에 의해 이루어지고 있다. 가나카와현의 현민센터의 경우에는 시민단체들이 입주하지는 않더라도 컴퓨터, 팩스, 인쇄, 회의, 우편물수발 등을 할 수 있어 사실상 사무실로서의 역할과 단체운영이 가능한 실정이다. 1996년 설치된 가나카와현민센터는 현재 3천 개의 책상과 의자를 제공하고 있는 정도로 큰 규모를 자랑하고 있다.[100] 그러나 이러한 시설이 단지 공간의 제공에만 그치지 않고 시민활동에 대한 다양한 지원기능이 함께 되고 있음은 주목할 만하다.[101] 이러

---

99) 미야기현 담당자를 직접 면담한 결과 공공도서관의 일부를 개방하여 시민단체들의 사무실로 제공할 계획이라고 한다.

100) 1996년 4월 문을 연 가나카와현민센터는 그 이용자수가 1999년 5월까지 3년 만에 60만 2천 명을 넘어섰고 이용단체수도 1961개 단체에 이르러 시민활동의 정보와 교류의 거점이 되었다고 평가받고 있다(『神奈川新聞』 1999. 5. 18; 『讀賣新聞』 1999. 5. 19).

101) 가나카와현민센터의 경우에도 처음에는 장소의 제공에서부터 시작하여 점차 정보제공, 협동의 거점으로 기능을 확대할 것을 염두에 두고 있다. 네트워크를 촉진하며 시민활동의 자율성을 보장하면서도 측면지원을 지향한다. 이곳은 인큐베이터기능, 싱크탱크기능, 코디네이터기능까지 포함하고 있다. 자세한 것은 かながわ縣民サポートセンタ,

한 현상은 도쿄도는 말할 것도 없고 시가(滋賀)현, 미에(三重)현, 카마쿠라시 등으로 계속 확대되고 있다.

NGO정보 또는 지원센터 그리고 컨설팅, 인큐베이터

NGO가 발전하기 위해서는 NGO 자신의 노력뿐 아니라 이에 대한 사회적 지원체계가 확립되어야 한다. NGO를 지원하는 법체제는 말할 것도 없고 행정기관, 기업, 대학 등의 다양한 지원활동이 경주되어야 한다.[102] 그 가운데서도 NGO를 전문적으로 지원하기 위한 중간조직들의 존재와 역할이 중요한데, NGO지원센터가 그것이다. 이 조직의 역할을 고려해 보면 다음과 같은 것이 될 것이다.

- 사업계획 작성, 매니지먼트에 관한 트레이닝 및 지원
- 이사회의 이사 및 볼런티어 확보
- 풀뿌리 리더십 개발 및 지역단체 만들기를 위한 트레이닝
- 시민교육·애드보커시·미디어에 관한 트레이닝 및 지원
- 컴퓨터 기술 등 정보화 트레이닝 및 지원
- 전문성 향상을 위한 지원
- 비영리단체의 윤리와 기초에 관한 감시와 모니터
- 재단 및 재정지원단체의 정보 및 자금조달에 관한 지원
- 회원 모집·관리 및 회원에 대한 서비스향상에 관한 지원
- 재정지원단체들의 네트워크
- 법적 지원 및 긴급시의 매니지먼트, 위기관리의 지원
- 다양한 프로그램과 시민행동에 관한 모델 제공
- 비영리섹터에 관한 조사와 유의미한 조사결과의 제공

「1998年度 事業報告書」(1998, 18쪽 이하) 참조.
102) 최근에는 비영리단체의 모금·관리·정보·교육 시스템에 대한 컨설팅을 전문적으로 수행하는 기관인 (주)엔씨스콤이 탄생하기도 했다.

· 비영리섹터 전반에 걸친 뉴스와 정보의 수집·유통·제공
· 국제적인 네트워킹과 연수프로그램 제공

　일본의 경우에는 전국과 자기 지역의 시민활동을 알 수 있도록 각종 정보를 제공함과 동시에 누구든지 쉽게 시민단체를 만들고 시민캠페인을 시작할 수 있도록 조언하거나 기존의 시민단체들의 효과적인 조직운영과 캠페인활동을 지원하고 금융상의 편의를 제공하는 NPO지원센터가 도쿄를 비롯하여 수없이 만들어지고 있다. 그 가운데는 NPO지원센터의 운영이나 활동지원을 하는 생협도 나타나고 있다. 시민단체를 지원하는 시민단체, "NPO에 의한 NPO지원시스템"[103]이라고 할 수 있다. 현재 홋카이도에서 큐슈에 이르기까지 일본 전역에 20여 개의 지원센터가 창립되어 활동중이다. 이러한 NPO지원센터들은 전국적으로 연락회를 만들고 어떻게 하면 NPO지원사업을 체계화하고 효율화 할 것인지 전국회의를 열고 머리를 맞대고 고민을 거듭하고 있는 실정이다.[104] 참고로 홋카이도지역에서 지원활동을 벌이고 있는 'NPO추진홋카이도회의' 사무국장의 말을 들어보자.

　3년 반 전에 NPO추진회의를 설립하고 금년 3월에 부설로 NPO지원센터를 만들었습니다. 추진회의는 정책적인 제언·조사·연구·계몽 활동을 하고, 지원센터는 작은 NPO가 많은 홋카이도에서 인증·사업계획·운영·회계처리 등 실제 면에서의 지원을 하는 기능을 분리해서 운영하고 있습니다. …(우리가 하는 일은) 홋카이도 행정에 (NPO)지원조례를 만들려는 것입니다. 하나는 도·법인세를 면제하는 것입니다. 두번째는 항상적 위원회 설치. …세번째는

---

103) NPO推進フォーラム·日本財團, 『NPOサポートシステム構築を向ける: 1998年度協力援助事業報告』, 41쪽.
104) 이들은 1998년 NPO지원센터연락회를 구성하여 센다이에서 "NPO지원시스템의 과제를 향한 회의"를 열고 그해 10월 도쿄에서 다시 전국회의를 열기로 하여 여기에서 일반 시민단체들뿐아니라 생협, 노동조합, 노동금고 등 다양한 섹터의 참가자들이 모여 실천적 과제들에 대한 토론을 한 바 있다. 자세한 것은 같은 책 참조.

기금제도로서 기금을 홋카이도의 예산 가운데서 마련하는 것입니다. 스스로 시민사업을 할 때 자기 기금에다가 홋카이도가 적립한 펀드를 보태는 방식의 기금 운영이 가능하지 않을까 요청할 생각입니다. NPO법이 통과되었다지만 540만 홋카이도 도민 가운데 0.1%도 알지 못하고 있지 않을까 싶은데 삿포로만이 아니라 지방에 걸쳐 도행정과 함께 포럼을 열어 지방사람들에게도 함께 NPO를 만들자는 이야기를 해왔습니다. 금년 1월에는 NPO라고 생각되는 1200개 단체에 앙케이트를 보내 약 500개 단체로부터 회신이 왔습니다. 그 결과 지방에는 40~50인이 연간 예산 100만 엔 가량으로 활동하면서 환경문제라거나 노인급식 서비스 등의 그룹이 가득하다는 사실을 확인할 수 있었습니다. 이러한 사람들이 NPO라고 하는 사회적 시스템을 스스로의 힘으로 구축하기는 힘들어 기존의 그룹과 공동으로 지원센터와 같은 기능을 지역적으로 만들지 않으면 NPO의 외연이 넓어지지 않을 것입니다. 사무소에는 '개호를 생각하는 1만인시민위원회' '볼런티어 네비게이션' '장례를 생각하는 그룹' 등이 복수로 함께 입주하게 하는 것도 중요한 일 중의 하나입니다.[105]

한국의 경우 이러한 지원시설이나 지원단체가 전무한 실정이다. 연대회의는 NGO정보센터 설립의 구상을 세우고 이것을 추진하고 있다.[106] 최근 경희대학교가 NGO COMPLEX설립 구상[107]을 하면서 NGO정보센터의 공동 설립·운영도 협의하고 있다. 이 센터가 만들어진다면 전국의 각 시민단체의 현황과 활동자료들이 모두 수집·분류·소개되어 다른 시민단체의 관계자나 처음 시민단체 활동을 시작하려는 사람, 자원활

---

105) 佐藤隆,「非營利·協同セクターの現狀と課題: 基調發題 3」, NPO推進フォーラム·日本財團, 앞의 책, 48쪽.
106) 연대회의 이전에도 시민단체들 스스로 함께 모여 일할 수 있는 NGO센터를 건립하기 위해 시도한 적이 있다. 시민운동지원기금과 함께하는시민행동, 우리민족서로돕기운동본부 등 10여 개 시민단체 간부들이 모여 감당하기 어려운 임대료의 인상을 이유로 이러한 결정을 한 바 있었다(『문화일보』 2000. 11. 20).
107) 경희대학교 NGO COMPLEX기획위원회, 「NGO COMPLEX 기획안」, 2001 참조. 이 기획안에는 NGO정보실, 국제NGO사무실, 인큐베인션 프로젝트, NGO클리닉 등의 기획이 들어 있다.

동을 하려는 사람들에게 정보와 편의가 제공될 수 있을 것이다. 뿐만 아니라 이곳에 경험 있는 시민단체 활동가들이 배치되어 기존 시민단체들에 대한 자문, 새로운 시민단체 설립에 대한 조언을 함으로써 컨설팅과 인큐베이터 역할을 동시에 수행할 수 있다. 이러한 자문과 조언은 최종적으로는 매뉴얼[108] 같은 것이 만들어져 함께 제공될 수 있을 것이다. 이것도 조만간 꿈이 아닌 현실로 이루어질 것이다.

NGO포럼

NGO활동가나 NGO관련자들이 간사학교나 활동가대회에서만 만날 수 있는 것은 아니다. 오히려 정기적이고도 지속적으로 만나 시민사회의 현안에 대해 논의하고 시민단체들의 공통의 과제들에 대해 토론할 수 있다면 시민사회 성장에 크게 기여할 것임이 틀림없다. 이 공간과 기회를 이용하여 서로가 정보와 경험을 나누고 조언과 격려를 줄 수 있을 것이다. 중앙일보 시민사회연구소를 비롯하여 지금도 비슷한 공간이 없는 것은 아니다. 그러나 이 NGO포럼은 훨씬 더 실무적이고 실천적인 주제와 과제를 놓고 논의하는 자리로 차별성을 만들 수 있을 것이다.

NGO 검증제도 또는 윤리강령?

현재 시민단체를 만들고 시민운동가가 되는 일에 아무런 조건과 절차가 없다. 누구나 원하면 단체를 만들고 활동을 시작할 수 있는 것이다. 더구나 이들의 활동에 대해 어떤 견제나 간섭·감독이 없다. 정부당국에서는 그 활동이 불법이 아닌 한 개입할 수 없다. 시민사회 내부에서도 상호 감시와 견제의 방법을 가지고 있지 못하다. 그렇지만 특정한 시민

---

108) 이 매뉴얼에는 조직관리, 인사관리, 재정관리, 재정확충방안, 홍보전략, 캠페인전략, 대정부·대언론관계, 공익소송활동, 회원관리, 자원봉사자관리 등이 포함될 수 있을 것이다.

단체 또는 그 활동가가 일으키는 사건이나 스캔들, 실수는 바로 전체 시민단체의 이미지와 외상에 영향을 미친다. 아직도 시민운동에 대한 이해가 낮은 일반시민들은 시민단체들간의 차별성을 인식하지 못하고 있는 상태에서 한 단체의 잘못된 이미지가 쉽게 일반화된다.

지난 장원 녹색연합사무총장 사건 이후 시민단체 내부에서는 윤리강령을 만들자는 논의가 높아졌다. 연대회의 차원에서도 윤리강령제정을 검토하는 소위원회가 만들어져 활동중이다. 필리핀의 경우 NGO연합회에서 NGO검증제도를 두고 있다고 하는데, 우리의 경우 이런 검증장치나 윤리강령이 만들어질 수 있고 또 그것이 효율적으로 가동될 수 있을지는 의문이다. 그러나 이러한 최소한의 자정장치가 현실화될 수 있다면 국민들의 신뢰확보에 도움이 될 것이다.

NGO학의 수립과 발전

시민운동이 장기적으로 발전하려면 시민단체와 시민운동에 대한 이론적 체계화가 이루어지고 인접 관련학문이 동시에 발전하여야 한다. 실무와 이론은 상호영향을 주고 받아가면서 발전할 것이기 때문이다. 우리나라에서도 NGO대학원이 생겨나고[109] NGO과목이 각 대학에 설치되기 시작하였으며,[110] NGO연구소가 대학 안에서 그리고 바깥에서 활동을 벌이고 있다.[111] 또 NGO관련 강좌들이 시민단체들과 대학당국의 합동으로 만들어지는 경우도 있으며,[112] NGO를 전공하는 사람들이 늘어나고 NGO관련 서적과 논문들이 생산되고 있다. NGO학회와 비영리학회가

---

109) 현재로서는 성공회대와 경희대가 대표적이다.
110) 연세대, 이화여대, 한양대 등에서 NGO관련 과목을 개설하고 NGO활동가를 객원교수 또는 겸임교수로 초빙하는 경우가 잦아졌다.
111) 한양대의 제3섹터연구소, 중앙일보사의 시민사회연구소, 기타 개인이 운영하는 각종 NGO관련 연구소(김광식의 21세기시민사회연구소 등)가 있다.
112) 주로 지방대학에서 시민단체협의회와 대학사이에 만들어지는 경우가 많다.

창립되어 학술대회가 열리기도 한다. 모두 반가운 소식들이다.

그러나 이것은 아직 시작에 불과하다. 미국이나 일본[113]에서 발전하고 있는 비영리 연구의 규모와 수준에 비하면 아직 먼 길을 가야 한다. NGO법제, 모금분야, NGO운영, 상근자 훈련프로그램, 국제NGO 등 한 해에 쏟아지는 연구논문들은 우리가 소개하고 소화해 내기조차 힘들다. 시민운동이 벌이고 있는 각종 캠페인의 사회적 영향, 시민단체들의 재정적 발전, 자원활동의 증가 그리고 시민단체가 지고 있는 부담과 제약, 법제적 개혁 등에 관한 연구는 현실과 운동을 따라가지 못하고 있다. 뿐더러 시민단체들이 본받아야 할 외국의 사례와 경험이 학자들에 의해 제대로 정리·소화·소개되고 있지 못하다. 그러다 보니 활동가들이 직접 외국을 다니고 자료를 찾는 실정이다.[114]

6. 맺음말: 시민사회 강화와 확산으로 새로운 시대를

이상의 과제들을 해결하는 일은 몇몇 단체의 힘만으로 되지 않는다. 그 것은 시민사회 전체의 과제이며 그 모든 역량의 결집만으로 해결 가능한 일이다. 시민·사회단체들의 재정적·인적 문제를 해결함으로써 항구적 조직의 틀을 형성하는 일, 참여의 제도화를 통하여 활동의 효율적 통로를 개척하는 일은 시민사회의 성숙을 위해 지금 당장 실행해야 할 과제들이다. 과거 시민·사회단체들은 이슈에 따라 단속적으로 결합해 왔으며 부분적으로 성과를 거두기도 하였다.

---

113) 일본의 경우에도 1998년 현재 100개 이상의 대학에서 시민활동, NPO에 관한 강의가 이루어지고 있다고 한다(NPO推進フォーラム·日本財團, 앞의 책, 18쪽).
114) 한때 참여연대는 박정희시대의 "싸우며 건설하자"라는 슬로건에 빗대어 "연구하며 운동하자"는 슬로건을 결의하기도 하였다. 상근자들이 담당하는 업무에 관하여 외국의 사례와 경험을 공부하고 관련 자료와 정보를 수집, 분석·연구하며 운동할 수밖에 없는 현실을 말해 준다.

그러나 이 글에서 제기한 사안들은 모든 시민·사회단체들의 존립과 생존, 발전과 활력을 위하여 보편적으로 관련이 되는 것이기 때문에 단속적이 아니라 지속적으로, 부분적이 아니라 전면적으로 결합하여 반드시 성사시켜야 하는 과제들이다. 시민사회 내부에서 스스로 개혁함으로써 가능한 과제는 스스로의 노력에 의해 해결해야 하며 외부적 지원과 압력에 의해 가능한 것은 정부와 의회 그리고 사법, 지방자치—그 모든 곳에 압력과 로비를 통하여 관철해야 하는 것이다. 이러한 과제 해결에는 금년에 출범한 연대회의가 중심에 서야 할 것이다.

시민사회운동은 원래 시지푸스의 운명을 그대로 닮았다. 언제나 배고프고 고달프고 힘겹다. 그것은 다른 나라의 시민사회운동도 마찬가지다. 다만 선진국의 시민운동가는 최소한의 생존과 직업으로서의 위상을 가지고 있을 뿐이다. 우리의 경우에도 시민운동가들이 하나의 직업인으로서 최소한의 급여와 조건을 부여받으면서 일할 수 있도록 만들어야 한다. 아직도 일신의 안일을 버리면서까지 기꺼이 공익활동에 동참하고자 하는 젊은 세대가 사라지지 않는 상황에서 이러한 조건은 이루어져야 다음 세대의 운동이 가능하다. 외부적 조건과 과제는 우리의 노력에 따라 하나하나씩 해결되어 나갈 것이다. 물론 그것은 고단한 투쟁과 노력을 요구하고 있다. 더구나 최근에서 볼 수 있듯이 내외에서 고투하는 시민운동가들과 시민운동을 아무런 근거도 없이 편견과 악의를 가지고 폄하하고 왜곡하는 사람들이 있다. 그러한 비판조차 스스로를 성찰하고 채찍질하는 계기로 삼아야 할 것이지만 그 모든 것을 이겨내는 길은 이 혼란한 사회, 엄중한 사회적 과제가 부여된 시대를 우리 시민운동가들이 가장 앞선 비전과 가장 철저한 실천력과 가장 높은 도덕성으로 살아가는 것이다.

(이 글은 1998년 2월 16일 "98시민·사회·종교단체공동토론회: 현시기 시민사회의 역할과 발전방향"에서 발제한 「한국시민사회발전을 위한 제도적 개혁과제」와 2001년 7월 16~17일 시민사회단체연대회의 주최의 "시민사회의 확산과 성숙을 위한 비전 워크숍"에서 발표한 「시민사회 확산과 성숙을 위한 비전과 미션」을 수정·보완한 것이다.)

그래도 희망은 시민단체

장원씨 사건: 때 만난 비난공세

일제히 돌팔매질이 시작되었다. 벌떼같은 공격이었다. 장원씨의 성추행사건을 계기로 시민단체들은 몰매를 맞았다. "이제 누구를 믿느냐" "시민단체도 별수 없다" "위선자의 행태"라는 탄식과 비난이 쏟아졌다. 썩어빠진 한국사회의 각 분야에서 개혁과 반부패의 깃발을 높이 들었던 시민단체도 이제 더 이상 도덕성의 표상일 수 없다는 주장이 기세를 부렸다. 특히 언론이 앞장을 섰다. 난폭한 일반화의 논리가 횡행했다. 마치 모든 시민단체 지도자들이 부도덕하다는 식이었다. 시민단체들은 날개도 없이 바닥 모를 추락을 하고 있었다.

어느새 시민단체는 이 땅의 양심세력이자 도덕적 상징이 되어 있었다. 권력남용과 정치권의 부패를 견제하고 재벌의 폐해를 공격하며 사회복지와 인권의 옹호자로서 온갖 활동을 벌여오던 시민단체들이 얻은 자연스런 결과이기도 하였다. 개발독재와 오랜 권위주의 정부 아래서 무너진 공익을 일으켜세우고 참여를 통한 민주주의를 주창하던 시민단체들은 국민들의 신뢰를 받기 시작했다. 정부기관과 검찰·사법, 심지어 언론마저도 불신받는 상황에서 시민단체와 시민운동의 지도자들은 언제부턴가 국민들의 희망이 되어 있었다.

그런 상황에서 장원씨 사건은 하나의 충격이었다. 장원씨는 교수이자 환경운동가로서, 그리고 무엇보다도 지난 수개월 동안 총선연대 대변인으로서 국민들에게 널리 알려진 인물이었다. 녹색연합이라는 우리나라의 메이저급 시민단체의 사무총장으로 10여 년을 활동해 온 시민단체의 지도급 인물이었다. 그러나 그 무엇보다도 그가 국민들에게 관심의 표적이 된 것은 총선연대 대변인으로서였다. 단 100일 동안이었지만, 총선연대 활동은 이 땅에 거대한 폭풍을 몰고 왔다. 파죽의 위세를 떨친 총선시민연대의 폭풍의 맨 앞에 그가 있었다. 매일같이 언론에 비친 그의 얼굴로 말미암아 그는 시민운동의 상징처럼 인식되었다.

그가 18세의 여대생을 호텔에서 추행했다는 소식은 도무지 믿어지지 않았다. 5·18기념식 전야에 광주에서 벌어진 이른바 386정치인들의 추태가 알려진 직후라 그 충격은 더했다. 그것은 도덕적으로 용납될 수 없을 뿐 아니라 파렴치한 범죄행위였다. 총선이 끝난 지 불과 한두 달 지난 시점에 벌어진 그 일로 입이 다물어지지 않을 정도였다. 오죽하면 '음모론'이 머리를 들었을까. 믿고 싶지 않은 사실을 부인하고 싶은 속성이 반영되었을 것이다. 도대체 왜 그 여대생이 부산까지 갔으며 그 야심한 시간에 호텔을 들어갔느냐는 식의 의문도 꼬리를 물었다. 더구나 장원씨 본인은 혐의사실의 일부를 부인했다. 그래도 단지 술에 취해 팔베개를 했을 뿐이라는, 장원씨의 변명은 옹색했다. 하지만 설사 그 여대생에게 문제가 있었다 하더라도 그의 책임이 결코 가벼워지는 것은 아닐 것이다. 아무리 술에 취해 있었다고 해도 그 정황은 이해를 받기 어려웠다. 그는 이미 변명으로 헤어날 수 없는 도덕적 상처를 입은 것이다.

10년 공든 탑이!

 문제는 그 상처가 장원씨 자신이나 그가 소속된 녹색연합에만 미친 것은 아니라는 점이다. 시민단체 전체의 위신이 함께 훼손당했다. 시민단체가 그간 쌓아온 공신력이 와르르 무너지고 있었다. 단체마다 항의와 비난의 전화가 이어졌다. 심지어 회원탈퇴를 통고하는 전화가 잇따랐다. 총선연대를 통하여 한 묶음이 됐던 시민단체들은 전전긍긍했다. 총선과정에서 힘을 발휘하고 기대를 모았던 만큼 시민들의 실망이 컸고 그에 비례해서 쏟아진 질타도 컸다. 총선연대와 이름이 비슷한 참여연대에 빗발친 항의전화에 자원봉사자와 간사들은 기어코 눈물을 쏟고 말았다. 생각해 보라. 회원 한 명 가입시키기가 얼마나 어려운데 회원탈퇴를 하겠다는 전화가 줄줄이 이어졌으니 어찌 눈물이 나지 않으랴. 장원씨 사건은 그 동안 시민단체를 못마땅해하던 사람들에게는 공격과 비판의 빌미가 되었지만, 지지했던 시민들에게조차 불만과 이탈의 원인이 되었다.

 사실 얼마나 많은 활동가들이 시민단체에서 일하며 공익수호의 최전선에 청춘을 바쳐왔던가. 밤을 잊은 채 사회불의에 맞서왔던가. 어느 시민단체든, 특히 자정 가까운 시간에 한번 찾아가 보라. 수십만 원의 월급, 그마저도 가끔은 거르는 보잘것없는 보수를 받으며 이들은 도대체 무엇을 위해 그토록 일해 왔던가. 온 세상의 누가 무슨 말을 한다 해도 오직 사회 공익과 정의를 지키며 국민의 삶의 질, 인간의 존엄성을 위해 이들은 젊음을 불살라 왔다. 이번 사건으로 이들의 헌신마저 매도된다면 그건 진정 안타까운 일이다. 한 사람의 실수와 잘못 때문에 시민운동가들의 삶이 한꺼번에 부정된다면 그 손해는 바로 우리 사회 전체에 돌아갈 수밖에 없다.

 장원씨 사건을 보면서 나는 많은 사람들을 떠올렸다. 총선을 앞둔 3～4개월 동안 총선연대 사무실을 지킨 그 젊은이들이 생각났다. 수십 개 단체에서 파견된 상근자들, 한 시대의 흐름과 대의에 동참하고자 몰려들었던 자원봉사자, 행사 하나를 준비하기 위해서 밤샘을 하며 플래카드를 만들고 무대를 설치하던 사람들, 그런 행사를 한두 번이 아니라 매일같이 100일간 해낸 사람들이었다. 그뿐인가. 찐빵을 쪄 나르고 김밥을 말아주시던 시민들, 한푼 두푼 성금을 모아온 정겨운 이웃들, 깃발과 전단을 들고 집회에 참석해 주신 주민들, 그리고 마침내 선거일에 총선연대의 낙선후보에게 단호한 심판의 표를 던졌던 분들—이 모든 이들이 지난 낙선운동의 주역들이었다. 이들의 노고와 희생이 매도되고 망각된다는 것을 슬픈 일이었다. 한국 정치사에서 최초로 유권자들의 힘을 보여줌으로서 정치개혁의 시발점이 된 낙선운동, 일본에까지 수출되어 세계인들의 관심을 받았던 낙선운동—이 모두가 장원씨 사건 하나로 물거품이 된다는 것이 어찌 안타깝지 않으랴.

검증 요구받는 시민단체의 도덕성: 이제 시작일 뿐

장원씨 사건과 관련하여 이제 시민단체 지도자와 활동가들도 검증을 거쳐야 한다는 목소리가 높아졌다. 시민단체의 위상이 높아지고 상당한 사회적 영향력을 행사하고 있으니 이미 공인이나 다름없는 시민단체 지도자들이 검증을 받고 일해야 한다는 주장이 그것이다. 또한 정치인을 포함하여 우리 사회 전반에 걸쳐 비판적 기능을 행사하는 시민단체가 정작 스스로 검증하는 장치는 없지 않느냐는 반문도 있다.

따지고 보면 이러한 주장이 전혀 일리 없는 것은 아니다. 시민단체에 대한 아무런 규제가 없는 것도 사실이다. 안방에서 두 부부가 '행복한 가정 만들기 전국연합'을 만들어도, 두세 이웃이 모여 '쓰레기 분리수거 전국운동본부'를 만들어도 시민단체가 된다. 과거 권위주의 정부 아래서는 사회단체가 합법적으로 활동하기 위해서는 사전에 인가를 받거나 등록해야 했지만 지금은 '사회단체등록에 관한 법률'조차 폐지되어 등록이나 신고 없이도 얼마든지 단체로서 존립하고 활동을 할 수 있다. 결사의 자유를 향유하게 된 것이다. 최근 '비영리단체에관한법률'이 제정되고 행정자치부 프로젝트에 응모하기 하려면 비영리단체 등록을 해야하지만 그것을 무시한다고 단체로서 활동을 못하는 것은 아니다.

이렇게 결성된 시민단체가 회원을 모으고 회비를 징수해서 어떤 활동을 벌이는지에 대해서도 거의 제한을 받지 않는다. 물론 기부를 함부로 받는 것은 '기부금품모집금지법' 위반이 될 수도 있고 기부받은 돈을 개인 사생활이나 엉뚱한 곳에 함부로 쓰는 것은 횡령이 되지만 말이다. 얼마 전에는 소비자운동의 지도자들이 소비자대상을 수여하면서 특정 업체로부터 거액의 뇌물을 받은 사건이 세상을 떠들썩하게 만들기도 했다.

그럼에도 불구하고 시민단체는 상대적으로 마음껏 자유를 누렸다. 정부조차 군사독재하에서의 탄압에 대한 보상 때문인지 시민단체에 대해서는 관대한 편이었다. 시민단체의 위상이 커져 함부로 개입했다가는 민간단체를 탄압한다는 비난을 면치 못할 상황인지라, 행정기관은 시민단체의 활동에 개입을 꺼렸다. 그렇다고 시민단체들끼리 서로를 견제하기도 쉽지 않다. 전국적인 네트워크나 시민단체연합체가 있어 내부통제를 가하는 경우도 없다. 이런 상황에서는 언제든 소수의 시민단체나 그 지도자의 실수나 고의적 범죄가 생겨날 수 있다.

뿐더러 최근의 NGO붐을 타고 우후죽순 시민단체를 표방하며 간판을 건 단체가 적지 않다. 그러나 이들 시민단체들의 성향과 그 지도자의 경력, 그 활동의 순수성이 충분히 검증되었다고 보기는 어렵다. 개중에는 불순한 의도를 가지고 시민운동판에 뛰어든 사람이 있을 수 있으며, 처음부터 사기적인 목적으로 시민운동을 벌이고 공익을 팔아 회비와 기부금을 모아 사복을 채우는 일이 생기지 말라는 보장이 없었다. 장원씨 사건은 지도자 개인의 도덕성의 문제였지만 시민운동을 빙자한 대중적 사기행위가 조직적으로 이루어지지 않는다고 아무도 장담할 수 없는 상황이다. 그런 의미에서 장원씨 사건은 하나의 시작에 불과할지 모른다.

매일 검증받는 시민단체

그렇다고 시민단체와 그 지도자를 검증하는 다른 방법이 있는 것은 아니다. 이들에 대해 인사청문회를 개최할 수도 없고 국회의 동의를 받아 취임하게 할 수도 없다. 이것이 시민운동가가 법률에 규정된 공직자와 다를 수밖에 없는 이유다. 장원씨 사건을 계기로 시민단체의 윤리강령을 만들어야 한다는 주장이 있었다. 실제로 몇몇 단체에서는 그런 강령을 준비하고 있다고 한다. 윤리강령이 있다면 자신을 한번 되돌아볼 수 있는 기회를 제공할 것이다. 그러나 윤리강령을 만든다고 저절로 높은 수준의 도덕성이 갖춰지는 것은 아닐 것이다.

결국 시민단체 지도자들의 도덕성은 그 자신과 그 조직에 달려 있다. 높은 도덕성, 엄정한 정치적 중립성은 누가 가져다주거나 강제로 만들어지는 것은 아니다. 그것은 개개인의 결단과 조직적 문화와 구조의 문제이기도 하다. 필자가 소속된 참여연대의 경우, 정치적 중립성을 확보하기 위해 정관에 어떤 임원도 당적을 가질 수 없도록 하고 있을 뿐 아니라 정치적 성향이 있거나 공명심이 높은 인물은 가능하면 주요 임원직에서 배제하고자 하는 노력을 다해 왔다. 그 결과 참여연대에서 정부 고위직이나 국회의원 후보로 나간 경우를 거의 찾아볼 수 없었다. 어떤 단체의 경우 이 정부 아래에서만 십수명의 임원들이 장·차관급으로 나간 것을 보면 비교될 만한 일이다. 이와 같이 도덕성과 정치적 중립성을 지키는 것은 비상한 자기노력에 달려 있다.

게다가 시민단체는 국가기관의 최소한의 견제와 언론과 여론의 견제가 있고, 그러나 무엇보다도 매일같이 일거수일투족을 견제·감시·검증받고 있다고 해도 과언이 아니다. 시민단체는 바로 국민의 신뢰에 의해서만 존립하고 유지된다. 만약 국민의 신뢰를 잃어버리면 그 단체는 존립의 근거를 잃고 만다. 과거 특정 단체의 구성원이나 단체지도자의 잘못 때문에 위상이 급락하고 회원이 대거 이탈한 사례가 여러 번 있지 않

있는가.

생각해 보라. 국회의원은 아무리 잘못을 저질러도 형사처벌을 받지 않는 이상 국회의원직을 유지할 수 있다. 행정기관의 장이 감옥을 가더라도 그 기관이 문을 닫는 법은 없다. 그러나 시민단체는 다르다. 장원씨의 성추행 혐의사실이 알려지자 그가 소속된 녹색연합은 물론이고 다른 시민단체들까지 위기에 봉착해 거의 회복 불능의 상황에 처하기도 했다. 국민의 신뢰에 기반해서만 존속할 수 있는 시민단체로서는 어쩌면 당연한 일이다. 시민단체에게는 존립근거와 활동을 보장하는 어떤 법적인 장치도 없거니와, 재벌과 같은 금력도 없다. 따라서 국민의 신뢰를 잃고도 살아남을 수 있는 시민단체는 적어도 없다.

시민단체의 검증은 일상적으로 시민들에 의해 이루어지고 있다. 회원과 그들이 내는 회비를 늘리기 위해서는 높은 도덕성을 유지하고 국민에게 호감을 주는 사업을 벌이기 위해 안간힘을 써야 한다. 그런데 느닷없이 장원씨 사건이나 경실련 테이프사건 같은 것이 터지면 그 모든 노력이 수포로 돌아간다. 우리 국민들만큼 엄격한 사람들이 어디에 있는가. 백 번 잘하다가 한 번 실수하면 그것으로 끝장이다. 특히 시민단체들에게는 더욱 그렇다. 시민단체는 이러한 시민의식에 의해 매일같이 준열하게 검증받고 있는 것이다.

"국민여러분, 잘먹고 잘사십시오"

사실 시민단체에게 검증을 받으라고 하려면 먼저 시민단체에 대해 그만한 혜택과 지원이 있었어야 한다. 따지고 보면 우리나라 국민만큼 염치없는 국민도 없다. 무임승차의식과 공짜와 이기적인 생각이 팽배해 있다. 우리나라에서 가장 큰 시민단체는 환경운동연합이다. 그러나 그 회원수는 7만 명에 불과하고 실제로 회비를 내는 사람은 이보다 훨씬 적다.

미국의 그린피스 회원은 200만 명이 넘는다. 수년 동안 공권력과 싸우고 농성과 밤샘을 밥먹듯 하며 아름다운 동강을 지켜내고 새만금간척사업을 중단시키고, 백두대간을 보호하는 일을 한 단체에 우리는 그토록 인색했다.

미국에서 웬만한 시민단체는 수십만 명의 회원을 자랑한다. 참여연대가 그 동안 국민들에게 돌려드린 돈이 줄잡아 10조 원이 넘는다. 핸드폰 사용자에게 매년 1만 2천 원씩 전파사용료라는 이름의 근거 없는 준조세의 납부를 소송까지 제기하여 내지 않도록 만들었다. 2500만 대가 넘게 보급된 휴대폰을 생각해 보라. 국민들은 참여연대가 없었다면 몇십 년이나 전파사용료를 내야 했을 것이다. 또 의약품의 과잉계상을 따져내 금년부터 1조 원을 인하하도록 만든 것도 중요한 성과였다. 우리 사회 최초의 사회안전망이라고 할 국민기초생활보장법의 제정도 참여연대가 조문부터 성안해 만든 것으로부터 비롯되었다. 그뿐인가. 변호사·회계사 등 고소득자영업자에 대한 부가세부과운동, 의보통합과 의약분업, 국민연금개혁운동, 부패방지법제정운동, 판공비공개운동, 작은권리찾기운동… 다 헤아릴 수조차 없는 많은 일들을 해냈다. 그러나 회원은 겨우 9천 명. 그것이 오늘날 대표적인 시민단체인 참여연대에 대한 국민들의 지지 수준이다.

환경운동연합과 참여연대는 그래도 나은 편이다. 수많은 환경운동, 소비자운동, 여성운동, 인권운동—이 모든 공익적 시민운동이 국민들의 무관심과 지원부족으로 고통을 겪고 있다. 술집에서, 택시 안에서, 안방에서 소리 높여 정치현실을 비판하고 사회모순에 절망하면서도 그 현실을 개혁하고 모순을 해결하려는 시민단체의 실천에는 참여하지 않는다. 회원이 없고 회비가 없는데 시민단체가 제대로 움직일 리 만무하다. 그러다가 정부로부터 재정지원을 받았다는 것만으로 목소리를 높여 비판한다. 시민단체 활동가들은 이슬을 먹고 살란 말인가. 물론 정부나 기업의 지원을 받지 않는 게 좋다. 참여연대는 받지 않고 있다. 그렇다면 국민들이 한 푼 두 푼 성금을 내주어야 하는 게 아닌가. 그뿐 아니다. 장원씨 사건처럼 무슨 문제가 생기면 모든 시민운동을 도매금으로 비난한다. 시민운동에 참여하지 않는 것이 마치 무슨 자랑인 것처럼 이야기한다.

우리나라 사람들은 자기 집 마당은 쓸지언정 동네 골목길은 쓸지 않는다. 바람이 불면 골목길의 쓰레기가 금방 자기 집 대문 앞도 더럽힐 게 자명한데도 그것이 자신과는 상관이 없다고 여긴다. 이 근시안과 이기주의는 공동체에 대한 무관심을 상징한다. 자기 딸의 안전을 위해 정거장까지 마중을 나가는 부모가 성폭력의 방지와 예방을 위해 운동하는 단체에는 냉담하다. 자신의 딸과 아내, 여동생을 위해 평생 그렇게 따라다니며 보호해 줄 작정인가. 오히려 한국여성의 인권은 독일사람들이 보호한다. 독일의 재단에서 매맞는 아내를 보호하는 '여성의전화'에, 그리고 성폭행추방운동을 벌이고 있는 성폭력상담소에, 그리고 여성운동을 총람하는 여성단체연합에 매년 1억 원씩을 기부해 왔다. 이제 OECD에까지 가입한 한국에 대해 그 지원이 끊어지고 있다. 성폭행에 대한 신고를 꺼리는 사회풍토에도 불구하고 한국은 강간율 세계 최고를 자랑하고 있다. 참으로 답답한 노릇이다.

때로 나는 상상한다. 이토록 절망적으로 무심한 국민들에게 이런 성명을 내고 참여연대의 문을 닫고 시민운동을 그만두는 상상 말이다. "국민여러분, 저희들은 최선을 다해 이 땅에 부패를 물리치고 정의를 세우려 해보았습니다. 그러나 정말이지 힘들었습니다. 국민들의 침묵과 무관심에 저희들은 절망했습니다. 이제 저희들은 문을 닫습니다. 국민여러분, 잘먹고 잘사십시오." 이런 상상이 현실이 되지 않기 바라며 오늘도 열심히 최선을 다할 뿐이다.

RC501(c)(3): 모르는 미국시민은 간첩

미국은 시민단체를 포함한 자선단체에 회비를 내고 기부금을 내면 모두 면세혜택을 준다. 그것이 국세청법전이다. IRC501(c)(3)이 바로 그 근거조항이다. 이 조항을 모르는 미국시민은 간첩이다. 대부분의 시민들은 어느 시민단체에든 회비와 후원금을 내고 세금을 감면받는다. 세금을 내느니 이렇게 좋은 일을 하는 시민단체에 회비를 내는 사람이 많다. 상속세로 모두 뺏기고 마느니 오히려 자신의 재산을 공익을 위해 뛰는 시민단체에 몽땅 내놓는 경우도 적지 않다. 그만큼 세금은 줄어들지만, 그것이 헌신적인 사람들에게로 가서 공익을 위해 더욱 유용하게 쓰이는 원리를 이 나라는 터득하고 있다. 세상의 공의를 지켜낼 수 있도록 국가가 세금제도를 정비하여 보장하는 것이다.

이뿐 아니다. 우편요금을 반까지 할인해 주고 있다. 자신이 광고비용을 내서 광고할 여력이 없는 시민단체들에게 퍼블릭 엑세스를 제공해 공짜로 자신의 활동을 소개하는 방송시간을 제공한다. 어느 지역이고 퍼블릭 엑세스 채널이 없는 곳은 없다. 인권과 환경, 소비자와 장애인, 여성과 소수민족 등의 이슈가 이런 채널을 통해 여론화되고 보편화된다. 이러한 국가적 지원과 국민적 참여를 통해 시민단체는 튼튼해지고 공의가 세상을 지배한다.

이런 전제 아래서 미국은 시민단체들에게 철저한 도덕성을 요구한다. 확실한 혜택과 특혜를 주고 그에 대한 책임을 묻는 것이다. 아무것도 주지 않고 아무런 보호도 해주지 않으면서 단지 책임만 묻고 의무만 강요하는 것은 부당하다. 뉴욕검찰청에는 15명의 검사로 구성된 자선부(Charity Board)가 시민단체들의 모금과 사용의 적정성을 예의 감시하고 있다. 시민단체들은 재정보고서를 제출할 의무가 있으며 이 재정보고서는 국세청직원들과 검사들에 의해 꼼꼼하게 검증당한다. 미국의 최고의 모금단체인 유나이티드 웨이 회장은 자신이 모금한 공금 중의 일부를 자신의 애인과 함께 여행을 하는 데 사용하였다는 혐의로 징역 4년을 선고받고 복역중이라고 한다. 이렇게 미국사회는 시민단체에 대해 도덕성을 물을 수 있는 자격을 갖추고 있지 않은가.

그래도 시민단체가 우리의 희망이다

장원씨 사건에도 불구하고 시민단체의 역할이 사라지거나 줄어들 수는 없다. 21세기는 여전히 NGO의 시대가 될 수밖에 없다. 참여민주주의가 지배하는 시대가 되고 있다. 공직자를 선출해서 공무를 위임하는 것으로 민주주의는 완성될 수 없다. 그것은 초보적 단계에 불과하다. 보다 성숙한 민주주의는 의식화된 시민들이 공공적 사안에 대해 직접 참여하고 개입하고 변화시키는 것이다. 그러한 여론의 힘은 결국 시민단체를 통해 구체화된다. 시민단체의 매개 없이 시민은 모래알에 불과하다. 그 구슬을 꿰는 실이 바로 시민단체이다. 그러므로 민주주의는 시민단체의 숫자와 그 회원수와 그 활성도로써 성숙도를 측정할 수 있다고 해도 과언이 아니다. 보라. 미국과 유럽의 시민단체들이 얼마나 많은지. 미국의 경우 이미 100만 개의 시민단체가 활동하고 있다. 보라. 북한에 시민단체가 있는가. 러시아에 몇 개의 시민단체가 있는가. 아니면 우리 자신을 보자. 유신독재와 5·6공 시대에 시민단체가 활동할 수 있었는가. 그때는 결사의 자유가 철저하게 억압당한 시기였다. 권력이 모든 민중을 지배하고 어떤 비판의 여지를 주려 하지 않았다. 오직 독재자의 결정만이 있을 뿐 시민의 개입과 참여, 여론이 힘을 발휘할 공간이 없었다.

시민단체가 이 땅에서 특별히 중요한 이유가 있다. 한 사회의 정책에 영향력을 행사하고 결정과정에 참여하는 루트는 다양하다. 행정·사법기관과 기업, 노동조합, 언론 등이 이러한 의사결정과정의 참여자들이다. 그러나 기업은 자신의 이윤 추구라는 목적이 분명하고 행정기관은 감시와 모니터의 대상이 된다. 노동조합의 경우 사회개혁과 변화의 중요한 인자임은 분명하나 때로는 공익과 배치되어 계급이기주의에 빠질 경우도 있다. 오늘의 언론이 언제나 사회적 약자를 옹호하고 사회의 진보를 위해 노력하며 정의의 편에 서 있다고 보기는 어렵다. 언론은 스스로가 하나의 권력이 되어 있기 때문이다. 이러한 한계로부터 비교적 자유로운 것이 바로 시민단체들이다. 시민단체가 모조리 사라진다면 이 땅은 금방 암흑으로 변하고 말 것이다. 정의가 실종되어 강자의 수렵장이 될 것이며 부패의 악취가 진동할 것이다. 심판기능과 파수기능은 사라져 불의가 판치고 부조리가 난무할 것이다. 이런 세상을 상상이라도 할 수 있는가.

그럼에도 시민단체는 우리의 희망이다. 우리가 소중히 가꿔가야 할 사회적 실체다. 작은 소망을 모아내야 할 곳이다. 말만으로는 돌멩이 하나 움직일 수 없는 법이다. 작은 실천들이 모이고 참여가 이루어질수록 공익은 더욱 신장될 것이 분명하다. 간사 몇 명이 모여 피케팅을 한다고 해서 힘있는 기관들이 꿈쩍이라도 하는 건 아니다.

나는 평소 이런 꿈을 가지고 있다. 미국의 워싱턴 링컨기념관 앞에 100만 명이 모여 평등권을 외치는 모습, 아버지의 모임을 여는 모습, 총기규제를 요구하는 부모들의 시위가 벌어지는 모습을 부러워하면서 우리도 여의도공원이나 남산공원에서 10만 명이 부패방지법 제정을 요구하는 피케팅, 사회복지예산을 GDP 5%로 증액하도록 요구하는 시위, 정치개혁법을 빨리 제정하라고 다그치는 시민들의 행렬을 꿈꾼다. 정말이지 나는 밤마다 꿈꾼다. 시민단체 문 앞에 회원가입을 위해 길게 늘어선 줄을, 불난 호떡집처럼 회원가입 신청전화가 이어지는 날을.

NGO의 길: 시지푸스의 운명

어느 방송사의 간부가 이런 말을 하는 것을 들은 적이 있다. 방송에서

뜨면 영락없이 마음이 붕 뜬다고. 국민들에게 얼굴이 널리 알려진 MC, 앵커, 탤런트, 유명인사 들 가운데 적지 않은 사람들이 자신의 본연의 임무를 떠나 정치권으로 이동하는 현상이 생기는 것도 이런 연유라고. 시민운동가들 가운데도 언론에 얼굴 내기를 즐겨하는 사람이 있음을 알게 되었다. 기자회견이나 모임에서 언제나 앞줄에, 그것도 가운데 앉기를 잘하는 사람들이 있다.

그걸 보며 걱정이 앞섰다. 시민운동은 공익을 다루는 일이기 때문에 언론에 등장할 가능성이 매우 높다. 기자들의 취재대상이 되게 마련이며 때로는 기자회견을 자청하기도 한다. 어쩌면 시민단체와 활동가들이 언론을 제대로 활용해야 하는 것은 너무도 당연한 일이다. 그러나 그것이 매명(賣名)을 위한 얼굴 내밀기가 되어서는 곤란하다. 그런 사람이 헌신과 희생을 끝없이 요구하는 시민단체의 고난의 길을 계속 걸으리라고 보이지 않기 때문이다. 물론 한번 시민운동에 종사한 사람은 끝까지 시민운동을 지켜달라고 요구할 수는 없다. 그러나 시민운동으로 얼굴을 알려진 사람이 개인적인 목적으로 그 얼굴을 사용한다면 국민들의 배신감을 막을 길이 없을 것이다.

시민단체 활동가나 지도자들이 성인일 수는 없다. 그들도 속세의 인간들이다. 그러나 이들에게 보통의 시민들보다는 높은 도덕성과 희생정신을 요구하는 것은 그만큼 이들이 차지하는 위치가 있기 때문이다. 시민단체와 그 활동가들은 사회정의를 부르짖고 사회불의를 꾸짖는다. 그런 사람이 다른 시민들과 꼭같이 타락하고 부패한다면 그것은 용납되기 어렵다. 시민단체활동가들은 받는 것도 없이 의무만 강요당하게 마련이다. 한편으로 억울한 일이지만 또 한편 생각하면 그것은 스스로 선택한 길이 아닌가. 시민운동가의 길, 특히 한국에서의 시민운동은 가시밭길에 다름 아니다.

비 온 뒤에 땅이 더욱 굳게 마련이다. 장원씨 사건으로 시련을 겪은 시민단체들이 좌절만 할 일은 아니다. 오히려 더욱 힘차게 본분을 다해야 한다. 개인적으로 처음 장원씨 사건이 터졌을 때 참담하기 짝이 없었다. 그러나 시간이 지나면서 오히려 담담한 느낌을 가질 수 있었다. 시민단체에 들어 있는 거품을 빼고 더욱 차분하게 일을 할 수 있으리라는 생각 때문이었다. 지나친 기대에 대한 부담을 덜 수 있는 기회이기도 하였다. 이제 다시 홀가분하게 출발선에 섰다고 생각되기도 했다.

미국의 유명한 인권법학자이자 변호사협회장을 지낸 셰스텍이라는 분이 있다. 이 사람은 어느 논문에서 NGO의 길은 시지푸스의 운명과 같다고 지적하였다. 산 정상에까지 바위를 밀고 올라갔다가 굴러 떨어지고 끝없이 밀어올려야 하는 시지푸스의 운명이 NGO의 그것과 영락없이 닮았다는 것이다. 그렇다. 시민단체활동가들은 빛 볼 날을 기대해서는 안 된다. 언제나 음지에서 겸허한 마음으로 사회정의와 시대정신에 복무해야 한다. 빛도 이름도 없이 일하는 사람들이 바로 시민단체활동가들이다. 오늘도 이들은 자신의 길을 묵묵히 가고 있다.

(이 글은 2000년 총선 직후 총선연대 대변인이었던 장원씨의 이른바 '성추행사건'과 관련하여 『신동아』(2000년 7월호)에 게재되었다.)